小窗幽记

[明] 陈继儒 著
博雅 译注

哈尔滨出版社
HARBIN PUBLISHING HOUSE

图书在版编目（CIP）数据

小窗幽记 / (明) 陈继儒著 ; 博雅译注. — 哈尔滨:
哈尔滨出版社, 2023.8
ISBN 978-7-5484-7266-7

Ⅰ.①小… Ⅱ.①陈… ②博… Ⅲ.①人生哲学—中国—明代②《小窗幽记》—注释③《小窗幽记》—译文
Ⅳ.①B825

中国国家版本馆 CIP 数据核字（2023）第 100259 号

书　　名：小窗幽记
XIAO CHUANG YOU JI

作　　者：［明］陈继儒　著　　博　雅　译注
责任编辑：孙　迪
封面设计：仙　境
内文排版：张佳月

出版发行：哈尔滨出版社（Harbin Publishing House）
社　　址：哈尔滨市香坊区泰山路 82-9号　　邮编：150090
经　　销：全国新华书店
印　　刷：三河市兴博印务有限公司
网　　址：www.hrbcbs.com
E-mail：hrbcbs@yeah.net
编辑版权热线：（0451）87900271　87900272
销售热线：（0451）87900202　87900203

开　　本：880mm × 1230mm　1/32　　印张：9.5　　字数：180 千字
版　　次：2023 年 8 月第 1 版
印　　次：2023 年 8 月第 1 次印刷
书　　号：ISBN 978-7-5484-7266-7
定　　价：39.80 元

前言

《小窗幽记》是明代陈继儒（一说陆绍珩）读史论经之余，摘句节段编撰的有关修身、养性、培德、为学、治家、致仕的格言小品集，刊行于天启四年（1624）。问世近四百年来，本书声名卓著，经久不衰，凭借独特的魅力赢得读者的青睐。

《小窗幽记》分为“醒”“情”“峭”“灵”“素”“景”“韵”“奇”“绮”“豪”“法”“倩”12卷，共1500余则格言。汲取儒释道的思想精华，以微小观大智，于谐趣见真知，描绘出文人雅士宁静致远、脱俗超凡的心灵家园。

《小窗幽记》结构严谨，分类明晰。每卷既独立成篇，又相互关联。其中，“醒”“峭”“奇”“豪”四卷抒发了出仕无路、报国无门的郁闷；“情”“灵”“景”“绮”“倩”五卷展示了文人隐士闲云野鹤般的优雅情怀；“素”“韵”“法”三卷则追求“立身高一步方超达，处世退一步方安乐”的高远境界。

《小窗幽记》骈散兼行，既有骈文的偶对协韵之美与辞藻雅洁之美，又有散文的平实畅达之美与错综变化之美，字字珠玑，点点琅玕。

明代万历年间，政治日益腐败，人心渐趋动荡。朱明王朝犹如一座百年华屋，看似花团锦簇，实则千疮百孔。与此同时，资本主义经济开始萌芽，孕育出追求个性解放的新思潮。阳明心学也蔚然成风，被定为一尊的程朱理学受到严峻挑战，传统的思想、伦理、道德、价值、情操乃至生活习惯均被重新审视、重新诠释。在文学领域，内容丰富、形式灵巧的小品文空前活跃，形成了万卉争艳、繁花似锦的局面。正是在这一宏观背景之下,《小窗幽记》应运而生。

关于本书作者，一向有两种说法。

一是陈继儒（1558-1639），字仲醇，号眉公，又号麋公，松江华亭人，是明万历至崇祯时期的诗人、散文家、书画家、评论家、出版家。而立之年，他绝意仕进，隐于山中，辞谢征召，纵情山水，杜门著述，布衣终老。归隐后，他依然关心国事，经常上书官府，动辄洋洋千言，被誉为“山中宰相”。除《小窗幽记》外，今存著作尚有《虎荟》《见闻录》《六合同春》《眉公杂著》《陈眉公诗余》。

二是陆绍珩（1624年前后在世），字湘客，明代苏州松陵人。陆绍珩曾发三大愿:“一愿识尽世间好人；二愿读尽世间好书；三愿看尽世间好山水。”明天启年间，陆绍珩流寓北京，目睹世态俗情，胸中块垒顿生。于是，他撷取经史子集中的各种精妙辞句，编撰《醉古堂剑扫》，分为十二卷。清代书商将陆绍珩的《醉古堂剑扫》附于明人陈继儒，更名为《小窗幽记》。

《小窗幽记》堪称明代清言的代表作，与《菜根谭》《围炉夜话》并称修身处世的三大奇书。

目录

卷一　集醒

季仙先生清属 白石齊璜

醒食中山之酒〔中山之酒：晋代干宝的《搜神记》载，中山人狄希善于酿酒，能造“千日酒”，喝了就会“千日醉”。〕，**一醉千日。今世之昏昏逐逐**〔逐逐：急着想要得到。〕，**无一日不醉，无一人不醉。趋**〔趋：追逐。〕**名者醉于朝，趋利者醉于野，豪者**〔豪者：富豪之人。〕**醉于声色车马，而天下竟为昏迷不醒之天下矣。安得一服清凉散**〔清凉散：使人心清凉的药物。〕，**人人解醒？集《醒》第一。**

译文　清醒时饮用中山人狄希酿造的酒，可以一醉千日。今日世人迷于俗情世务，终日追逐声色名利，可以说没有一日不在醉乡，没有一个人不沉迷于醉乡。好名的人醉于朝廷官位，好利的人醉于民间财富，豪富的人醉于妙声、美色、高车、名马，而天下竟然成了昏迷不醒的天下。如何才能获得一剂清凉的药，使人人服下获得清醒呢？因此，我编撰了第一卷《醒》。

倚〔倚：倚仗，倚恃。〕**才高而玩世，背后须防射影之虫**〔射影之虫：相传有一种叫“蜮”的虫，在水中对着人或人在水中的倒影喷沙，可以使人生病。后比喻暗地里害人的小人。〕；**饰**〔饰：巧饰。〕**厚貌以欺人，面前恐有照胆之镜**〔照胆之镜：相传秦朝宫中有一种镜子，能够照出人心中的邪念。〕。

译文 倚仗才能出众而傲然处世，就要提防暗地里害人的小人；装扮成忠厚老实的样子想要蒙骗别人，面前恐怕要有能够照出邪念的镜子。

怪〔怪：责怪。〕小人之颠倒〔颠倒：颠覆。〕豪杰，不知惯颠倒方为小人；惜〔惜：怜惜。〕吾辈之受世折磨，不知惟〔惟：只。〕折磨乃见吾辈。

译文　指责小人搬弄是非、陷害忠良，却不知道只有惯于干这些事的人才能称为“小人”；怜惜我的同类人受到世间的折磨，却不知道只有经历了折磨才能看到同类人的英雄本色。

花繁柳密处〔花繁柳密处：比喻美好的人生境遇。〕拨得开，才是手段〔手段：本领，方法。〕；风狂雨急时〔风狂雨急时：比喻遭遇挫折、贫困潦倒的时候。〕立得定，方见脚跟。

译文 在花繁叶茂的美景下能拨开迷雾不受束缚，来去自如，才是有手段、有办法的人；在狂风暴雨、贫困潦倒的环境中能站稳脚跟，不被击倒，才是立场坚定的君子。

淡泊之守，须从秾艳场〔秾（nóng）艳场：指舞榭歌台之类的富贵之所。〕中试来；镇定之操，还向纷纭境上勘过〔勘过：经历过，历练过。〕。

译文　是否有淡泊宁静的志向，一定要经历过富贵奢华的场合才能检验得出来；是否有镇定如一的节操，还必须通过纷纷扰扰的环境来验证。

市〔市：买。〕恩不如报德之为厚，要誉〔要誉：邀取名誉。要，通“邀”。〕不如逃名之为适，矫情不如直节之为真。

译文　施舍给别人恩惠，不如报答他人的恩德来得厚道；邀取名誉，不如回避名誉来得闲适；装腔作势、自命清高，不如坦诚做人来得真实。

使人有面前之誉〔面前之誉：当面称赞。〕，不若使人无背后之毁〔毁：毁谤，诋毁。〕；使人有乍交〔乍交：刚刚结交。乍，刚刚。〕之欢，不若使人无久处之厌。

译文　让人当面夸赞你，不如让别人不在背后批评、诋毁你；让人在初次相交时就对你产生好感，不如让别人与你长久相处而不产生厌烦情绪。

攻人之恶毋〔毋：不。表示否定。〕太严，要思其堪受〔堪受：可以忍受。〕；教人以善莫过高，当原〔原：考虑，体谅。〕其可从。

译文　指责别人的缺点不要过于严厉，要考虑其是否能够承受；教导别人从善不能要求过高，应当体谅其是否能够遵从。

不近人情，举〔举：满，全。〕世皆畏途；不察〔察：洞察。〕物情，一生俱〔俱：都。〕梦境。

译文 做人不近人情，那么普天之下都是让你畏惧的险途；做事不能洞察人间百态、体悟道理，那么你一生都将生活在梦境之中。

遇嘿嘿不语之士，切莫输心〔输心：交心，真诚。〕；**见悻悻自好之徒**〔之徒：这类人。〕，**应须防口**。

译文　碰到沉默不语的人，千万不要轻易与之交心；见到容易恼怒又自恋的人，应该提防自己信口开河。

结缨整冠之态〔结缨整冠之态：很从容的样子。缨，帽子上的带子。冠，帽子。〕，**勿以施之焦头烂额之时；绳趋尺步之规**〔绳趋尺步之规：古时士人走路要讲究一定的规则、标准。〕，**勿以用之救死扶伤之日**。

译文 系好帽带、端正帽子这样从容的仪态，不要用在焦头烂额的危急时刻；步步循规蹈矩，凡事不失分寸，不要在救死扶伤的紧急之时仍是这个样子。

大好園林
白石老人作

议事者身在事外，宜悉〔宜悉：应该明白。〕利害之情；任事者身居事中，当忘利害之虑。

译文 议论事情的人本身不直接参与其事，应该弄清事情的利害得失；办理事情的人本身就处在事情当中，应当放下对于利害得失的顾虑。

俭，美德也，过则为悭吝，为鄙啬，反伤雅道；让，懿〔懿：美好。〕行也，过则为足恭〔足恭：过分谦让、恭顺。〕，为曲谨，多出机心〔机心：机巧之心。〕。

译文 俭朴是美好的品德，太过则是吝啬，是浅薄的庸俗，反而有失风雅；谦让是美好的德行，太过则是过于谄媚恭顺，或过于拘泥小节，多是出于机巧之心。

藏〔藏：隐藏。〕巧于拙，用晦而明；寓〔寓：隐藏。〕清于浊，以屈为伸。

译文 把智巧隐藏在看似笨拙的行为之中，表面看来晦暗无知而内心很明白；把高洁的品格隐于浊世之中，韬光养晦，以屈曲为伸张之道。

彼〔彼：对方。〕无望德〔德：恩德，恩惠。〕，此无示恩，穷交所以能长；望不胜奢〔奢：奢求。〕，欲不胜餍〔餍（yàn）：满足。〕，利交所以必忤。

译文　朋友不会期求从我这里获得恩惠，我也不会向朋友表示给予恩惠，这是清贫的朋友能够长久相交的原因；期望有所获得而无止境，欲望又永远无法满足，这是靠利益结交的朋友必然会反目的原因。

怨因德彰，故使人德我〔德我：感激我的恩德。〕，**不若**〔不若：不如。〕**德怨之两忘；仇因恩立，故使人知恩，不若恩仇之俱泯**〔泯：泯灭，丧失。〕。

译文　怨恨因为恩德而彰显，因此与其让人感激我的恩德，不如将恩德、怨恨两者都忘记；仇恨因为恩情而产生，因此与其让人知道我对他的恩情，不如将恩情、仇恨全忘记。

天薄我福〔天薄我福：上天使我的福分减少。薄，减少。这里是使动用法。下文的“劳”“厄”均是此种用法。〕，**吾厚吾德以迓之；天劳我形**〔形：身体。〕，**吾逸吾心以补**〔补：弥补，补偿。〕**之；天厄我遇，吾亨吾道以通之。**

译文　命运使我的福分浅薄，我便加强我的德行来面对它；命运使我的筋骨劳苦，我便放松我的心情来弥补它；命运使我的际遇困窘，我便加强我的道德修养来使它通达。

淡泊之士必为秾艳者〔秾艳者：指追求华贵、奢靡生活的人。〕所疑〔疑：猜疑。〕，检饬〔检饬（chì）：行为检点、慎重。〕之人必为放肆者所忌。事穷势蹙〔事穷势蹙（cù）：事情处于困境，形势紧迫。〕之人当原其初心，功成行满之士要观其末路。

译文 淡泊名利的人往往会受到华贵奢靡的人猜疑，谨慎而行为检点的人必定为行为放荡不羁的人所忌恨。对于一个到了穷途末路的人，应当探究他当初的心志怎么样；对于一个功成名就的人，要看他有怎样的结局。

好丑心〔好丑心：分辨美与丑的心。〕太明，则物不**契**〔契：契合。〕；贤愚心太明，则人不亲。须是内精明而外浑厚，使好丑两得其平，贤愚共受其益，才是**生成**〔生成：抚育，养育。〕的**德量**〔德量：德意和心量。〕。

译文 将美与丑分辨得太清楚，那么就无法与事物相契合；将贤与愚区分得太明确，那么就无法让人亲近。必须内心精明而为人处世仁厚，使美、丑两方都能平衡，贤、愚双方都能受到益处，这才是上天对人们的品德与气量的培育。

好辩〔辩：辩论。〕以招尤〔尤：过失。〕，不若讱默〔讱（rèn）默：说话谨慎。〕以怡性；广交以延誉，不若索居以自全；厚费以多营，不若省事以守俭；逞能以受妒，不若韬精以示拙。

译文 喜好争辩就容易招致过失，不如说话谨慎以养性；广交朋友以扩大声誉，不如离群索居以求自保；大费资财以多处经营，不如省事以保持节俭；因逞能而遭受妒忌，不如韬光养晦而表现得貌似愚钝。

白石

费〔费：耗费。〕千金而结纳贤豪，孰若〔孰若：哪里比得上。〕倾半瓢之粟以济饥饿；构千楹〔千楹：千间屋舍。〕而招徕宾客，孰若葺〔葺（qì）：修葺。〕数椽之茅〔茅：茅草屋。〕以庇孤寒。

译文 耗费千金而结纳天下豪杰，哪里比得上拿出半瓢的粟米去接济饥饿的人；建筑千间屋舍以招揽天下宾客，哪里比得上搭建只有几根椽的茅舍来庇护孤苦贫寒的人。

恩不论多寡，当厄的壶浆〔当厄的壶浆：出自《左传》。晋人灵辄处于困厄之境，后为大夫赵盾所救，赐给他食物。后来，灵辄成为晋灵公的甲士，晋灵公想要杀赵盾，幸得灵辄搭救，赵盾才得以脱险。〕**得死力之酬；怨不在浅深，伤心的杯羹**〔伤心的杯羹：出自《左传》。楚人向郑灵公进献鼋，灵公不给公子宋鼋羹吃，公子宋怒而自行尝了鼋肉汤。因此，灵公十分恼怒，想要杀掉公子宋。不料，公子宋已料到这一点，先下手杀了灵公。〕**召亡国之祸。**

译文 恩惠不分多少，赵盾给予处于困境中的灵辄一壶浆，就换来了灵辄的誓死回报；怨恨不在于深浅，伤害别人的一杯鼋羹就能招致亡国的祸患。

仕途虽赫奕〔赫奕：显赫而盛大。〕**，常思林下的风味，则权势之念自轻；世途虽纷华，常思泉下的光景，则利欲之心自淡。**

译文 仕途虽然显赫、盛大，但经常想想隐居山中的情趣，那么追逐权势的念头自然会变轻；世途虽然很繁华，但经常想想死后黄泉之下的情形，那么利欲之心自然会变淡。

居盈满者如水之将溢未溢，切忌再加一滴；处危急者如木之将折未折，切忌再加一搦〔搦（nuò）：轻轻一按。〕。

译文 处于志得意满之时的人就好像水将要溢出还未溢出的时候，切忌再添加一滴；处于危急情形中的人就好像树木将要折断却还没折断的时候，切忌再轻轻地一按。

了〔了：了结，了断。〕**心自了事，犹**〔犹：好像。〕**根拔而草**

不生；逃世不逃名，似膻〔膻（shān）：腥膻的气味。〕存而蚋〔蚋（ruì）：指蚊子、苍蝇之类。〕还集。

译文 能把心中的欲望断绝，才能真正将事情了结，就好像拔去根以后草不再生长一样；逃离了尘世却有求名之心，就好像腥膻的气味还存在，仍然会招来蚊蝇一样。

情最难久，故多情人必至寡情；性〔性：天性。〕自有常〔常：常理，常法。〕，故任性〔任性：听凭天性。〕人终〔终：始终。〕不失性。

译文 保持长久的感情是最难的，所以到处留情的人最后必然薄情；人的本性有遵循常理的地方，所以不违背本性的人始终不会失去自己的本性。

甘人〔甘人：指谄媚、奉承之人。甘，甜。在此指说好话。〕之语多不论其是非，激人之语多不顾〔顾：顾及，考虑。〕其利害。

译文 让人觉得好的话多半不说他人的是非之处，激怒人的话大多不顾及他人的利害得失。

真廉无廉名，立名者正所以为贪；大巧无巧术〔术：方法。〕，用术者乃所以为拙。

译文 真正的廉洁是扬弃廉洁的名声，凡是以廉洁自我标榜的人无非是为了一个“贪”字；真正聪明的人是不使用机巧和权术的，使用机巧和权术的人正是因为笨拙。

为恶而畏〔畏：害怕，畏惧。〕人知，恶中犹〔犹：依然，还。〕有善念；为善而急人知，善处即是恶根。

译文 做了坏事害怕别人知道，说明恶中还有善念；做了好事急着想被人知道，其行善之处就是恶根。

谈山林之乐〔山林之乐：指隐居山林的乐趣。〕者未必真得山林之趣，厌名利之谈者未必尽忘名利之情。

译文 喜欢谈论隐居山林中的生活乐趣的人不一定是真的领悟了隐居的乐趣，口头上说讨厌名利的人未必真的将名利忘却。

从冷视热，然后知热处之奔驰无益〔益：好处。〕；从冗〔冗：烦冗，繁杂。〕入闲，然后觉闲中之滋味最长。

译文 从冷眼旁观的角度来观察喧闹的名利场，之后才会知道名利场中的奔走竞争并没有什么好处；从繁杂的生活进入闲适的生活，之后才能体会出闲适的生活最具情味。

贫士肯济人，才是性天〔性天：天性，本性。〕中惠泽；闹场能笃学〔笃学：踏踏实实地勤奋学习。〕，方为心地〔心地：在此指心境。〕上工夫。

译文 贫穷的人肯帮助他人，才是天性中的仁惠与德泽；在喧闹的环境中能专心学习，才是在净化心境上下了工夫。

伏久者〔伏久者：指深藏不露的鸟。伏久，潜伏很久。〕飞必高，开先者谢独早。

译文 深藏不露的鸟一旦腾飞则必定飞得高远，太早开发的事物往往也结束得很快。

贪得者〔贪得者：贪得无厌的人。〕**身富而心贫，知足者身贫而心富。居高者**〔居高者：身居高位的人。〕**形逸而神劳，处下者**〔处下者：地位低下、处于下层的人。〕**形劳而神逸。**

译文 贪得无厌的人也许生活富足，心灵却很贫穷；知道满足的人也许生活贫困，内心却很富有。处于高位的人身体很安逸，精神却很劳累；地位低下的人身体很劳累，精神却很闲逸。

名茶、美酒自有真味。好事者投香物〔香物：香料。〕**佐之，反以为佳，此与高人韵士**〔高人韵士：高雅之士。〕**误堕尘网中**〔尘网中：世俗生活之中。〕**何异！**

译文 名贵的茶叶、醇美的浓酒自有它们的真味。好事的人把香料放进去添加些味道，破坏了原本的清醇，反而认为这样很好，这和那些高人雅士误入世俗生活之中又有什么差别呢！

花棚石磴，小坐微醺〔微醺：稍微有些陶醉。〕。**歌欲**〔欲：想要。〕**独，尤欲细；茗欲频，尤欲苦。**

译文 在美丽的花棚下，坐在清凉的石阶上，稍稍有些陶醉。突然想要独自唱歌，歌声尤其要细腻；茗茶要频繁地续上，茶水尤其要苦。

善默〔默：沉默。〕**即是能语，用晦**〔用晦：韬光养晦。〕**即是处明，混俗**〔混俗：融入世俗。〕**即是藏身，安心即是适境**〔适境：适应环境。〕。

译文 善于沉默就是能言善语，韬光养晦就是保身之法，混入世俗就是藏身之法，心灵平静就是适应环境。

虽无泉石膏肓〔泉石膏肓：出自《新唐书·田游岩传》。田游岩隐居山中，唐高宗前去拜访，问道："先生此佳否？"他回答说："臣所谓泉石膏肓、烟霞痼疾者。"这是指自己沉迷于山林的癖好无法改变。〕、**烟霞痼疾，要识山中宰相**〔山中宰相：语出《南史·陶弘景传》。陶弘景隐居山中，辞不受官，但每逢朝中有大事，就会为朝廷出谋划策。因此，世人称之为"山中宰相"。〕、**天际真人**〔天际真人：在此指隐居天涯的真人。语出《世说新语·容止》："或以方谢仁祖不乃重者，桓大司马曰：'诸君莫轻道，仁祖企脚北窗下弹琵琶，故自有天际真人想。'"〕。

译文 虽然没有沉迷于泉石、烟霞的癖好，但要能辨识山中的高士、隐居天涯的真人。

气收〔收：收敛。〕**自觉怒平，神敛**〔敛：敛聚。〕**自觉言简，容人自觉味和**〔和：和睦。〕，**守静自觉天宁**。

译文 收敛气息自然会觉得愤怒平息了一些，敛聚精神自然会觉得语言简练了一些，宽容别人自然会觉得氛围和睦，心神保持宁静自然会觉得天下安宁。

处事〔处事：处理事情。〕**不可不斩截**〔斩截：斩钉截铁。形容说话做事非常果断。〕，**存心不可不宽舒**〔宽舒：宽广、舒缓。〕，**待己不可不严明**〔严明：严格。〕，**与人**〔与人：与人相处。〕**不可不和气**。

译文 处理事情不能不果断，存心不能不宽广舒缓，对待自己不能不严格要求，与人相处不能不和睦。

居不必无恶邻〔恶邻：坏邻居。〕，**会**〔会：相会，聚会。〕**不必无损友，惟在自持**〔自持：把持自己。〕**者两得之**。

译文 居处不一定没有坏邻居，交往也不一定没有坏朋友，能够自我把握的人才可兼而得之。

要知自家〔自家：自己。〕**是君子、小人，只于五更头**〔五更头：五更时分。指天快要亮的时候。〕**检点，思想的是什么便见得**〔得：知道，明白。〕。

译文 要知道自己是君子还是小人，只要在天将明时自我反省一下，看看自己所思所想的到底是什么，就很明白了。

以理听言，则中〔中：心中。〕**有主**〔主：主张，主意。〕；**以道窒欲**〔窒（zhì）欲：熄灭心中的欲望。〕，**则心自清**。

译文 以理智的态度来听取各方面的意见，那么心中就会有正确的主张；用道德规范来约束心中的欲望，那么心境就自然清明。

先淡〔淡：平淡。〕**后浓**〔浓：浓烈。〕，**先疏**〔疏：疏远。〕**后亲**〔亲：亲近。〕，**先远**〔远：接触了解。〕**后近**〔近：亲近而相知。〕，**交友道也**。

译文 先平淡而后浓烈，先疏远而后亲近，先接触而后相知，这是交朋友的方法。

苦恼世上，意气须温〔温：温和，平和。〕；**嗜欲**〔嗜（shì）欲：嗜好和欲望。〕**场中，肝肠欲冷**。

译文 在充满烦恼的人世间，心境要平和；在充满嗜好和欲望的名利场中，内心要冷静。

形骸非亲，何况形骸〔形骸：躯体，身体。〕**外之长物；大地亦幻**〔幻：虚幻。〕，**何况大地内之微尘**。

译文 连自己的身体都不属于亲近之物，何况那些属于身体之外的声名财利；天地山川也只是幻影，更不用说生活在天地间如尘埃的芸芸众生。

人当溷扰〔溷（hùn）扰：纷乱，混乱。〕，**则心中之境界何堪**〔何堪：如何忍受。〕；**人遇清宁，则眼前之气象自别。**

译文 人碰到混乱的局面，内心怎么能承受；人遇到清净安宁的局面，眼前的景象自然会不同。

寂而常惺〔惺：清醒。〕，**寂寂之境**〔寂寂之境：寂静的心境。〕**不扰；惺而常寂，惺惺之念**〔惺惺之念：清醒的念头。〕**不驰**〔驰：奔驰。〕。

译文 在寂静的状态中，要常保持醒觉，但以不扰乱寂静的心境为优先。在清醒时，要常保持寂静，使得心念不要驰骋得远而收束不住。

童子〔童子：孩子。〕**智少，愈少而愈完**〔完：完好，完整。〕；**成人智多，愈多而愈散**〔散：散乱。〕。

译文 孩子的智谋很少，但智谋越少其天性越完整；成年人的智谋很多，但智谋越多其思维越散乱。

无事便思有闲杂念头否，有事便思有粗浮意气〔粗浮意气：浮躁的心气。〕**否。得意便思有骄矜辞色**〔骄矜辞色：傲慢、飞扬跋扈的神色。〕**否，失意便思有怨望情怀否。时时检点**〔检点：反省。〕**得到，从多入少，从有入无，才是学问的真消息**〔真消息：真谛。〕。

译文 闲来无事的时候要反省自己是否有杂乱的念头，忙碌的时候要思考自己是否有浮躁粗俗的情绪。得意的时候就考虑自己的言行举止是否骄慢，失意的时候就反省自己是否有怨恨不满的想法。时时这样自我反省，使不良的习气渐渐由多到少、由有到无，这才是做学问的真正门径。

笔之用以月计〔计：计算。〕，墨之用以岁〔岁：年。〕计，砚之用以世〔世：代。〕计。笔最锐〔锐：锐利。〕，墨次之，砚钝〔钝：不锋利。〕者也，岂非钝者寿〔寿：长寿。〕而锐者夭〔夭：夭折。〕耶？笔最动，墨次之，砚静者也，岂非静者寿而动者夭乎？于是得养生焉，以钝为体，以静为用，唯其然〔唯其然：只有这样。〕，是以能永年。

译文 笔的使用寿命要以月来计算，墨的使用寿命要以年来计算，砚的使用寿命要以代来计算。笔最为锋锐，墨次之，砚是最钝的，这难道不是钝的长寿而锋锐的夭折吗？笔动得最为厉害，墨次之，而砚是静止的，这难道不是静止的长寿而运动的短命吗？由此知道了养生的道理，即要以钝为本质、以静为表象，只有如此才能长寿。

贫贱之人一无所有，及临命终时〔及临命终时：等到快要死了的时候。〕，脱〔脱：解脱。〕一“厌”字；富贵之人无所不有，及临命终时，带一“恋〔恋：依恋，留恋。〕”字。脱一“厌”字，如释〔释：放下。〕重负；带一“恋”字，如担〔担：担着。〕枷锁。

译文 贫穷低贱的人一无所有，到生命将终结时，因为对贫贱的厌倦而得到一种解脱感；富有高贵的人无所不有，到生命将终结时，因对名利的牵挂而恋恋不舍。因厌倦而解脱的人仿佛放下重担般轻松，因眷恋而不舍的人如同戴上了枷锁般沉重。

透〔透：看透，悟透。〕**得名利关，方**〔方：才。〕**是小休歇**〔休歇：休息，歇息。〕；**透得生死关，方是大休歇。**

译文 看得透名利这一关，心灵才可以获得宁静；看得透生死这一关，心灵才可以获得彻底的解脱。

人欲〔欲：想要。〕**求道，须于功名上闹一闹**〔闹一闹：闯荡一下。〕**方心死，此是真实语。**

译文 人想要求仙得道，必须在功名利禄上闯荡、争夺一番之后才会死心，这是实话。

病至，然后知无病之快〔快：快乐，痛快。〕；**事来，然后知无事之乐。故御病**〔御病：治好病。〕**不如却**〔却：了却，断绝。〕**病，完事不如省事。**

译文 病来了，之后才知道没有病是多么痛快；事情来了，之后才知道没有事情是多么快乐。因此，治病不如从根本上防病，把事情做完不如省去事情。

讳〔讳：忌讳。〕**贫者死于贫，胜心**〔胜心：好胜心。〕**使之也；讳病者死于病，畏心**〔畏心：畏惧之心。〕**蔽之也；讳愚者死于愚，痴心覆**〔覆：掩盖。〕**之也。**

译文 忌讳贫穷的人最终死于贫困，这是好胜心驱使的结果；忌讳生病的人最终死于病，这是被畏惧之心蒙蔽的结果；忌讳愚钝的人最终死于愚钝，这是被痴愚之心掩盖的结果。

古之人如陈〔陈：陈列。〕**玉石于市肆**〔市肆：市井店铺。〕，**瑕瑜**〔瑕瑜：玉的瑕疵和光彩。指人的过失与美德。〕**不掩；今之人如货**

〔货：买。〕**古玩于时贾**〔贾：商人。〕**，真伪难知。**

译文 古代的人就好像将玉石陈列在市场店铺之中一样，瑕疵与光彩都不加以掩饰；当今的人就好像向商人购买的古玩，真假难辨。

士大夫损德处，多由〔由：由于。〕**立名心太急。**

译文 士大夫有损德行的地方，往往是由太急于树立名声而造成的。

多躁者必无沉潜之识〔沉潜之识：深刻的见解。〕**，多畏者必无卓越之见**〔见：见解，见识。〕**，多欲者必无慷慨之节**〔节：气节。〕**，多言者必无笃实之心**〔笃实之心：踏踏实实做事的心。〕**，多勇者必无文学之雅。**

译文 浮躁的人必定对事物没有深刻的见识，胆怯的人必定对事物没有卓越的见解，欲望太多的人必定不能有正直激昂的气节，多话的人必定没有扎实勤奋的作风，多勇力的人必定缺少文学修养。

剖去胸中荆棘〔胸中荆棘：心中的间隙、芥蒂及伎俩。〕**，以便人我往来，是天下第一快活世界。**

译文 去除胸中容易伤己伤人的棘刺，以便和人们交往，是天下最快意的事了。

古来大圣大贤，寸针相对〔对：对照，比照。〕**；世上闲语，一笔勾销。**

译文 自古以来的大圣大贤之人，每分每寸我们都要与之对照，向其看齐；世上的闲言碎语，要将其一笔勾掉。

挥洒〔挥洒：挥洒笔墨。〕**以怡情，与其应酬，何如兀坐**〔兀坐：挺直身子坐。〕；**书礼**〔书礼：知书达礼。〕**以达情，与其工巧，何若直陈**〔直陈：直接陈说。〕；**棋局以适情，与其竞胜**〔竞胜：争夺胜负。〕，**何若促膝；笑谈以怡情，与其谑浪**〔谑（xuè）浪：戏谑放浪。〕，**何若狂歌。**

译文 挥洒笔墨是为了怡悦性情，与其应酬，还不如独自静坐；知书达礼是为了表达情意，与其工巧表达，还不如直接陈述；下棋布局是为了遣兴娱乐，与其与人争夺胜负，还不如促膝交谈；谈笑风生是为了使性情和谐，与其戏谑放浪，还不如开怀放歌。

"拙"之一字免〔免：免去。〕**了无千罪过，"闲"之一字讨**〔讨：讨得，获得。〕**了无万便宜。**

译文 "拙"这个字，只要好好运用，就能免去千万次罪过；"闲"这个字，只要好好运用，就能获得千万次便宜。

斑竹〔斑竹：因为叶子上有类似眼泪的斑点，所以称为"斑竹"，又称"湘妃竹"。相传舜帝在出巡的途中去世，他的妃子娥皇、女英十分伤心，以泪洗面，泪水落在竹子上，竹子由此落下了斑点。〕**半帘，惟我道心清似水；黄粱一梦**〔黄粱一梦：语出唐代沈既济的传奇《枕中记》，讲述了书生卢生碰到道士吕翁，悲叹自己生活辛酸。吕翁就给他一个枕头，声称枕上它就可以如愿以偿。这个时候，客店正在蒸黄粱米饭。卢生枕上枕头，在梦中享尽了荣华富贵，一觉醒来，黄粱饭还没有做好。〕，**任他世事冷如冰。欲住世出世，须知机息机。**

译文 透过半叶门帘，看到苍翠的斑竹，只有我的心清静如水；黄粱一梦，富贵如同过眼烟云，皆是虚幻，管他世间人情冰冷。想要生活在尘世却怀着出世之心，必须知晓机巧之心又消除机巧之心。

书画〔书画：书法绘画。〕**为柔翰**〔柔翰：毛笔。〕**，故开卷**〔卷：卷轴。〕**张册贵于从容；文酒**〔文酒：谈诗论酒。〕**为欢场，故对酒论文忌于寂寞。**

译文 书法绘画都是毛笔作品，非常高雅，因此打开卷轴、书册贵在从从容容；饮酒赋诗是一种欢乐场面，因此把酒论诗切忌寂寞一人。

荣利造化〔荣利造化：荣华、利禄和福运。〕**，特以戏人**〔戏人：戏弄人。〕**，一毫着意**〔着意：有意，动心思。〕**，便属桎梏**〔桎梏（zhì gù）：束缚。〕**。**

译文 荣华富贵、功名利禄都是上天专门用来戏弄人的，一旦对它们稍稍动了点儿心思，它们就会成为束缚你的枷锁。

士人〔士人：读书人。〕**不当以**〔以：因为。〕**世事分读书，当以**〔以：通过。〕**读书通**〔通：通晓，明白。〕**世事。**

译文 读书人不应该因为世间之事而挤占读书的时间，应当通过读书来通晓世间之事。

天下之事，利害常相半〔相半：各占一半。一说为“相伴”。〕**；有全利而无小害者，惟书。**

译文 天下的事，利害常常各半。全部是利而没有一点儿害处的只有读书。

事忌脱空〔脱空：脱离实际。〕，**人怕落套**〔落套：落入俗套。〕。

译文 做事最忌讳脱离实际，为人最怕落入俗套。

烟云堆里〔烟云堆里：烟雾缭绕的山林中。〕，**浪荡子逐日称仙；歌舞丛中，淫欲身几时得度**〔度：超度。〕？

译文 生活在烟雾缭绕的山林中，浪荡之子整日过着神仙一样的生活；歌台舞榭之中，那些充满淫欲之人什么时候才能得到超度？

山穷〔穷：穷尽。〕**鸟道，纵**〔纵：纵然，纵使。〕**藏花谷少流莺；路曲羊肠**〔路曲羊肠：像羊肠一样弯弯曲曲的小道。〕，**虽**〔虽：即使。〕**覆柳荫难放马。**

译文 如果高山穷尽了飞鸟的去路，纵然山中藏有开满鲜花的山谷，也很少有黄莺飞来飞去；倘若山道像羊肠一样弯弯曲曲，即使是绿柳如荫，也很难信马由缰。

能于热地思冷〔热地思冷：在炎热的地方思念寒冷。在此比喻处于荣华富贵之中还能记得卑微贫贱之时。〕，**则一世不受**〔受：遭受。〕**凄凉；能于淡处求浓，则终身不落枯槁。**

译文 能够在荣华富贵之中还记得卑微贫贱之时，那么一生都不会遭受凄凉；能够在恬淡之处求得浓厚之感，那么一生都不会落到形容枯槁的境地。

会心〔会心：心领神会。〕**之语，当以不解解之；无稽**〔无稽：没有根据。〕**之言，是在不听听耳。**

译文 彼此心领神会的话，不必解释也能理解；没有根据的话，听了也当没听见。

佳思〔佳思：美好的神思。〕忽来，书能下酒；侠情〔侠情：豪放的情怀。〕一往，云可赠人。

译文 美好的情思突然涌来时，书也能佐酒；豪情一起，云彩也可以摘下来赠人。

蔼然可亲乃自溢〔溢：流露。〕之冲和，妆〔妆：通“装”，假装。〕不出温柔软款〔温柔软款：非常温柔真挚的样子。〕；翘然〔翘然：高高在上的样子。〕难下乃生成之倨傲，假〔假：作假。〕不得逊顺从容。

译文 和蔼可亲是自然而然流露出的恬淡平和，假装是装不出来温柔真挚的样子的；高高在上而让人难以接近是自然生成的傲慢，假装是装不出来谦逊从容的样子的。

风流得意，则才鬼〔才鬼：很有才气的鬼。〕独胜顽仙〔顽仙：冥顽不灵的仙人。〕；孽债为烦，则芳魂〔芳魂：美丽的女子。〕毒于虐祟〔虐祟：凶恶的鬼怪。〕。

译文 论到举止潇洒，能得风雅浪漫的情趣之处，有才气的鬼胜过冥顽不灵的仙人；就情债之为孽障而言，美丽的女子却比凶恶的鬼怪还要厉害。

极难处〔极难处：最困难的。〕是书生落魄〔落魄：生活潦倒，科举落第。〕，最可怜是浪子白头。

译文 最困难的是书生生活潦倒，科举落第；最可怜的是浪子虚度青春，直到白发苍苍之时。

世路如冥，青天障〔障：遮蔽，屏障。〕**蚩尤之雾**〔蚩尤之雾：相传蚩尤与黄帝大战于涿鹿之时，蚩尤造雾作障，弥漫四野，使人辨不清东西南北。〕；**人情如梦，白日蔽巫女之云**〔巫女之云：语出宋玉的《高唐赋》。巫山神女与楚怀王告别道："妾在巫山之阳，高丘之阻。旦为朝云，暮为行雨，朝朝暮暮，阳台之下。"〕。

译文 世间的道路晦暗不清，好似蚩尤所造的大雾遮蔽了青天；人情如同做梦一样虚幻，好比巫山神女所化的云彩遮蔽了太阳。

密交定有夙缘〔夙缘：前世的缘分。〕，**非以鸡犬盟也；中断知其缘尽，宁**〔宁：怎能。〕**关萋菲**〔萋菲：在此指小人。〕**间**〔间：离间。〕**之。**

译文 交往密切，必定是彼此之间有前世的缘分，不像鸡犬结盟一样不可靠；友情中断，知道是缘分已尽，怎么会是小人挑拨离间所致。

堤防不筑，尚〔尚：尚且。〕**难支移壑**〔移壑（hè）：河流改道。〕**之虞；操存不严，岂能塞**〔塞：堵住。〕**横流之性。**

译文 一条河如果不修建堤坝，尚且很难应付河流改道的忧患；一个人倘若不能严守节操，又怎么能够堵住横流的欲望呢。

发端〔发端：开端。〕**无绪，归结**〔归结：最终。〕**还自支离；入门一差，进步终成恍惚**〔恍惚：模模糊糊。〕。

译文 开端如果没有头绪，最终还是会支离破碎；入门一旦走错一步，再向前走也终究会模模糊糊。

打诨〔打诨（hùn）：戏谑。〕随时〔随时：顺应世情。〕之妙法，休〔休：不要。〕嫌终日昏昏〔昏昏：浑浑噩噩，不清醒。〕；精明当事之祸机，却恨〔恨：悔恨。〕一生了了。

译文 戏谑是顺应世情的高妙之法，不要嫌弃整日浑浑噩噩；精明是面对事情时的祸根，最终只能悔恨一生毫无收获。

藏不得是拙，露〔露：显露。〕不得是丑。

译文 藏不住的是拙，显露不得的是丑。

形〔形：外形。〕同隽石，致〔致：内在的情致。〕胜冷云，决非凡士〔凡士：平庸之人。〕；语学娇莺，态摹〔摹：模仿，模拟。〕媚柳，定是弄臣〔弄臣：玩弄权术的奸佞小人。〕。

译文 外形上如同山中的美石，情致胜过清冷的云，这样的人绝不是普通之人；说话学娇滴滴的黄莺，姿态模仿妩媚的杨柳，这样的人必定是奸佞小人。

开口辄〔辄（zhé）：就。〕生雌黄月旦之言〔雌黄月旦之言：指说话不负责任，信口开河。〕，吾恐微言〔微言：精微却深藏大义的语言。〕将绝；捉笔〔捉笔：提笔。〕便惊缤纷绮丽之饰〔饰：藻饰。〕，当是妙处〔妙处：精妙之处。〕不传。

译文 一张口就是信口雌黄，说话不负责任，我担心那些精深微妙却深藏大义的语言将要绝迹了；提笔就是缤纷绮丽的文采藻饰，可能到了真正的精妙之处却无法传达出来了。

风波肆险〔肆险：肆虐惊险。〕，以虚舟震撼，浪静风恬；矛

盾相残，以柔指解分，兵销戈倒〔兵销戈倒：指矛盾化解。〕。

译文 在风波险恶的时刻，能够以虚怀若谷的胸怀从容应对风波的摇撼，最终就会风平浪静；处在针锋相对、你争我夺的矛盾之中，能够随机应变排解纠纷，最终就会化干戈为玉帛。

豪杰向简淡〔简淡：简单平淡。〕**中求，神仙从忠孝上起**〔起：做起。〕。

译文 做豪杰志士应从简单平淡中着手，成神成仙要从忠孝做起。

人不得道，“生死老病”四字关谁能透过〔透过：参透，悟透。〕？**独**〔独：尤其。〕**美人名将老病**〔老病：年老病弱。〕**之状**〔状：情形。〕，**尤为可怜。**

译文 人如果不能大彻大悟，面对生、死、老、病这四个生命的关卡，又有谁能看得透？尤其是美人和名将，那种美人红颜消逝、名将年老力衰的悲惨景况，使人感到十分无奈和惋惜。

日月〔日月：光阴。〕**如惊丸，可谓**〔可谓：可以称得上。〕**浮生矣，惟静卧是小延年**〔延年：延长寿命。〕；**人事如飞尘，可谓劳攘**〔劳攘：辛劳扰攘。〕**矣，惟静坐是小自在。**

译文 光阴飞逝如一掠而过的弹丸，这就是人的一生，只有静卧才可以稍稍益寿延年；人世的事就像飞扬的尘埃，可以称得上辛劳扰攘，只有静坐才能得到片刻的自在。

平生不作皱眉事〔皱眉事：指让人仇恨的事。〕，**天下应无切齿**〔切齿：指十分憎恨。〕**人。**

译文 平生不做令人皱眉憎恨的事情，天下就应该没有对你恨得咬牙切齿的人。

暗室之一灯，苦海〔苦海：佛教术语，认为俗世充满了痛苦，故称为“苦海”。〕之三老〔三老：泛指有声望的老人。〕；截疑网〔疑网：疑虑、猜忌之网。〕之宝剑、抉盲眼〔盲眼：瞎了的眼。〕之金针。

译文 暗室中的一盏灯，尘世苦海中的老前辈，就如同斩断猜疑之网的宝剑、灸治盲人之眼的金针。

攻取〔攻取：进攻、索取。此处指争名夺利。〕之情化〔化：化解。〕，鱼、鸟亦来相亲〔相亲：亲近。〕；悖戾〔悖戾（bèi lì）：悖谬、乖戾。〕之气销〔销：消解。〕，世途不见可畏。

译文 争名夺利之心化解了，即使是鱼、鸟也会与你亲近；悖谬、乖戾的脾气消解了，世间的道路也就不可怕了。

吉人〔吉人：好人。〕安详，即〔即：即使。〕梦寐神魂无非和气〔无非和气：没有不和和气气的。〕；凶人狠戾〔狠戾：凶狠暴戾。〕，即声音笑语浑〔浑：到处。〕是杀机。

译文 好人慈祥和蔼，即使是梦中的神情也都和和气气；凶狠之人行为暴戾残忍，即使是谈笑之间也充满杀气。

能脱俗〔脱俗：脱离世俗。〕便是奇，不合污〔合污：一起污浊。〕便是清。处〔处：居于。〕巧若拙，处明若晦，处动若静。

译文 能够超脱世俗便是不平凡，能够不同流合污便是清正。灵巧机智却貌似笨拙，处世明白却看似糊涂，在运动中却像平静无事一样。

参玄〔参玄：参悟玄学。〕**借以见性**〔见性：洞察人性。〕，**谈道**〔谈道：谈论道学。〕**借以修真**〔修真：修身养性。〕。

译文　参悟玄理，借此来洞察人性；谈论道学，借此来修身养性。

世人皆醒时作浊事〔浊事：糊涂事。〕，**安得**〔安得：怎么能够。〕**睡时有清身；若欲睡时得清身，须于醒时有清意。**

译文　世间的人都是在清醒之时做糊涂事，怎么能够在睡觉的时候保持清白之身呢；倘若想在睡着的时候保持清白之身，就必须在清醒的时候保持清白之意。

好读书非求身后之名，但异见异闻〔但异见异闻：只是为了获得独特的见解和见闻。〕，**心之所愿**〔愿：希望，盼望。〕，**是以孜孜搜讨**〔孜孜搜讨：指非常勤奋认真地搜索知识、探讨问题。〕，**欲罢不能**〔欲罢不能：想要停下来都不行。〕，**岂为声名劳七尺**〔劳七尺：使七尺之躯劳累。〕**也！**

译文　喜好读书不是为了谋求身后的名声，而只是为了获得独特的见解和见闻，这才是心中的愿望，因此会孜孜不倦地搜索讨教，想要停下来都不能，怎么会是为了赢得好名声而使七尺身躯劳累呢！

招客留宾，为欢可喜，未断尘世之扳援〔扳援：联系。〕；**浇花种树，嗜好虽清**〔清：清雅。〕，**亦是道人**〔道人：修道的人。〕**之魔障**〔魔障：佛教用语，指恶魔所设的障碍，也泛指波折。〕。

译文　招呼、款待宾客，共同欢乐是可喜的，却没有了断尘世的这种互相的依附与联系。浇浇花、种种树，这种嗜好虽然十分清雅，也是修道之人的障碍。

人常想病时，则尘心〔尘心：尘世之心。〕便减；人常想死时，则道念〔道念：修道的想法。〕自生。

译文 人经常想到生病的痛苦，就会使凡俗的追求名利之心淡漠；人经常想到有死亡的那一天，那么追求生命永恒的念头便自然而生。

入道场〔道场：指道观、寺院等修道信佛的场所。〕而随喜，则修行之念勃兴；登丘墓〔丘墓：山坡上的墓地。〕而徘徊，则名利之心顿尽〔顿尽：立刻就消失。〕。

译文 来到寺院道观而随喜，那么修行的念头就会油然而生；登上山坡上的墓地而徘徊，那么争名夺利的想法就会立刻消失。

铄金玷玉〔铄金玷玉：比喻激烈的诽谤、诋毁。铄金，语出《国语·周语下》之“众心成城，众口铄金”。玷玉，玷污白玉。语出《论衡·累害》之“以玷污言之，清受尘而白取垢；以毁谤言之，贞良见妒，高奇见噪”。〕，从来不乏乎谗人；洗垢索瘢〔洗垢索瘢：洗去污秽后，仍然索寻瘢痕。形容过分挑剔。〕，尤〔尤：尤其。〕好求多于佳士。止作秋风过耳〔秋风过耳：秋风吹过耳朵。比喻不在意，漠不关心。〕，何妨尺雾障〔障：遮蔽。〕天。

译文 诽谤、诋毁他人，从来就不缺少进谗言的人；洗去污秽后仍然索寻瘢痕，过分挑剔，尤其喜欢对优秀的人吹毛求疵。就当是秋风吹过耳朵，不要在意，小雾是遮不住整个天的。

欲〔欲：欲望。〕不除，似蛾扑灯〔似蛾扑灯：指为了实现欲望不惜牺牲生命。语出《梁书·到溉传》之“如飞蛾之赴火，岂焚身之可吝”。〕，焚身乃〔乃：才。〕止；贪无了〔了：了断。〕，如猩嗜酒〔如猩嗜酒：

指为了实现欲望不惜牺牲生命。《唐国史补》有云："猩猩者好酒与屐，人有取之者，置二物以诱之。猩猩始见，必大骂曰：'诱我也！'乃绝走远去，久而复来，稍稍相劝，俄顷俱醉，其足皆绊于屐，因遂获之。"〕，**鞭血方休**〔休：停止，罢休。〕。

译文 欲望不除，就好像飞蛾扑火一样，直到最后将自己焚烧了才停止；贪念不了断，就好像猩猩嗜好饮酒一样，直到最终身体被鞭打出血才肯罢休。

涉〔涉：跋涉。〕**江湖者，然后知波涛之汹涌；登山岳者，然后知蹊径**〔蹊径：小路。〕**之崎岖**。

译文 走过江湖的人，才知道江湖波涛汹涌的凶险，登过山岳的人，才能明白山间小道的崎岖不平。

人生待足〔待足：等待满足。〕，**何时足？未老得闲，始**〔始：才。〕**是闲**。

译文 人活在世上等待着得到满足，什么时候才能真正满足呢？在未衰老时能得享清闲，这才是真正的清闲。

谈空反被空〔空：超乎于现实之上的境界。〕**迷**〔迷：迷惑。〕，**耽**〔耽：沉溺。〕**静多为静缚**。

译文 谈论空寂之道的人反而受到空寂的迷惑，沉溺于静境中的人反而被静境束缚。

旧无陶令酒巾〔陶令酒巾：出自《宋书·隐逸传·陶潜》："郡将候潜，值其酒熟，取头上葛巾漉酒，毕，还复著之。"〕，**新撇张颠**〔张颠：

即唐代著名的书法家张旭，善于酒后书写狂草字体。《新唐书》有云：“每大醉，呼叫狂走，乃下笔，或以头濡墨而书，既醒自视，以为神，不可复得也。世呼‘张颠’。”〕书草；何妨与世昏昏〔昏昏：不清醒。〕，只问吾心了了〔了了：清楚，明白。〕。

译文 以前我没有陶潜的酒巾漉酒，现在也撇下了张颠酒醉后的狂草，表面上与世俗一样浑浑噩噩又何妨呢，只要我内心清如明镜就行。

以书史〔书史：经书史籍。〕为园林，以歌咏为鼓吹，以理义〔理义：道理正义。〕为膏粱〔膏粱：美食佳肴。〕，以著述为文绣〔文绣：华美的刺绣。〕，以诵读为菑畲〔菑畲（zī shē）：劳动耕作。〕，以记问〔记问：记诵讨教。〕为居积〔居积：囤积。〕，以前言往行〔前言往行：以往的圣贤之人的言行。〕为师友，以忠信笃敬〔忠信笃敬：忠实守信，笃学恭敬。〕为修持，以作善降祥为因果〔因果：佛教的因果报应说。〕，以乐天知命〔乐天知命：安于天命，知足常乐。〕为西方〔西方：佛教术语，指“极乐世界”。〕。

译文 把经书史籍当作园林观赏，把歌咏当作鼓吹乐器演奏，把道理正义当作人间美食，把著书立说当作美丽的刺绣，把诵读诗书当作劳动耕作，把记诵讨教当作囤积物品，把以往圣贤的言行当作老师和朋友，把忠实守信、笃学恭敬当作修身自持之道，把行善积德视为因果循环，把乐天知命视为西方极乐世界。

云烟影里〔云烟影里：比喻如同烟云一样飘浮不定、模糊不清的尘世。〕见真身〔真身：真实的自我。〕，始悟形骸〔形骸：躯体。〕为桎梏〔桎梏：原为犯人所戴的手铐和脚镣，后泛指束缚、约束。〕；禽鸟声

中闻自性〔自性：原本的性情。〕**，方知情识**〔情识：感情和妄见。〕**是戈矛。**

译文 在云影烟雾中见到人的真身本原，才明白肉身原来是拘束人的东西；在鸟鸣声中听出自然的本性，才知道感情和妄见原来是攻击人的戈、矛。

事理因〔因：通过。〕**人言而悟者，有悟还有迷，总不如自悟之了了**〔了了：清楚，明白。〕**；意兴**〔意兴：意趣、兴致。〕**从外境而得者，有得还有失，总不如自得之休休**〔休休：安闲快乐。〕。

译文 事物的道理经过他人的提醒才领悟，那么即使暂时明白了，也一定还会有迷惑的时候，总不如由自己领悟来得清楚明白；意趣和兴味由外界环境而产生，得到了也还会再失去，总不如自得于心那样真正地安闲快乐。

白日欺人，难逃清夜之愧赧〔愧赧（nǎn）：愧疚羞赧。〕**；红颜**〔红颜：指年轻之时。〕**失志，空遗皓首**〔皓首：指白发年老之时。〕**之悲伤。**

译文 在白天欺负人，那么在清净的晚上就难以逃脱愧疚羞赧之情；年纪轻轻就丧失志气，则年迈白头之时徒然流露悲伤。

定云止水〔定云止水：静止的白云碧水。〕**中有鸢飞鱼跃的景象，风狂雨骤**〔骤：急。〕**处有波恬浪静的风光。**

译文 在静止的白云碧水之中有鸢在云间穿飞、鱼在水中跳跃的景象，在狂风骤雨之中也有风平浪静的恬美风光。

世上人事无穷〔无穷：没有穷尽。〕**，越干越见不了；我辈**〔我辈：像我这样的人。〕**光阴有限，越闲越见清高。**

译文 世上人们之间的事没有穷尽，越干越觉得干不完；像我这样的人光阴有限，越是清闲就越显得清高。

两刃〔刃：兵刃。〕**相迎俱**〔俱：都。〕**伤，两强相敌**〔敌：匹敌。〕**俱败。**

译文 两件兵器锋刃相接都会受到损伤，两个强敌相拼都会遭受失败。

我不害人，人不我害；人之害我，由〔由：因为。〕**我害人。**

译文 我不伤害别人，别人也不会伤害我；有人伤害我的话，必定是因为我伤害了别人。

博览广〔广：增长，增加。〕**识见，寡**〔寡：少。〕**交少是非。**

译文 广泛观览可以增长见识，少与人交际可以减少无妄的是非。

明霞可爱，瞬眼〔瞬眼：转眼间，形容很快。〕**而辄**〔辄：就。〕**空；流水堪听，过耳而不恋。人能以明霞视美色，则业障**〔业障：佛教术语，指妨碍修行的障碍。〕**自轻；人能以流水听弦歌，则性灵何害！**

译文 美丽的云霞非常可爱，往往转眼之间就无影无踪了；流水潺潺非常动听，但是听过也就不再留恋。人们如果以观赏云霞的眼光去看待美人姿色，那么贪恋美色的恶念自然会减轻；人们如果能以听流水的心情来听弦音歌唱，那么弦音歌声对我们的性灵又有什么损害呢！

休〔休：莫，不要。〕**怨我不如人，不如我者常众**〔常众：很多。〕；**休夸我能胜**〔胜：超过。〕**人，胜如我者更多。**

译文 不要怪我比不上别人，不如我的人多得是；不要夸我比别人强，比我强的人还有很多。

人心好胜〔好胜：争强好胜。〕，**我以胜应**〔应：应付，应对。〕**必败；人情好谦**〔谦：谦虚。〕，**我以谦处反**〔反：反而。〕**胜。**

译文 人总是会争强好胜，倘若我也用争胜心来应对的话，最终必然会失败；人总是爱谦虚，假如我用谦虚来应对的话，反而会取胜。

人言天不禁〔禁：禁止。〕**人富贵，而禁人清闲，人自**〔自：自己。〕**不闲耳。若能随遇而安，不图将来，不追既往**〔既往：已经过去的，以往。〕，**不蔽**〔蔽：遮蔽。〕**目前，何不清闲之有！**

译文 人们常说上天不会禁止人们去追求和享受荣华富贵，但禁止人们过清闲的日子，这实际上是人们自己不愿意清闲下来罢了。如果一个人在任何环境中都自得其乐，不为将来悉心计划，不对过去的生活追悔不安，也不被眼前的名利所蒙蔽，这样哪能不清闲呢！

暗室贞邪〔贞邪：忠贞与奸邪。〕**谁见，忽而万口喧传；自心善恶炯然**〔炯（jiǒng）然：形容很清楚。〕，**凛于四王**〔四王：佛教中执掌刑法戒律的四大天王。〕**考校**〔考校：审查拷问。〕。

译文 暗室中的忠贞与奸邪有谁看到了，忽然间大家都在议论言说；自己是善还是恶心中很明白，所以能心存敬畏地接受执掌刑法戒律的四大天王的拷问审查。

寒山〔寒山：唐代著名的诗僧，又称“寒山子”。〕诗云：“有人来骂我，分明了了知。虽然不应对，却是得便宜。”此言宜深〔深：仔细。〕玩味。

译文 寒山子在诗中说：“有人来辱骂我，我分明听得很清楚。虽然我不会去应对理睬，却是已经得了很大的好处。”这话很值得我们认真地思考和体会。

恩爱吾之仇也，富贵身之累〔累：拖累，累赘。〕也。

译文 恩情爱意是我的仇敌，富贵荣华是身心的累赘。

有誉〔誉：赞美。〕于前〔前：面前。〕，不若无毁〔毁：诋毁。〕于后〔后：身后，背后。〕；有乐于身，不若无忧于心。

译文 追求当面的赞美，不如避免背后的诽谤；追求身体上的快乐享受，不如追求无忧无虑的心境。

富时不俭〔俭：节俭。〕贫时悔，潜时〔潜时：潜藏还没有显露的时候。在此指平常的时候。〕不学用时悔，醉后狂言醒时悔，安不将息〔安不将息：安康的时候不好好休息调养。〕病时悔。

译文 富贵的时候不知道节俭，等到贫穷的时候就会懊悔；未被重用时不好好学习，等到被重用的时候就会后悔；喝醉之后说出狂妄之言，等到酒醒的时候就会懊悔；安康的时候不好好休息调养，等到生病的时候就会悔恨。

寒灰内，半星之活火〔活火：可以燃烧、没有熄灭的火。〕；浊流中，一线之清泉。

译文 即使是已经寒冷的灰烬中，尚且存有半星可以燃烧的火；即使是污浊的河流中，尚且有一线的清泉。

攻〔攻：在此指雕琢打磨。〕**玉于石，石尽而玉出；淘金于沙，沙尽而金露。**

译文 雕琢打磨玉石以求得玉，石头磨耗尽了，玉就呈现出来了；在沙中淘金，沙淘尽了，金子也就显露出来了。

乍〔乍：刚刚开始。〕**交不可倾倒**〔倾倒：全部倒出来。在此指把所有的话都说出来。〕，**倾倒则交不终；久与不可隐匿**〔隐匿：隐瞒。〕，**隐匿则心必险**〔险：险恶。〕。

译文 刚刚与人结交的时候不能什么话都说，什么话都说，交情就不能善始善终；交往时间长了，说话就不能再有所隐瞒，说话有所隐瞒，必然居心险恶。

丹〔丹：丹砂。〕**之所藏者赤**〔赤：红。〕，**墨之所藏者黑。**

译文 保藏丹砂的物品时间长了就会变红，保存墨的物品时间长了就会变黑。

懒可卧，不可风；静可坐，不可思；闷可对〔对：指与人共处。〕，**不可独；劳可酒，不可食；醉可睡，不可淫。**

译文 懒的时候可以躺着，而不能奔走；平静的时候可以闲坐，而不能思考；烦闷的时候可以与人共处，而不可独处；劳累的时候可以喝点儿小酒，而不能暴食；喝醉的时候可以睡觉，而不能淫乐。

书生薄命原同妾〔原同妾：原本就和姬妾一样。〕，**丞相怜才不论官**〔丞相怜才不论官：出自《汉书·公孙弘传》。公孙弘出身贫贱，数年之后官至丞相，“于是起客馆，开东阁以延贤人，与参谋议，弘身食一肉，脱粟饭，故人宾客仰衣食，俸禄皆以给之，家无所余”。〕。

译文 书生命运悲惨，原本就和姬妾一样；丞相爱惜人才，不管其是否为官、官位高低。

拨开世上尘氛〔尘氛：尘世的氛围。〕，**胸中自无火炎冰兢**〔火炎冰兢：比喻强烈的渴望和恐惧不安。〕；**消却心中鄙吝**〔鄙吝：卑鄙庸俗。〕，**眼前时有月到风来**。

译文 拨开世界上凡俗纷扰的氛围，那么心中就不会有像火烧一样的焦灼，也不会有如履薄冰般的胆战心惊；消除心中的卑鄙与吝啬，就可以感受到如同处在清风明月中的心境。

尘缘〔尘缘：尘世间的色、声、香、味、触、法六种根源。〕**割断，烦恼从何处安身；世虑潜消，清虚向此中立脚**。

译文 割断了尘世中的色、声、香、味、触、法六种根源，烦恼将无处安身；消除了世间的种种顾虑杂念，清净虚无自然也会在此之中立住脚。

市〔市：市井。〕**争利，朝**〔朝：朝廷。〕**争名，盖棺日何物可殉蒿里**〔蒿里：葬地名。《汉书·广陵厉王传》有云：“蒿里召兮郭门阅，死不得取代庸，身自逝。”〕？**春赏花，秋赏月，荷锸时**〔荷锸时：指死的时候。出自《晋书·刘伶传》。刘伶经常乘坐一鹿车，带一壶酒，让人带着铁锹跟随着他，并对拿铁锹的人说，等自己死了就把自己埋了。荷，负荷，带着。锸，类似于铁锹。〕**此身常醉蓬莱**〔蓬莱：传说中的神仙境界。〕。

译文 市井之中争夺利益，朝廷之中争夺名声，等到死去盖棺之日，这些名利又有什么可以殉葬到葬地之中呢？春天赏花，秋天赏月，等到死的时候就会觉得自己如同处在蓬莱仙境一样。

驷马难追〔驷（sì）马难追：话一旦说出去，用四匹马拉的车也追不回。指说话做事一旦成为事实，就难以挽回了。〕，**吾欲三缄其口**〔三缄（jiān）其口：出自汉代刘向的《说苑·敬慎》："孔子之周，观于太庙，右陛之前有金人焉，三缄其口而铭其背曰：'古之慎言人也，戒之哉！戒之哉！无多言，多言多败。'"〕；**隙驹易过**〔隙驹易过：比喻时间过得飞快。出自《庄子·知北游》的"人生天地之间，若白驹之过隙，忽然而已"。〕，**人当寸惜乎阴。**

译文 君子一言既出，驷马难追，所以我说话要十分慎重，沉默思考几次之后再说；时间如同白驹过隙，转眼即逝，因此人应该珍惜每寸光阴。

万分廉洁止是〔止是：只是。〕**小善，一点贪污便为大恶。**

译文 万分的廉洁也只是一点儿小小的善行，一丁点儿的贪污就是极大的罪恶。

炫奇〔炫奇：炫耀奇特。〕**之疾**〔疾：毛病。〕**医以平易，英发**〔英发：表露英气才华。〕**之疾医以深沉，阔大**〔阔大：喜欢空大、空疏不实。〕**之疾医以充实。**

译文 卖弄炫耀的毛病要用简易平实来纠正，好表现聪明才智的毛病要用深厚沉着来纠正，言行迂阔，随意的毛病要用充实来纠正。

才〔才：刚刚。〕舒放即当收敛，才言语便思简默。

译文 刚刚舒缓放松就应该注意收敛自己，刚刚开始说话就想到要缄默不语。

贫不足〔足：值得。〕羞，可羞是贫而无志；贱不足恶，可恶是贱而无能；老不足叹，可叹是老而虚生〔虚生：虚度一生。〕；死不足悲，可悲是死而无补〔死而无补：死了对世人没有任何益处。〕。

译文 贫穷并不是值得羞愧的事，值得羞愧的是贫穷却没有志气；地位卑贱并不令人厌恶，可厌恶的是卑贱而又无能；年老并不值得叹息，值得叹息的是年老时已虚度一生；死并不值得悲伤，可悲的是死时却对世人没有任何益处。

休委罪〔委罪：推诿罪过。〕于气化，一切责之人事；休过望于世间〔过望于世间：把过分的希望寄托于世间。〕，一切求之我身。

译文 不要把罪过推给所谓的气数，一切都应该怪罪人事；不要把过分的希望寄托于世间，一切都应该自己去努力寻求。

世人白昼寐语〔寐（mèi）语：梦话。此指说梦话。〕，苟〔苟：倘若。〕能寐中作白昼语，可谓常惺惺〔惺惺：警觉，清醒。〕矣。

译文 世上的人白日里尽讲些梦话，倘若能在睡梦中讲清醒时该讲的话，这人可说是能常常保持警觉、清醒的状态了。

观世态之极幻，则浮云转有常情〔常情：通常的情理。〕；咀

世味之昏空〔昏空：苦涩空虚。〕，**则流水翻多浓旨**〔浓旨：深厚的味道。〕。

译文　观察世间种种情态急剧变化，会感觉到天上浮云之变动反而比人情世态的剧变还更有常情可循；体味人世间滋味的苦涩空虚，会觉得流水反而具有浓厚的意趣。

大凡聪明之人极是误事。何以故？惟聪明生〔生：萌生，产生。〕**意见，意见一生**〔一生：一旦萌生。〕，**便不忍舍割。往往溺**〔溺：沉溺。〕**于爱河欲海者皆极聪明之人。**

译文　一般而言，聪明之人很容易误事。这是什么原因呢？只是因为聪明人会有很多意见、见解，意见、见解一旦萌生，就不忍心割舍。往往沉溺于爱河欲海之中的人都是非常聪明的人。

是非不到钓鱼处〔钓鱼处：喻指与世无争的隐逸之处。〕，**荣辱常随骑马人**〔骑马人：喻指尘世中追名逐利的达官贵人。〕。

译文　是是非非不会到达尘世之外与世无争的垂钓之处，荣辱纷争常常伴随骑马的达官贵人。

名心未化，对妻孥〔妻孥（nú）：指妻子、儿女。〕**亦自矜庄；隐衷释然**〔释然：释放，释怀。〕，**即梦寐皆成清楚。**

译文　争名好利之心还没有消除，纵然是对妻子、儿女也要矜持庄重；内心隐秘的欲念一旦能够消除，即使是在梦中也会十分清醒。

观苏季子以贫穷得志〔苏季子以贫穷得志：出自《战国策》。苏季子即苏秦，战国时期著名的纵横家，游说六国合纵抗秦期间，封为武安君，掌管六国合纵之印。他之前贫寒不得志，亲人对其极为冷淡甚至嫌弃。

他富贵之后，路过家乡，兄嫂前倨后恭。苏秦感叹道："此一人之身，富贵则亲戚畏惧之，贫贱则轻易之，况众人乎！且使我有洛阳负郭田二顷，吾岂能佩六国相印乎！"后来，他因为与人争夺权势而被害。〕，**则负郭**〔负郭：临近城郭。〕**二顷田误**〔误：耽误。〕**人实多；观苏季子以功名杀身，则武安六国印**〔武安六国印：武安君的爵位、六国的相印。〕**害人亦不浅。**

译文 从苏秦因为贫穷反而实现了志向来看，那么临近城郭的两顷良田对人的耽误实在是太大了；从苏秦因为争夺功名而被杀害来看，那么武安君的爵位、六国的相印也的确是害人不浅啊。

己情不可纵〔纵：放纵。〕，**当用逆**〔逆：相反。〕**之法制**〔制：限制，抑制。〕**之，其道**〔道：方法。〕**在一"忍"字；人情不可拂**〔拂：拂逆，违背。〕，**当用顺之法调之，其道在一"恕**〔恕：宽恕。〕**"字。**

译文 自己的欲念不可放纵，应当用抑制的办法制止，关键的方法就在一个"忍"字；他人的欲念不可拂逆，应当用顺势引导的办法加以端正，关键的方法就在一个"恕"字。

文章不疗〔疗：治疗，疗养。〕**山水癖**〔癖：癖好。〕，**身心每被**〔被：遭受。〕**野云羁**〔羁：羁绊。〕。

译文 文章不能治愈沉溺山水的癖好，身体和心灵常常被山野白云所羁绊。

—— 卷二　集情 ——

语云〔语云：俗话说。云，说。〕："当为情死，不当为情怨。"明乎情者，原可死而不可怨者也。虽然〔虽然：虽然这样。〕，既〔既：既然。〕云情矣，此身已为情有，又何忍死耶！然不死终不透彻耳。韩翃之柳〔韩翃（hóng）之柳：出自唐代许尧佐的《柳氏传》。安史之乱中，韩翃与其爱妾柳氏失散，柳氏出家为尼。后来，韩翃寄书信给柳氏，信云："章台柳，章台柳，昔日青青今在否？纵使长条似旧垂，亦应攀折他人手。"柳氏回信云："杨柳枝，芳菲节，所恨年年赠离别。一叶随风忽报秋，纵使君来岂堪折。"可是，之后不久，蕃将沙吒利恃平反有功强抢柳氏，柳拒不从。最终，虞侯许俊巧设计策，韩、柳二人才终得团聚。〕，崔护之花〔崔护之花：据《本事诗·情感》载，崔护曾在清明之时到城南游赏，对一位女子十分钟情。第二年清明之时，他再次来到故地，桃花依旧，门墙如故，可是这位女子已不在，因此题诗："去年今日此门中，人面桃花相映红。人面不知何处去，桃花依旧笑春风。"〕，汉宫之流叶〔汉宫之流叶：据唐代范摅的《云溪友议》记载，唐宣宗之时，卢渥前往京城赶考，偶然到御沟旁，在清冽的水中忽然发现一片较大的红叶上面有墨印。他命仆人将叶子取出，发现红叶上竟然题着一首诗："流水何太急，深宫尽日闲。殷勤谢红叶，好去到人间。"后来，唐宣宗将一部分宫女送出宫外，许配给官吏。卢渥得到一名宫女，恰巧是那位题诗于红叶之上的女子。〕，蜀女之飘梧〔蜀女之飘梧：据载，后蜀时一女子曾在梧桐叶上书写相思之诗，后来与侯继图成婚。〕，令后世有情之人咨嗟想慕，托之语言，寄之歌咏；而奴无昆仑〔奴无昆仑：出自唐代裴铏的传奇小说《昆仑奴传》。唐代大历年间，崔生受父命前去拜见一品勋臣，勋臣让穿着红绡的美姬为崔生奉上甘酪，崔生对红绡女子一见钟情，之后就将此事告诉昆仑奴磨勒，磨勒最终将红绡女子从勋臣府中偷出。〕，客无黄衫〔客无黄衫：出自唐代蒋防的传奇小说《霍小玉传》。才女霍小玉与才子李益互定终生，可后来被李益抛弃，忧郁成疾。侠士黄衫客把李益挟持到霍小玉面前，霍小玉见到李益后一恸而亡。]，**知己无押衙**〔押衙：唐传奇《无双传》中的人物，在他的帮助下，尚书之女刘无双与贫寒书生王仙客有情人终成眷属。]，**同志无虞侯**〔虞侯：虞侯巧设计谋，将柳氏从蕃将沙吒利手中救出，柳氏与韩翃终得团聚。]，**则虽盟在海棠，终是陌路萧郎**〔陌路萧郎：据唐代范摅的《云溪友议》记载，书生崔郊与姑母家婢女相爱，后来姑母家道中落，将婢女卖给连帅。崔郊伤心不已，两人相见泣涕涟涟。崔郊作诗云："公子王孙逐后尘，绿珠垂泪滴罗巾。侯门一入深如海，从此萧郎是路人。"连帅知道此事后，就将婢女归还给崔郊，两人终成眷属。萧郎，女子对其所爱的男子的称呼。〕**耳。集《情》第二。**

译文 俗语说："应当为情而死，不应当为情而生怨。"真正明白所谓爱情的人，本来就是只可为爱情而死，却不应当因情生怨的。虽然这样，但既然说到爱情，那么此身已属于爱情所有，又怎么忍心去死呢！然而，不为情而死，终不见情爱的深刻。韩翃的章台柳，崔护的人面桃花，宫廷御沟的红叶题诗，蜀女题诗梧叶飘飞，这些故事都让后世有情人叹息羡慕，用文字记载下来，或者写成诗歌吟咏；既然没有能劫得佳人的昆仑奴，又没有身着黄衫行侠仗义的豪客，没有古押衙这样的知己，又没有像虞侯许俊一样志向相同的人，那么即使是有海棠花下的誓约，终究不免成为陌路萧郎。因此，我编撰了第二卷《情》。

几条杨柳〔杨柳：古时杨柳是送别的象征。〕**沾来多少啼痕**〔啼痕：啼哭的泪痕。〕，**三叠阳关**〔三叠阳关：指琴曲《阳关三叠》。〕**唱彻古今离恨。**

译文 送别时折下的几条柳枝沾染了多少离人的泪水，《阳关三叠》的乐曲唱尽了古今分离时的情怀。

荀令君〔荀令君：即荀彧，汉末人，曾任尚书令，因此被称为“荀令君”。据有关资料记载，他的衣带常常染有香气，所到之处香味三日不绝。〕**至人家，坐处留香三日。**

译文 荀令君到别人家，所坐之处香气常常三日不绝。

罄〔罄（qìng）：完。〕**南山**〔南山：指终南山。〕**之竹，写意**〔写意：写出心中的情意。〕**无穷；决**〔决：决开。〕**东海之波，流情不尽。愁如云而长聚**〔长聚：长时间聚集。〕**，泪若水以难干。**

译文 用尽了终南山的竹子，也写不完心中的情意；决开东海的波涛，也流不完心中的深情。忧愁就像云彩一样淤积心中长久不散，眼泪就像川流不息的水一样难以干涸。

弄绿绮〔绿绮：古琴名，司马相如之琴。傅玄的《琴赋序》中有云：“齐桓公有鸣琴曰‘号钟’，楚庄王有鸣琴曰‘绕梁’，中世司马相如有‘绿绮’，蔡邕有‘焦尾’，皆名器也。”〕**之琴，焉得文君之听**〔文君之听：据《史记·司马相如列传》记载，司马相如在卓家抚琴，卓文君为琴声所动，夜奔相如。文君，即卓文君。〕**；濡彩毫之笔，难描京兆之眉。**

译文 拨弄着名为“绿绮”的琴，怎样才能招引文君这样的女子来听；蘸湿了画眉的彩笔，难以描画像张敞所绘的眉线。

瞻云望月〔瞻云望月：瞻望天上的云和月。〕**，无非凄怆之声；弄柳拈花，尽是销魂之处。**

译文 举首遥望天上的云彩与朗月，听到的无非是凄凉悲怆的声音；折柳攀花，感受的都是让人丧魂落魄的心境。

悲火〔悲火：悲伤像火一样。〕**常烧心曲，愁云**〔愁云：忧愁像云彩一样。〕**频压眉尖**。

译文 悲伤像火一样常常灼烧内心，忧愁像云彩一样频频地压在眉梢。

五更〔五更：古时将一夜分为五更，每更又分为五点。〕**三四点，点点生愁；一日十二时**〔一日十二时：古时将白天分为十二时辰。〕**，时时寄恨**。

译文 五更天三四点的时候，每一点都让人生出愁绪；一日有十二时辰，无时无刻不寄托着离恨。

燕约〔约：约会。〕**莺期**〔期：幽期。〕**，变作鸾悲凤泣；蜂媒**〔媒：媒介。〕**蝶使**〔使：使者。〕**，翻成绿惨红愁**。

译文 燕子、黄莺的约会幽期，最终变成了凤凰与鸾鸟的悲伤哀泣；蜜蜂、蝴蝶作为媒介、使者，反而增添了红花绿叶的忧愁。

花柳深藏淑女居，何殊〔何殊：有什么差别。〕**弱水三千**〔弱水三千：《十洲记》中有“凤麟洲在西海之中央……洲四面有弱水绕之，鸿毛不浮，不可越也”之句。〕**；雨云不入襄王梦，空忆十二巫山**〔“雨云不入”两句：宋玉的《高唐赋》中有楚怀王与巫山神女相会之事。襄王即楚怀王，十二巫山即指巫山十二峰。〕。

译文 幽静而美好的女子，她的深闺锁在花丛柳荫的深处，就好像蓬莱之外三千里的弱水一样难渡；行云雨的神女不来襄王的梦里，只能白白地独自遥想追忆着巫山十二峰。

枕边梦去心亦去，醒后梦还心不还〔还：回来。〕。

译文 心随着梦境到达情人身边，醒来之时心却留在情人那边不肯归来。

万里关河，鸿雁〔鸿雁：古时通信不方便，经常有人借鸿雁来传书信。〕**来时悲信断；满腔愁绪，子规**〔子规：即杜鹃。杜鹃的啼声十分哀绝，容易引起人的悲伤。〕**啼处忆人归**。

译文 相隔万里关山，每当鸿雁飞来之时都会因音信断绝而悲伤；满腔的忧愁，每当杜鹃啼叫的时候都会幻想离人的归来。

千叠云山千叠愁，一天明月一天恨。

译文 千万层的云彩、高山重重叠叠，就像心中愁绪一样层层叠叠；皎洁的月光充满了天空，离恨也像这样充满了天空。

豆蔻〔豆蔻（kòu）：喻指少女。〕**不消心上恨，丁香**〔丁香：果实由两片如同鸡舌的子叶合抱而成，就像同心结一样。因此，丁香暗指忧愁。唐代李商隐的《代赠》云："芭蕉不展丁香结，同向春风各自愁。"〕**空结雨中愁**。

译文 豆蔻年华的少女心中幽恨难消，丁香花在雨中忧愁地开着。

月色悬空，皎皎明明，偏自照人孤另；蛩声〔蛩（qióng）声：蟋蟀叫声。蛩，古指蟋蟀，也指蝗虫。这里指蟋蟀。〕**泣露，啾啾唧唧，都来助我愁思**。

译文 月亮悬挂在天空，十分皎洁，却偏偏照着我孤零零一个人；蟋蟀的叫声在露水中如同哭泣一样，啾啾唧唧，都在加重我的愁思。

慈悲筏〔筏：竹筏。〕**济**〔济：渡。〕**人出相思海，恩爱梯**〔梯：梯子。〕**接人下离恨天**〔离恨天：充满离愁别恨的天空。〕。

译文 用慈悲做筏可以渡人驶出相思的苦海，用恩爱做梯子可以使人走下离恨的天空。

费长房〔费长房：相传费长房曾经跟随壶公学道修行，能够医治百病，还会缩地术，缩地行走十分迅速。〕**缩不尽相思地，女娲氏**〔女娲氏：传说中的女娲娘娘，曾用五色石补天。〕**补不完离恨天**。

译文 即使有传说中费长房那样的缩地法术，也不能将相思的距离拉近；即使有女娲氏那样的补天之术，也补不了离愁别恨的情天。

孤灯夜雨，空〔空：徒然。〕**把青年误**〔误：耽误。〕。**楼外青山无数，隔不断新愁来路**。

译文 孤灯一盏，凄凉夜雨，徒然把大好青春给耽误了。楼外虽然有无数的青山，却阻隔不了新愁前来的道路。

黄叶无风自落，秋云不雨〔雨：下雨。〕**长阴。天若有情天亦老，摇摇幽恨难禁**〔难禁：难以忍受。〕。**惆怅旧欢如梦，觉**〔觉：睡觉醒来。〕**来无处追寻**。

译文 黄叶在无风时也会自然飘落，秋日虽不下雨却总弥漫着阴云。如果天有情也会因为情所困而衰老，这种令人不安、深藏心中的怨恨真是难以承受。寂寞哀怨地回想起旧日的欢乐，仿佛在梦中一般，醒来后却无处追寻。

蛾眉〔蛾眉：代指美丽的女子。〕**未赎**〔赎：赎身。〕，**谩劳**〔谩（màn）劳：徒劳。〕**桐叶寄相思**〔桐叶寄相思：据载，后蜀时的尚书侯继图的妻子曾在梧桐叶上写诗以寄托相思之情。〕；**潮信**〔潮信：音信。〕**难通，空向桃花寻往迹**〔空向桃花寻往迹：化用崔护“桃花依旧笑春风”的典故。〕。

译文 美丽的女子还未能赎身，即使是用梧桐叶寄托相思也无济于事；音信不通，只能徒然在桃花中寻找往日的足迹。

野花艳目，不必牡丹；村酒酣〔酣：醉。〕**人，何须绿蚁。**

译文 野花就已经十分光彩夺目了，不必非要牡丹；农家自酿的酒就已经香醇得足以醉人了，何必要新酿的美酒。

琴罢辄举酒，酒罢辄〔辄：就。〕**吟诗。三友递**〔递：交替。〕**相引，循环无已时**〔无已时：没有停止的时候。〕。

译文 弹奏完琴就举杯痛饮，喝过酒就吟诵诗词。三位朋友接替相邀，循环往复没有停下来的时候。

阮籍〔阮籍：魏晋时期的名士，字嗣宗，是“建安七子”之一阮瑀的儿子，博览群书，崇奉老庄之学。据有关资料记载，阮籍邻家有位少妇十分美貌，以卖酒为生。阮籍经常与一些朋友前去喝酒，醉了就在少妇的旁边躺下睡觉，但是并没有什么邪念，光明磊落，只是性情有些乖张而已。〕**邻家少妇有美色，当垆沽酒**〔当垆沽酒：古时酒店里为了安放酒瓮，就用泥土垒砌成垆，卖酒的人坐在旁边，故称“当垆沽酒”。〕，**籍常诣**〔诣：到。〕**饮，醉便卧其侧。隔帘闻坠钗声**〔坠钗声：玉钗落地的声音。〕，**而不动念**〔念：邪念。〕**者，此人不痴则慧。我幸在不痴不慧中。**

译文 阮籍家隔壁有个少妇十分美貌，以卖酒为业。阮籍常去饮酒，醉了便睡在她的身旁。隔着帘子听见玉钗落下的声音而心中不起邪念的人，不是痴人便是慧者。幸而我是个不痴不慧的人。

桃叶题情〔题情：题写诗句，寄托别情。〕，**柳丝牵恨**〔牵恨：牵动离恨。〕。

译文 桃叶题写诗句寄托着别情，柳丝摇摆牵动着离恨。

蝴蝶长悬〔悬：悬系。〕**孤枕梦，凤凰不上断弦鸣**。

译文 蝴蝶经常出现在孤枕的梦境之中，凤凰不会在断弦之上鸣叫。

吴妖小玉飞作烟〔吴妖小玉飞作烟：出自唐传奇《搜神记》。吴王夫差之女紫玉与书生韩重情投意合，可吴王不准许，紫玉竟然气绝身亡。韩重前来凭吊，紫玉又现出真身。其母见到之后，前去抱住女儿，紫玉却化作了一缕青烟。〕，**越艳西施**〔西施：中国古代美女，原是越国人。越被吴灭之后，越王勾践将其送给吴王夫差。勾践卧薪尝胆，终于完成复国大业，而西施也终于与之前的恋人范蠡再度相聚。〕**化为土**。

译文 吴宫妖艳的美女小玉已经化作烟尘飘散了，越国美丽的西施也已成为黄土融入自然。

妙唱〔妙唱：美妙的歌声。〕**非关舌，多情岂在腰**。

译文 美妙的歌声并不是都源于舌头，妖娆多情的姿态又怎能只体现在细腰上。

楚王宫里，无不推其细腰〔“楚王宫里”两句：据有关资料记载，楚灵王喜欢细腰，他的大臣们为了使腰变细都节食挨饿，以至于必须扶着墙才能站起来。〕；**魏国佳人，俱言讶其纤手**〔“魏国佳人”两句：《诗经·卫风·硕人》中赞扬卫庄公夫人之美有“手如柔荑，肤如凝脂，领如蝤蛴，齿如瓠犀，螓首蛾眉”之句。此处疑为卫国佳人。〕。

译文 即使是在楚灵王的宫中，也没有人不推举她的腰之细；即使是卫国的佳人，也都惊讶她的手指之纤细。

传鼓瑟于杨家〔传鼓瑟于杨家：汉代杨恽对其妻夸赞道：“家本秦也，能为秦声；妇赵女也，雅善鼓瑟。”〕，**得吹箫于秦女**〔得吹箫于秦女：出自“萧史弄玉”的典故：“萧史善吹箫，作凤鸣。秦穆公以女弄玉妻之，作凤楼，教弄玉吹箫，感凤来集，弄玉乘凤，萧史乘龙，夫妇同仙去。”本句与上一句都出自徐陵的《玉台新咏序》。〕。

译文 传承杨家鼓瑟和鸣、夫妻恩爱的传统，得以像萧史、弄玉乘龙乘凤飞仙而去一样。

春草碧色，春水绿波。送君南浦〔南浦：屈原的《九歌》中有“子交手兮东行，送美人兮南浦”之语。后来，南浦泛指分离送别之地。〕，**伤如之何！**

译文 春草青翠，春水碧波荡漾。在这样的景色中送你到南浦，我是多么悲伤啊！

青牛帐〔青牛帐：画有青牛的帐。青牛在古代被认为能避邪。〕**里，余曲既终；朱鸟窗**〔朱鸟窗：见张华的《博物志》：“王母降于九华殿，王母索七桃，以五枚与帝，母食二枚……时东方朔窃从殿南厢朱鸟牖中窥母。”〕**前，新妆已竟**〔竟：完毕。〕。

译文 青牛帐中，曲子已经弹奏完了；朱鸟窗前，新人已经装扮完毕。

山河绵邈，粉黛若新。椒华承彩，竟虚待月之帘〔“椒华承彩”两句：出自《拾遗记·周灵王》中“越又有美女二人……以贡于吴，吴处以椒华之房，贯细珠为帘幌”之句。〕；**癸骨**〔癸骨：指女子的尸骨。〕**埋香，谁作双鸾之雾。**

译文 山河连绵不断，美人的装扮如同新的一样。华美的房子流光溢彩，空挂着玉珠穿成的帘子等待；美人的尸骨已经香消玉殒，又有谁能作双鸾齐飞的云雾。

蜀纸〔蜀纸：指蜀地所产的纸张，纸质很好，在古代颇有盛名。〕**麝煤**〔麝（shè）煤：古代研制墨的原料。〕**添笔媚，越瓯**〔越瓯（ōu）：越地的瓷器。〕**犀液**〔犀液：桂花水。〕**发茶香。风飘乱点更筹转，拍**〔拍：节拍。〕**送繁弦曲破长**〔长：长夜。〕。

译文 蜀地的纸张和麝墨使得笔下的字体更为妩媚，越地的瓷器和桂花水促发茶叶的清香。风雨中的更筹转动得更快，乐曲的节拍伴着急促的管弦声打破幽静的长夜。

静中楼阁深春雨，远处帘栊半夜灯。

译文 在寂静的楼阁中，聆听淅淅沥沥的春雨；远处被如同玉帘的雨滴笼隔，只能望见半夜的灯火。

绿屏无睡秋分簟〔簟（diàn）：竹席。〕，**红叶伤时月午**〔月午：月至午夜，即半夜。〕**楼。**

译文 到了秋分的时候，在凉凉的竹席绿屏边无法入睡；半夜之时，小楼旁的红叶令人感时伤心。

但〔但：只。〕觉夜深花有露，不知人静月当楼；何郎烛暗谁能咏〔何郎烛暗谁能咏：何郎即南朝梁诗人何逊，字仲言，曾有诗云“夜雨滴空阶，晓灯暗离室”，表达感伤离别之情。〕，韩寿香薰〔韩寿香薰：晋代美男子韩寿曾在贾充之下任司空掾，被贾充之女看上，私下往来，并将其父的西域贡香偷赠韩寿。贾充闻到韩寿身上的异香，不得已将自己的女儿许配给了韩寿。〕亦任偷。

译文 只觉得夜深的时候花上会有露珠，不知道此刻正是人静之际明月当楼。诗人何逊的诗歌在晦暗的烛光下有谁能够吟咏，韩寿身上的异香也任由有情人去偷来作为定情之物。

阆苑有书多附鹤〔阆（làng）苑有书多附鹤：见于唐代李商隐的诗《碧城》。阆苑，传说中神仙居住的地方，多有仙鹤栖居。附，归附。〕，女墙〔女墙：城墙上的小矮墙。〕无树不栖鸾。星沉海底当窗见，雨过河源隔座看。

译文 阆苑有很多书，因而有许多仙鹤归附于此；城墙的矮墙上没有高大的树木，因此没有鸾鸟前来栖息。临窗远望能够看到星星陨落沉入海底，隔着座位能看到飘洒的大雨掠过河源。

当场笑语，尽〔尽：全，都。〕如形骸〔形骸：躯体，身体。〕外之好人；背地〔背地：暗地里。〕风波，谁是意气中之烈士。

译文 当场欢声笑语，好像都是放浪形骸、超凡脱俗的人；背地里风波迭起，又有谁是意气风发、志趣相投的侠义忠烈之士。

山翠扑帘，卷不起青葱〔青葱：郁郁葱葱。〕**一片；树阴流径，扫不开芳影几重。**

译文 青山苍翠欲滴，扑帘而入，无论如何卷帘都卷不起这一片青色；阳光透过树冠，在小径上留下稀疏斑驳的阴影，无论怎样也扫不走这一径斑斑芳影。

珠帘蔽〔蔽：遮蔽。〕**月，翻窥**〔窥：窥探，偷窥。〕**窈窕之花**〔窈窕（yǎo tiǎo）之花：借花来暗指窈窕女子。〕；**绮幔**〔绮幔：绮丽的帷幔。〕**藏**〔藏：掩藏。〕**云，恐碍扶疏之柳**〔扶疏之柳：借柳来暗指身姿曼妙的女子。〕。

译文 珠帘遮蔽了月光，反而使其得以窥见窈窕淑女；绮丽的帷幔似乎藏起了云彩，但恐怕会影响身姿曼妙的女子起舞。

幽堂昼深〔昼深：白昼显得特别长。〕，**清风忽来好伴；虚窗夜朗，明月不减**〔减：减退。〕**故人**。

译文 幽静的厅堂里，白天显得特别长，忽然吹过一阵清风，仿佛是好友来到身边；推开虚掩的窗子，看到夜色清朗、月光普照，就像老朋友一样，情意一点儿都没有减少。

多恨赋花〔赋花：吟诗咏花。〕，**风瓣乱侵笔墨；含情问柳，雨丝牵惹衣裾**。

译文 心中怀有太多的离情别恨吟诗咏花，风儿却吹乱了花瓣，浸染了我的笔墨；带着浓浓的情意问柳，蒙蒙细雨飘飘洒洒，牵扯并沾湿了我的衣裙。

天涯浩渺〔浩缈：形容极为广阔，没有边际。〕，**风飘四海之魂；尘土流离，灰染半生之劫。**

译文 天涯如此浩渺广阔，离家的游子就像随风飘散在世间的离魂；尘土离散飞扬，四处奔波，灰尘中越过了半生劫难。

蝶憩〔憩（qì）：休憩。〕**香风，尚多芳梦；鸟沾红雨**〔红雨：鲜花一经风吹雨打，花瓣就会凋零，因此称为“红雨”。〕，**不任娇啼。**

译文 蝴蝶在散发着香气的春风中休憩时，大多做着甜梦；当落花无情地飘洒在鸟的羽毛上时，娇愁哀婉的鸣叫声就令人不忍听了。

幽情化而石立〔幽情化而石立：在今湖北武昌的北山有一块石头，立在山崖之巅，形状就像是人一样，人称“望夫石”。相传古代有位妇人，丈夫外出从役，她就到北山相送，在北山上望着丈夫远行的背影，时间长了就变成了一块石头。〕，**怨风结而冢青**〔怨风结而冢（zhǒng）青：相传王昭君出塞之时曾经弹奏琵琶诉说衷情，十分哀怨，死后就葬在黑河之畔，早晚都会有愁云怨雾笼罩在她的坟冢之上。〕。**千古空闺之感，顿**〔顿：立刻。〕**令薄幸**〔薄幸：指薄情寡义的负心男子。〕**惊魂。**

译文 一腔深情化为伫立的望夫石，一缕哀怨的幽情凝成坟上的青草。千古以来独守空闺的寂寞情怀，顿时令负心的男子心惊魂动。

一片秋山能疗〔疗：治疗，治愈。〕**病客，半声春鸟偏唤愁人。**

译文 一片美好的秋光山色能够治疗他乡游子的苦痛，春天半声的鸟啼偏偏就能唤起人的愁思。

李太白酒圣〔李太白酒圣：李太白，即唐代大诗人李白。李白嗜酒，而且酒后往往能出佳作。〕，**蔡文姬书仙**〔蔡文姬书仙：即蔡邕之女蔡琰，东汉人，我国古代著名的女诗人，精通音律，有《悲愤诗》传世，为人所称道。〕，**置之一时，绝妙佳偶**〔佳偶：很好的配偶。〕。

译文 李太白可谓是酒中之圣人，蔡文姬可谓是诗中之仙子。倘若让他们生活在同一个时代，可以说是一对绝妙的佳偶。

缘之所寄〔寄：寄托，寄寓。〕，**一往而深。故人恩重，来燕子于雕梁；逸士**〔逸士：隐逸之士。〕**情深，托凫雏**〔凫（fú）雏：幼小的凫鸟。〕**于春水。好梦难通，吹散巫山云气**〔“好梦难通”两句：出自宋玉的《高唐赋》中楚怀王与巫山神女相会的典故。〕；**仙缘未合，空探游女珠光**〔“仙缘未合”两句：《文选·江赋》引《韩诗内传》有云：“郑交甫遵彼汉皋台下，遇二女，与言曰：‘愿请子之佩。’二女与交甫，交甫受而怀之，超然而去。十步循探之，即亡矣。回顾二女，亦即亡矣。”游女，汉水中的水神。〕。

译文 缘分所寄寓的是一如既往的深情。原来的朋友恩情颇重，明年的燕子依然会在雕梁搭窝筑巢；隐逸之士情深似海，把幼小的凫鸟托付给春水。倘若缘分未到，好梦就难以实现，只能像楚怀王的巫山云雨被吹散了一样；倘若仙缘尚未投合，想要探求两位水神的珠光，到头来也只能是像郑交甫一样一场空。

桃花水泛〔泛：泛滥。在此指涨水。〕，**晓妆宫里腻胭脂**〔晓妆宫里腻胭脂：化用唐代杜牧的《阿房宫赋》中“明星荧荧，开妆镜也；绿云扰扰，梳晓鬟也；渭流涨腻，弃脂水也；烟斜雾横，焚椒兰也”之句。晓，早晨。〕；**杨柳风多，堕马**〔堕马：古代妇女的一种发式。〕**结中摇翡翠。**

译文 桃花水涨起来，是由于早晨宫中梳妆的宫女丢弃的胭脂水；杨柳风多起来，是因为宫女的堕马发髻上的翡翠在摇晃。

对妆则色殊，比兰〔兰：兰花。〕**则香越**〔越：超过。〕。**泛明彩于宵**〔宵：夜晚。〕**波，飞澄华于晓**〔晓：拂晓。指天快要亮了的时候。〕**月**。

译文 对镜梳妆气色就会不同，与兰花相比则更为清香。夜间将会泛起比波涛更为明亮的光彩，拂晓时分散发出比明月更为皎洁的光华。

纷弱叶而凝照，竞新藻而抽英〔抽英：开花。〕。

译文 纷乱而柔弱的叶子得到了阳光的普照，新的水藻竞相生长而开了花。

手巾还欲燥〔燥：干燥。〕，**愁眉即使开**〔开：展开，舒展。〕。**逆想行人**〔行人：在外的游子。〕**至，迎前含笑来**。

译文 即使擦拭眼泪的手巾还没有干，因离愁而紧缩的眉心也可以舒展开。遥想着在外的游子归来，含着笑前去迎接归来的游子。

临风弄笛，栏杆上桂影〔桂影：传说月亮上有一棵月桂树，此处以“桂影”代指月亮。〕**一轮；扫雪烹茶，篱落边梅花数点**。

译文 迎风吹奏着笛子，栏杆上挂着一轮明月；扫除积雪，烧水沏茶，篱笆上的雪就像朵朵梅花。

银烛轻弹〔轻弹：轻轻地弹去蜡烛燃烧后的余烬，挑亮灯芯。〕，**红妆**〔红妆：指梳妆美丽的女子。〕**笑倚，人堪惜，情更堪惜；困雨花**

心，垂阴柳耳，客堪怜，春亦堪怜。

译文　轻轻拨亮白色的烛光，梳妆美丽的女子含笑依偎在身旁，人值得珍惜，情意更值得珍惜；花蕊为雨所困扰，柳叶为柳荫所遮盖，客值得怜惜，春也值得怜惜。

肝胆谁怜，形影自为管鲍〔管鲍：即春秋时期齐国的管仲与鲍叔牙，二人志趣相投、情谊深厚，堪称至交。鲍叔牙辅佐齐桓公，后举荐管仲，二人共同辅佐齐桓公成就霸业，管仲也成为一代名相。二人的知交一向为后人所咏叹感慨。〕；**唇齿相济，天涯孰**〔孰：谁。〕**是穷交**〔穷交：穷困至交。〕？**兴言及此，辄**〔辄：就。〕**欲再广绝交之论**〔绝交之论：断绝交往的言论。古代著名的绝交论有东汉朱穆的《绝交论》、晋朝嵇康的《与山巨源绝交书》等。〕，**重作署门之句**〔署门之句：化用翟公的典故。《史记·汲郑列传》载：刚开始的时候，翟公为廷尉，门庭若市，很多宾客前来拜访。待翟公被罢官之后，门可罗雀，再也没有人拜访。后来，翟公再次被起用为廷尉，又有很多人想要登门造访。翟公就在大门上写道："一死一生，乃知交情。一贫一富，乃知交态。一贵一贱，交情乃见。"〕。

译文　肝胆相照有谁怜惜，形影相吊的贫贱生死之交就像管仲与鲍叔牙一样；唇齿相依，唇亡齿寒，茫茫天涯有谁是我的穷困至交？一时兴起话说到此，就想再将绝交之论增补扩充一下，重新写作署门之句。

燕市之醉泣〔燕市之醉泣：指荆轲与高渐离相交的典故。荆轲与高渐离为至交，两人在燕国市场上饮酒，喝醉了之后，高渐离击筑，荆轲和着筑声高歌，两人相交甚欢，可是之后又会相对而泣。〕，**楚帐之悲歌**〔楚帐之悲歌：化用"霸王别姬"的典故。项羽与刘邦相争，项羽被困将亡，四面楚歌，慷慨悲歌：“力拔山兮气盖世，时不利兮骓不逝。骓不逝兮可奈何，虞兮虞兮奈若何？”〕，**歧路之涕零**〔歧路之涕零：《文选·北山移文》李善注引《淮南子》的“杨子见歧路而哭之，为其可以南，可以北”之句。〕，**穷途之恸哭**〔穷途之恸哭：化用阮籍穷途恸哭的典故。阮籍经常驾车肆意周游，不拘泥于沿着路而驾驶，没有道可走的时候就会痛哭而返。〕。**每一退念及此，虽在千载之后，亦感慨而兴嗟。**

译文 燕市中荆轲与高渐离酒醉之后相对而泣，楚军营帐之下项羽慷慨悲歌，杨子在歧路迷茫涕零，阮籍驾车穷途之时痛哭而返。每次一想起这些，虽然已是千年以后，也会十分感慨而兴叹。

陌〔陌：乡间小路。〕**上繁华**〔繁华：即繁花。指开满鲜花。〕，**两岸春风轻柳絮；闺中寂寞，一窗夜雨瘦梨花**〔瘦梨花：梨花经过春雨之后，往往会十分娇弱动人。因此，唐代白居易有“梨花一枝春带雨”之诗句。在此是借雨后梨花之娇弱暗指闺中女子因寂寞之愁而变得十分瘦弱。〕。**芳草归迟，青骢**〔青骢（cōng）：青白色的马。在此指骑着青白色的马的情郎。〕**别易**〔别易：轻易就离别了。〕；**多情成恋，薄命何嗟！要**〔要：重要。〕**亦人各有心，非关**〔非关：不是因为。〕**女德善怨**〔女德善怨：女子天生就善于抱怨。〕。

译文 乡间小路旁盛开鲜花，河流两岸的春风吹起柳絮；深闺中寂寞难耐，宛如一夜风雨后的梨花，使人迅速消瘦。心上的人儿迟迟不归，马上的夫婿轻易别离；多情而依依不舍，嗟叹命苦又有何用！只是因为人各有心、情各有属，并不是女人天生就善于怨恨啊！

山水花月之际，看美人更觉多韵〔韵：风韵，韵味。〕。**非美人借**〔借：借助。〕**韵于山水花月也，山水花月直借美人生韵耳。**

译文 在水光山色、花前月下端详美人会更觉得添了些情韵。这并非美人借助于山水花月的情韵，恰恰相反，山水花月正是借助于美人的风韵才生出了情韵。

深花枝，浅花枝，深浅花枝相间〔相间：相交错。〕**时，花枝难似伊**〔伊：你。〕**；巫山高，巫山低，暮雨潇潇郎不归，空房独守时。**

译文 深色的花枝、浅色的花枝都如此美丽，但即使是深色、浅色的花枝相互交错搭配的时候，花枝的美也无法与你相比。巫山高也罢，巫山低也罢，傍晚下起潇潇细雨，情郎始终没有归来，独守空房寂寞难耐。

青娥〔青娥：年轻的美丽女子。〕**皓齿别吴倡，梅粉妆**〔梅粉妆：古代女子的一种妆式，在额头上画上梅花。〕**成半额黄；罗屏绣幔围寒玉，帐里吹笙学凤凰**〔帐里吹笙学凤凰：出自“萧史弄玉”的典故。〕。

译文 年轻的美丽女子明眸皓齿，结束了以往的歌舞生涯，描梅花于额头涂成半额头的黄色；罗屏绣幔包围着美丽的容颜，在帐中学萧史、弄玉吹笙招引凤凰。

初弹如珠后如缕〔缕：丝线。〕**，一声两声落花雨。诉尽平生云水心**〔云水心：如云如水漂流不定的心情。〕**，尽是春花秋月语。**

译文 落花时节所下的雨，初落时好似珍珠落入玉盘，之后像绵绵细线一样不断绝。似乎要将平生的似水柔情全部倾诉，仔细听又都是春天百花齐放或秋天月朗星稀下的情话。

春娇满眼睡红绡，掠削云鬟〔云鬟（huán）：如云一样的发鬟。〕旋妆束。飞上九天歌一声，二十五郎〔二十五郎：指李承宁，排行二十五，善于吹笛。〕吹管逐。

译文 春天满眼娇柔的女郎在红绡帐中醒来，掠过如云的发鬟开始梳妆打扮。清亮的歌声穿过云霄飞上九天，二十五郎李承宁吹笛与之相和。

琵琶新曲无待石崇〔"琵琶新曲"句：西晋富豪石崇曾说他自作琵琶新曲。〕，箜篌杂引〔箜篌（kōng hóu）杂引：指陈思王曹植的《箜篌引》。〕非因曹植。

译文 琵琶新曲不用等着石崇来谱写，《箜篌引》这样的杂曲也并不一定要曹植来谱写。

休文腰瘦，羞惊罗带之频宽〔"休文腰瘦"两句：沈约，字休文，曾在写给好友的信中提到自己的病情，写道："百日数旬，革带常应移孔；以手握臂，率计月小半分。"〕；贾女〔贾女：指贾充的女儿，韩寿之妻。〕容销，懒照蛾眉之常锁。

译文 沈约的腰日渐消瘦，羞愧而惊异地发现衣带频频变宽；贾充之女容颜已经消瘦，懒得再对镜自照蛾眉常锁的样子。

琉璃砚匣终日〔终日：整天。〕随身，翡翠笔床〔笔床：毛笔架。〕无时离手。

译文 琉璃做就的砚匣整天随身携带，翡翠做的笔架无时无刻不在手中。

清文满箧〔箧（qiè）：箱子。〕，**非惟**〔惟：只，仅。〕**芍药之花；新制连篇**〔连篇：文章。〕，**宁止葡萄之树**。

译文　清丽文雅的文章堆满了书匣，并不仅仅是关涉芍药花的；刚刚写就的文章也不只是关于葡萄树的。

西蜀豪家托情〔托情：寄托情意的诗文。〕**穷于鲁殿**〔鲁殿：指山东的孔子旧宅，藏有很多书籍。〕，**东台甲馆**〔东台甲馆：东台是唐代的官署名称，甲馆指比较高级的馆舍。〕**流咏止于洞箫**。

译文　西蜀的富豪之家寄托情意的诗赋超过了山东的孔府，朝廷中的东台甲馆吟诵歌咏却仅仅限于洞箫。

醉把杯酒，可以吞江南吴越〔江南吴越：皆属于中国南部地区，就整体而言，南部气势阴柔，北部强悍。〕**之清风；拂剑长啸，可以吸燕赵秦陇之劲气**。

译文　喝醉的时候手持酒杯，可以吞进江南吴越之地的清爽之风；手拂宝剑长啸一声，可以吸入燕赵秦陇之地的强劲之气。

未知枕上曾逢女〔女：通“汝”。〕，**可认眉尖与画郎**。

译文　不知道是否在枕上梦中曾与你相逢，但从画郎的画中还是认出了你眉尖的样子。

苹风未冷催鸳别〔别：离别。〕，**沉檀**〔沉檀：沉香、檀香。〕**合子留双结。千缕愁丝只数围，一片香痕才半节**。

译文　苹风还没有冷就催促着鸳鸯别离，沉香、檀香合在一起就能结成同心结。成千上万缕的愁思只有几围，一片香痕刚刚燃烧到半节。

那忍重看娃鬓绿，终期一遇客衫黄〔“那忍重看娃鬓绿”两句：引自唐传奇小说《霍小玉传》：小玉被情郎抛弃而忧心成疾，穿着黄衫的侠义之士路见不平，把负心汉挟持到小玉面前。那忍，即“哪忍”，怎么忍心。重看，反复地看。娃，方言，吴地对年轻貌美的女子的称呼。鬓绿，指乌黑的头发。〕。

译文 怎么忍心在镜前反复地赏玩美丽的容颜和秀美的乌发，只希望能遇到一位黄衫壮士。

薄雾几层推月出，好山无数渡江来。轮将秋动虫先觉〔觉：发觉。〕，**换得更深**〔更深：夜深。古时夜晚以“更”作为时间单位，一夜有五更。〕**鸟越催**。

译文 几层薄薄的轻雾好似将月亮推了出来，无数的锦绣高山好像要渡江而来。时间的车轮不停地转动，当秋天将要到来的时候，昆虫们最先察觉；夜越深，鸟儿的鸣声越大，好像在催促时光飞逝一样。

花飞帘外凭笺讯〔笺（jiān）讯：传递讯息的信笺。〕，**雨到窗前滴梦寒**。

译文 花瓣飞到窗帘外，就把它当作传递讯息的信笺；雨点在窗前滴落，使梦境更加凄凉、寒冷。

樯标〔樯标：船上的桅杆。〕**远汉，昔时鲁氏之戈**〔鲁氏之戈：借用《淮南子·览冥训》中的典故：“鲁阳公与韩构难，战酣日暮，援戈而挥之，日为之反三舍。”〕；**帆影寒沙，此夜姜家之被**〔姜家之被：借用《后汉书·姜肱传》中的典故：“姜肱，字伯淮，彭城广戚人也，家世名族。肱与二弟仲海、季江俱以孝行著闻。其友爱天至，常共卧起。及各娶妻，兄弟相恋，不能别寝，以系嗣当立，乃递往就室。”〕。

译文 船上的桅杆已经远离了汉土，希望能够像古时的鲁阳公一样挥动手中的戈挽回局面；船帆的影子已经接近寒沙之地，在这样的寒夜希望能够得到姜家的被子以供取暖。

填愁不满吴娃井，剪纸空题〔空题：白白地题诗。〕**蜀女祠**。

译文 把所有的愁思填进吴娃井，依然填不满；剪纸写诗，也只是空题蜀女祠。

良缘易合，红叶亦可为媒；知己难投，白璧未能获主〔“知己难投”两句：化用楚国人卞和献玉的典故。卞和得到一块美玉，就想向大王进献，先后向厉王、武王进献，不仅没有得到重用，反而以欺骗之罪被截去双脚。这块玉就是闻名于后世的和氏璧。白璧，洁白无瑕的美玉。〕。

译文 美好的姻缘容易投合之时，红叶也可以成为媒人；知己难以寻找之时，即使怀抱白璧美玉也难遇到赏识的人。

填平湘岸〔湘岸：湘江两岸。〕**都栽竹**〔竹：在此指斑竹，化用舜帝之妻娥皇、女英在舜帝死后整日以泪洗面，泪落竹叶化为斑竹的典故。〕，**截住巫山不放云**〔截住巫山不放云：化用宋玉的《高唐赋》中楚怀王与巫山神女相会的典故。〕。

译文 把湘水的两岸都填平种满斑竹，把巫山的浮云截住不让飘走。

鸭为怜〔为怜：因为怜惜。〕**香死，鸳因**〔因：因为。〕**泥睡痴。**

译文 鸭子因为怜惜香草而死，鸳鸯因为贪睡于泥中而痴。

零乱如珠为点妆〔点妆：化妆。〕，**素辉乘月湿衣裳。只愁**〔愁：担心。〕**天酒倾如斗，醉却环姿**〔环姿：蜷缩着身子。〕**傍玉床。**

译文 面前如同散开的珠子一样凌乱，只是为了化妆打扮；晶莹的露珠借着月亮的清辉，不知不觉沾湿了衣裳。只担心他如倾斗一样豪饮天酒，喝醉之后蜷缩着身子依偎在玉床上。

有魂落红叶，无骨锁青鬟〔青鬟：乌黑的发鬟。〕。

译文 有心之人可以将情意寄托于飘落的红叶之上，没有骨气之人只能空锁自己的青春。

书题蜀纸〔蜀纸：蜀地盛产纸张，纸质颇好。〕**愁难浣**〔浣：浣洗，涤去。〕，**雨歇巴山话亦陈**〔雨歇巴山话亦陈：化用李商隐的《夜雨寄北》："君问归期未有期，巴山夜雨涨秋池。何当共剪西窗烛，却话巴山夜雨时。"这里是反其意而用之。〕。

译文 即使把诗写在蜀地的纸张上，也难以将心中的愁苦浣洗去；即使巴山的夜雨停歇了，所说的也只是旧话。

盈盈〔盈盈：美好的样子。〕**相隔愁追随，谁为解语**〔解语：解语花。在此指美人。〕**来香帷？**

译文 美丽的女子遥遥相隔，但相思之愁还是追随而去，谁能让我的美人来到我的香帐中？

斜看两鬟垂，俨似行云嫁〔嫁：出嫁。〕。

译文　斜看美女头上的两个发鬟高垂，就好像飘浮在空中的美丽云彩要出嫁一样。

欲〔欲：想要。〕**与梅花斗宝妆，先开娇艳逼寒香。只愁**〔只愁：只担心。〕**冰骨藏珠屋，不似红衣待玉郎。**

译文　想要与梅花比赛装扮，先开放娇艳的花朵与梅花的幽寒之香相较量。只担心藏于珠屋之中冰清玉洁的美女，不像红衣女郎一样侍奉情郎。

从〔从：纵使。〕**教弄酒春衫涴，别有风流上眼波。**

译文　把酒临风，即使是沾湿了春衫，在流转的眼波中也别有一番风流韵味。

听风声以兴思〔听风声以兴思：语出《世说新语·识鉴》："张季鹰辟齐王东曹掾，在洛见秋风起，因思吴中菰菜羹、鲈鱼脍，曰：'人生贵得适意尔，何能羁宦数千里以要名爵！'遂命驾便归。"〕，**闻鹤唳以动怀**〔闻鹤唳以动怀：语出《世说新语·尤悔》。据记载，陆平原在河桥战败，因受卢志所诋毁而被诛杀，行刑之前感叹道："欲闻华亭鹤唳，可复得乎？"〕。**企庄生之逍遥**〔庄生之逍遥：庄生即庄子，道家的代表人物，作《逍遥游》，宣扬绝对的自由。〕，**慕尚子之清旷**〔尚子之清旷：尚子即尚长，东汉人。据载，其在子女婚嫁之后独自远离家乡，四处云游。〕。

译文　听到风声就引发了我的思乡之情，听闻鹤唳之声就触动了我的心怀。企盼能够像庄子一样逍遥，羡慕尚子的清净旷达。

灯结细花成穗〔成穗：熟透了的谷穗。〕**落，泪题“愁”字带痕红。**

译文 灯芯结成细花，就像熟透了的稻穗一样低垂着；含泪题写“愁”字，字也带着红红的泪痕。

无端〔无端：没有缘由。〕**饮却相思水，不信相思想煞人。**

译文 无缘无故地饮下了相思之水，不相信相思真会教人思念至死。

渔舟唱晚，响穷〔响穷：响彻。〕**彭蠡**〔彭蠡（lǐ）：指今江西境内的鄱阳湖。〕**之滨；雁阵惊寒，声断衡阳**〔衡阳：位于今湖南境内。此地有回雁峰，大雁到此地就不再南飞。〕**之浦。**

译文 傍晚的归舟上，渔夫的歌声响彻鄱阳湖两岸；大雁为天寒所惊，排成阵形南飞，凄凉的叫声在衡水之阳断断续续地传开。

爽籁〔爽籁（lài）：长短不齐的管子组成的排箫。〕**发而清风生，纤歌凝**〔凝：在此指声音不绝于耳，就像凝结了一样。〕**而白云遏**〔遏：遏制，停留。〕**。**

译文 排箫发出美妙的声音，引来徐徐清风；充满柔情的歌声回荡，就连飘浮的白云也驻足倾听。

杏子轻纱初脱暖，梨花深院自多风〔梨花深院自多风：北宋晏殊所作的《无题》诗中有“梨花院落溶溶月，柳絮池塘淡淡风”之句。〕**。**

译文 杏子随着天气的变暖刚刚脱掉外面披着的一层轻纱，梨花盛开的幽深院落自然多风。

—— 卷三　集峭 ——

今天下皆妇人矣。封疆〔封疆：疆域，国土。〕**缩**〔缩：缩减。在此暗指被侵吞。〕**其地，而中庭之歌舞犹喧**〔犹喧：依然喧闹。〕**；战血枯其人，而满座之貂蝉**〔貂蝉：指貂尾和附蝉。古代权贵之人常常以此为饰，故此处以“貂蝉”代指权贵之臣。〕**自若。我辈书生既无诛乱讨贼之柄**〔柄：权柄。〕**，而一片报国之忱**〔忱：热忱之心。〕**惟于寸楮尺只字间**〔寸楮（chǔ）尺只字间：文章中。寸楮，代指纸。〕**见之，使天下之须眉**〔须眉：代指男子，俗语有“巾帼不让须眉”之说，“巾帼”指女子。〕**而妇人者亦耸然有起色。集《峭》第三。**

译文 看当今天下的男儿都如同妇人一般。眼看着国土逐渐沦丧，然而厅堂中仍是歌舞喧嚣；战场上战士因血流尽而身体干枯了，而满朝的官员仿佛无事一般。我们这些读书人既然没有平叛讨逆的权柄，也就只有将一片报效国家的赤诚之心寄托在笔底、文字间，使天下那些身为男子却似妇人的人能够有所触动而振作奋起。因此，我编撰了第三卷《峭》。

忠孝吾家之宝，经史吾家之田〔田：田地。民以食为天，田也就是安身立命的根本。〕。

译文 忠孝是我家的传家之宝，熟读经史是我家的养家之田。

闲到白头真是拙，醉逢青眼不知狂〔醉逢青眼不知狂：出自《晋书·阮籍传》。阮籍的母亲去世，嵇喜前去凭吊，阮籍白眼相对。后来，嵇喜的弟弟嵇康听说之后也前去凭吊，带着酒，挟着琴。阮籍见了十分高兴，青眼相待。正眼相看露出眼青，称为“青眼”；斜眼相看露出眼白，称为“白眼”。〕。

译文 虚度光阴，无所事事，直到白头，这真是笨拙；喝醉之后碰到别人正眼相看，也不知道自己的狂妄。

兴之所到，不妨呕出〔呕出：说出。〕**惊人；心故不然**〔不然：不以为然。〕**，也须随场作戏。**

译文 兴致来了的时候，不妨吐出惊人之语；有时即使心中不以为然，也需要逢场作戏。

放得俗人心下，方〔方：才。〕**可为丈夫；放得丈夫心下，方名为“仙佛”；放得仙佛心下，方名为“得道”。**

译文 能够将世俗名利之心放下，才能成为真正的大丈夫；放得下大丈夫之心，才能称为“仙佛”；放得下成仙成佛之心，才能彻悟世间的真理，称为“得道”。

吟诗劣于〔劣于：比……差。〕**讲书，骂座恶于足恭**〔足恭：过分恭顺。〕。**两而揆之**〔两而揆（kuí）之：两相比较之下。揆，忖度。〕，**宁为薄幸狂夫，不作厚颜君子。**

译文 吟诗不如讲解书中的道理收获大，在座位上破口大骂当然比恭敬待人要恶劣。两相比较之下，宁愿做个轻薄的狂人，也不做个厚脸皮的君子。

观人题壁，便识文章。

译文 观察人在墙壁上题写的诗文，就可以知道此人的文章如何。

宁为真士夫〔真士夫：真正的读书人。〕**，不为假道学；宁为兰摧玉折，不作萧敷艾荣**〔“宁为兰摧玉折”两句：见《世说新语·言语》。兰、玉，兰花、美玉，代指人的高洁。萧、艾，古代将其视为恶草，代指品行低劣。〕。

译文 宁可做一个真正的君子，也不做一个假道学先生；宁可做兰花、美玉被摧折，也不做萧草、艾蒿这样的野草而长得繁茂。

随口利牙，不顾天荒地老；翻肠倒肚，那管〔那管：即“哪管”。〕**鬼哭神愁**。

译文 尖牙利齿，随口就说，哪怕天荒地老也不会顾及；翻肠倒肚，将心中的话都说出来，哪管什么鬼哭神号。

身世浮名，余以梦蝶视之〔余以梦蝶视之：化用“庄生梦蝶”的典故。《庄子·齐物论》云：“昔者庄周梦为胡蝶，栩栩然胡蝶也，自喻适志与，不知周也。俄然觉，则蘧蘧然周也。不知周之梦为胡蝶与，胡蝶之梦为周与？”〕，**断不受肉眼相看**。

译文 人世的虚浮声名，我把它当作庄周梦蝶一般，绝不会去看它一眼。

达人〔达人：通达之人。〕**撒手悬崖**〔悬崖：比喻危险的境地。〕，**俗子沉身苦海**。

译文 通达生命之道的人能够在极其危险的境地放手离去，凡夫俗子则沉溺在世间的苦海中无法自拔。

销骨〔销骨：销毁枯骨。《史记·张仪列传》有“众口铄金，积毁销骨”之说，指人们的言语作用颇为重大，人言可畏。〕**口中，生出莲花九品**〔莲花九品：佛家术语，净土宗谓修行圆满之人死后会到极乐世界，并且以莲花台为座，莲花台又分为九种，九品莲花代表最高境界。〕；**铄金**

舌上，容他鹦鹉千言。

译文　口中的谗言可以销毁枯骨，也能够生出莲花九品这样的佛家最高境界；舌上的话语能够销熔金石，任其像鹦鹉学舌一样千言不绝。

少言语以当贵，多著述〔著述：著书立说。古人常常以著书立说的方式使自己的学说流传后世。〕**以当富，载清名以当车，咀英华**〔咀（jǔ）英华：把玩精妙的诗文。〕**以当肉。**

译文　把少说话作为贵，把多著书立说作为富有，把好的名声当作车，把品读好文章当作吃肉。

竹外窥莺，树外窥山，峰外窥云，难道〔难道：很难说。〕**我有意无意；鸟来窥人，月来窥酒，雪来窥书，却看他有情无情。**

译文　在竹林外面窥看黄莺，在树林之外探看山峰，在山峰之外窥视白云，很难说我是有意还是无意；鸟儿来窥视人，月亮来偷窥酒，雪飘来窥看书，却看他是有情还是无情。

体裁如何〔如何：怎么样。〕**，出月隐山；情景如何，落日映屿**〔屿：岛屿。〕**；气魄如何，收露敛色；议论如何，回飙**〔回飙：回旋的飙风。〕**拂渚**〔渚（zhǔ）：水中的小洲。〕**。**

译文　体裁怎么样，要看月亮升起而山岭渐隐；情景怎么样，要看落日的余晖映照在岛屿上；气魄怎么样，要看日光照耀下露水蒸发、色彩收敛；议论怎么样，要看回旋的狂风拂荡着的水中的小洲。

有大通必有大塞〔大塞：指很不顺利。塞，阻塞。〕，**无奇遇必无奇穷。**

译文 有非常顺利的时候，就必然会有非常不顺利的时候；没有奇特的遭遇，必定也没有极端的困厄。

雾满杨溪，玄豹〔玄豹：比喻隐居之人。〕**山间偕日月；云飞翰苑，紫龙天外借风雷。**

译文 大雾笼罩着杨溪，隐居之人在山间与日月相伴；白云飞过翰苑，紫龙借着风雷之势从天外而来。

西山霁雪，东岳含烟；驾凤桥以高飞，登雁塔〔雁塔：即大雁塔，又名“慈恩塔”，位于今陕西西安。〕**而远眺。**

译文 西山大雪初晴，东岳烟雾蒙蒙；沿着凤凰飞天的通道高飞，登上大雁塔远远地眺望。

一失脚〔一失脚：一时不小心犯下错误。〕**为千古恨，再回头**〔再回头：指发现错误。〕**是百年人**〔百年人：年纪已大的老人。〕。

译文 一旦犯下错误就会造成终身的遗憾，发现后再回头来看已经事过境迁难以挽回了。

居轩冕〔轩冕：乘轩车，戴冕冠。指达官显贵之人。〕**之中，不可无山林**〔山林：代指山间隐士。〕**的气味；处林泉之下，须常怀廊庙**〔廊庙：朝廷。〕**的经纶**〔经纶：治国才能。〕。

译文 跻身仕宦显达之中，不能没有山间隐士那种清高的品格；闲居在野，也应常怀治理国家的韬略。

觑破〔觑（qù）破：看破，识破。〕**兴衰究竟，人我得失冰消**〔冰消：像冰一样消融。〕**；阅尽寂寞繁华，豪杰心肠灰冷。**

译文 看破了人世间兴盛衰败的真相，那么人我之别、得失之心就像冰一样消融；看尽了冷清寂寞和奢侈繁华，要做天下英雄豪杰的心肠如死灰般冷却。

名衲〔衲（nà）：本为僧人所穿的衣服，后代指僧人。〕**谈禅必执经**〔执经：手拿经书。〕**升座，便减三分禅理**〔便减三分禅理：禅理讲究自己参悟，真正高深的禅理是不能靠他人言说的。〕。

译文 有名的僧人谈禅必定会手持经书升座宣讲，这样就会减少三分禅理。

穷通之境未遭，主持之局已定；老病之势未催〔催：遭受。〕**，生死之关先破**〔破：看破。〕。**求之今世，谁堪语此？**

译文 在还未遭受贫穷或显达的境遇时，自我生命的方向已经确定；在还未受到年老和疾病的折磨时，对生与死的认识预先看破。以此来衡量当今世人，有谁能说清这些呢？

一纸八行〔一纸八行：古时候的信笺多是一页有八行。〕**，不遇寒温之句；鱼腹雁足**〔鱼腹雁足：指书信。古人有借鱼腹、雁足来传书之说。汉代蔡邕的《饮马长城窟行》云："客从远方来，遗我双鲤鱼。呼儿烹鲤鱼，中有尺素书。"鸿雁传书更为常见，苏武被困于匈奴，最终就是通过鸿雁传书，汉朝才得知苏武被拘禁于匈奴之地，后派遣使者索要，终于得以回归汉土。〕**，空有往来之烦。是以嵇康不作**〔嵇康不作：嵇康，魏晋时期"竹林七贤"之一，曾作《与山巨源绝交书》，声言自己不愿放弃自己的气节去侍奉他人，其中有云："素不便书，又不喜作书，而人间多事。堆案盈几，不相酬答，则犯教伤义，欲自勉强，则不能久。"〕，**严光口传**〔严光口传：据《后汉书·严光传》记载，严光曾经与光武帝刘秀一起游学，光武帝很欣赏他的才能，即位之后就派使者带上书信请严光辅佐自己。严光没有回信，而是派人带去口信："君房足下：位至鼎足，甚善。怀仁辅义天下悦，阿谀顺旨要领绝。"〕，**豫章掷之水中**〔豫章掷之水中：据《世说新语·任诞》记载，殷洪乔成为豫章郡守，临走之时，很多人送来了书函，有百许之多。后来，殷洪乔把这些书信都掷于水中，因祝曰："沉者自沉，浮者自浮，殷洪乔不能作致书邮。"〕，**陈泰挂之壁上**〔陈泰挂之壁上：三国时期魏臣陈泰为并州刺史，京邑许多达官贵人给他送去珍宝，"因泰市奴婢，泰皆挂之于壁，不发其封，及征为尚书，悉以还之"。〕。

译文 一纸八行的书信，不过都是嘘寒问暖的话而已；藏于鱼腹、系于雁足的书信来往，白白地带来往来的烦恼。因此，嵇康不写书信，严光只用口传，殷洪乔把百封书信都掷于水中，陈泰没有打开书信就把它们都挂在了墙壁上。

枝头秋叶将落犹然〔犹然：仍然，依旧。〕**恋树，檐前野鸟除死方得**〔方得：才能得以。〕**离笼。人之处世，可怜如此。**

译文 树枝上的黄叶在秋天将要落下时还依恋枝头不忍离去，屋檐下鸟笼中的野鸟直到死去才能脱离关它的樊笼。人活在世上，也像这秋叶与野鸟般可怜。

士人有百折不回〔百折不回：遭遇百次挫折也不会回心转意。〕**之真心，才有万变不穷**〔穷：绝。〕**之妙用。**

译文 读书仕进之人只有真正具备百折不挠的坚强意志，才能在碰到任何变化时都有应付自如的办法。

立业建功，事事要从实地着脚；若少〔少：稍微，稍稍。〕慕声闻，便成伪果。讲道修德，念念要从虚处立基〔立基：下功夫。〕；若稍计〔计：计较。〕功效，便落尘情。

译文　开创事业，建立功名，每一件事都要脚踏实地、扎扎实实地做好；如果稍微有一点儿追求虚名的念头，就会造成虚假不实的后果。探究事理，修炼心性，每一念都要在立命之处打好根基；如果稍微有一点儿计较功利得失的思想，便落入俗套了。

执拗〔执拗（niù）：固执。〕者福轻，而圆融之人其禄必厚；操切者寿夭〔操切者寿夭：做事急切的人寿命短促。切，急切，急躁。夭，少。〕，而宽厚之士其年必长。故君子不言命，养性即所以立命；亦不言天，尽人〔尽人：用尽了人的力量。〕自可以回天〔回天：改变天意。〕。

译文　性格固执的人福分微薄，而性格灵活通融的人福气大；急躁的人寿命很短，而宽容敦厚的人年寿很长。所以，通达事理的君子不说命，而是通过修养性情安身立命；也不谈论天意，而是充分发挥人的能力以改变天意。

才智英敏者宜以学问摄〔摄：统摄。〕其躁〔躁：浮躁。〕，气节激昂者当以德性融〔融：融合，融化。〕其偏〔偏：偏激。〕。

译文　才华和智慧聪敏出色的人应该用学问来理顺浮躁之气，志向和气节激烈昂扬的人应当加强品性道德的修养来消融偏激之处。

苍蝇附骥〔苍蝇附骥：可见《史记·伯夷列传》中的“颜渊虽笃学，附骥尾而行益显”之句。〕，捷则捷矣，难辞处后之羞；茑萝〔茑萝：一种蔓草，常常依附于松树而生。〕依松，高则高矣，未免仰攀〔仰攀：攀附依赖。〕之耻。所以，君子宁以风霜自挟〔风霜自挟：提高自身修养，培养高尚情操。〕，毋为鱼鸟亲人。

译文 苍蝇依附在马的尾巴上，速度固然快极了，但难以避免依附在马屁股后的羞耻；茑萝缠绕着松树生长，高倒是高了，却免不了攀附依赖的耻辱。因此，君子宁愿以风霜傲骨而自我勉励，也不愿像缸中鱼、笼中鸟一般博取人们的欢心。

伺察〔伺察：观察，窥察。〕以为明者常因明而生暗，故君子以恬养智；奋迅〔奋迅：冒进急躁。〕以求速者多因速而致迟，故君子以重持轻。

译文 依赖暗中观察才能明白事情原委的人，常常因为这样明白事情原委而产生偏听偏信和导致昏昧，所以君子要依靠恬静修养来提高智慧；做事奋进急躁以求快速的人，往往因为想要迅速而最终导致欲速则不达，所以君子做事应该举重若轻。

有面前之誉〔面前之誉：当面称赞。〕易，无背后之毁〔毁：诋毁。〕难；有乍交〔乍交：刚刚结交。〕之欢易，无久处之厌难。

译文 让别人当面夸赞自己容易，让别人不在背后诋毁自己就难了；让别人在初次相交时就产生好感容易，让别人与自己长久相处而不产生厌烦情绪就难了。

宇宙内事〔宇宙内事：天下之事。〕，要力担当，又要善摆脱。

不担当则无经世〔经世：经国济世。〕之事业，不摆脱则无出世之襟期〔襟期：胸怀，胸襟。〕。

译文　世间的事，既要能够承担重任，又要善于摆脱羁绊。不能承担重任，就不能从事经邦济世的事业；不善于摆脱羁绊，就没有超越凡俗的襟怀。

待人而留有余不尽之恩，可以维系无厌〔无厌：不会满足。〕之人心；御事〔御事：处理事情。〕而留有余不尽之智，可以提防不测〔不测：无法预测。〕之事变。

译文　对待他人要保留一份永远不会断绝的恩惠，才可以维系永远不会满足的人心；处理事情要留有余地而不是竭尽智慧，才可以提防无法预测的突然变故。

无事如有事时提防，可以弭〔弭（mǐ）：消弭，消除。〕意外之变〔变：变故。〕；有事如无事时镇定，可以销局中之危〔危：危机，危险。〕。

译文　在平安无事时，要如有事时一样时时提防，才能消除意外发生的变故；在发生危机时，要像无事时一样时时保持镇定，才能消除发生的危险。

爱是万缘之根，当知〔当知：应当知道。〕割舍；识是众欲〔众欲：各种欲望。〕之本，要力扫除。

译文　爱是人间一切缘分之根，应该知道割舍；识见是各种欲望之本，要尽力扫除。

舌存，常见齿亡，刚强终不胜柔弱；户朽〔户朽：门板腐烂了。〕，未闻枢蠹〔蠹（dù）：一种小虫子，常常腐蚀物品。在此指被蠹腐蚀。〕，偏执岂及圆融！

译文 当牙齿都掉光了时，舌头还存在，可见刚强终是胜不过柔弱；门已经朽坏时，却没有听说门轴被虫蛀蚀，可见偏执岂能比得上圆融！

荣宠〔荣宠：荣耀、宠幸。〕旁边辱等待，不必扬扬〔扬扬：形容非常自得的样子。〕；困穷背后福跟随，何须戚戚〔戚戚：形容十分伤心的样子。〕！

译文 荣耀、宠幸的旁边就有耻辱在等待，不必那么自得；困厄、贫穷的后面福气紧紧跟随，何必如此伤心悲戚呢！

看破有尽身躯，万境之尘缘自息〔自息：自然就会熄灭。〕；悟入无怀〔无怀：指没有牵挂。〕境界，一轮之心月独明。

译文 看破了人生之有限，一切的尘世杂念自然就都熄灭了；参悟到了了无牵挂的境界，心中的月亮将永远澄明。

霜天闻鹤唳，雪夜听鸡鸣，得乾坤〔乾坤：天地。〕清绝之气；晴空看鸟飞，活水观鱼戏，识宇宙活泼之机。

译文 在秋霜之日闻仙鹤唳鸣，在寒冷的雪夜听金鸡报晓，可以获得天地间的清净高雅、高洁绝妙的气韵；仰望晴朗的天空看鸟儿飞翔，看潺潺流水中的鱼儿嬉戏，可以洞察宇宙中活泼的生机。

斜阳树下，闲随老衲清谈；深雪堂中，戏与骚人〔骚人：指文人墨客。〕**白战**〔白战：本指徒手搏斗作战，在此指作禁体诗比赛，即规定作诗不能用一些常用字眼，以此来较量诗才。〕。

译文 斜阳夕照时，闲适地在树下和老僧清谈；大雪纷飞的时节，在厅堂内与诗人文士作禁体诗取乐。

山月江烟，铁笛数声，便成清赏；天风海涛，扁舟一叶，大是〔大是：真是。〕**奇观。**

译文 山中月色一片朦胧，江上烟雾笼罩，铁笛声声，这便是赏心悦目之事；天上狂风大作，海里波涛汹涌，一叶扁舟在惊涛骇浪中穿行，这真是一大奇观。

人生不好古，象鼎牺樽〔象鼎牺樽：代指珍贵的古代文物。〕**变为瓦缶；世道不怜**〔怜：怜惜，爱惜。〕**才，凤毛麟角**〔凤毛麟角：凤凰的羽毛、麒麟的角，比喻稀少珍贵。〕**化作灰尘。**

译文 人生在世倘若不喜好古玩的话，象鼎、牺樽这样珍贵的古代文物也就如同一般的瓦器一样被丢弃；人世间倘若不爱惜人才，即使是像凤毛麟角般宝贵、稀少的奇才，也终究将被视为尘土一样埋没。

要做男子，须负〔负：拥有，带有。〕**刚肠**〔刚肠：刚正不阿的心肠。〕**；欲学古人，当坚苦志**〔苦志：吃苦耐劳、遭受苦难而不改变的意志。〕。

译文 要做个大丈夫，必须有一副刚直的心肠；要学习古人，应当坚定吃苦耐劳、逆境奋进的志向。

风尘善病〔善病：容易生病。〕**，伏枕处一片青山；岁月长吟，操觚时**〔操觚（gū）时：指写诗作文之时。〕**千篇《白雪》。**

译文 行旅之中舟车劳顿容易生病，只要伏枕休养，就会满目青山；悠悠岁月，只要能够坚持长吟，等到写诗作文之时就能下笔如有神，写就千篇《白雪》这样的名作。

亲兄弟折箸〔折箸（zhù）：喻指彼此不和睦，要分家析产。〕**，璧合翻作瓜分；士大夫爱钱，书香化为铜臭。**

译文 亲兄弟不和睦，就如把价值连城的一块美玉分割开来；读书人爱财，就使浓郁的书香味变为铜臭气。

心为形役〔役：奴役。〕**，尘世马牛；身被名牵**〔牵：束缚。〕**，樊笼鸡鹜**〔鸡鹜（wù）：鸡鸭。〕**。**

译文 如果人的心灵被外在的东西所役使，那么就像活在人世间的牛马；如果人被名声所束缚，那么就像关在笼中的鸡鸭一样没有自由。

懒见俗人，权〔权：权且，暂且。〕**辞托病；怕逢尘事，诡迹逃禅**〔诡迹逃禅：隐藏行迹，逃避世事，参禅悟道。〕**。**

译文 倘若懒得接见那些世俗之人，就权且推托生病了；假若害怕遭逢尘世之事，就隐藏行迹、逃避世事、参禅悟道。

人不通古今，襟裾〔襟裾：衣襟裙裾。代指衣服。〕**马牛；士不晓**〔晓：明白，知道。〕**廉耻，衣冠狗彘**〔彘（zhì）：猪。〕**。**

译文 人不通晓古今变化的道理，那就像穿着长袍短衣的牛马一样；读书人如果寡廉鲜耻，那就是穿衣戴帽的猪狗。

道院吹笙，松风袅袅；空门洗钵〔“空门洗钵”两句：据《续高僧传》记载，一次，高僧法云正在讲授佛经之时，忽然漫天的鲜花飘落而下，到了堂内又升空不坠。空门，佛门。洗钵，传说师徒相传时会以衣钵作为信物。此处以洗钵代指传经授法。〕，**花雨纷纷**。

译文　在道院里吹笙，道院外的松林风声袅袅，与之相应和；在佛门中传经授法，突然见到漫天鲜花如同下雨一样飘落。

囊无阿堵物〔阿堵物：指钱。阿堵，古代的一种口语，意思大致相当于“这个”。〕，**岂便求人；盘有水晶盐，犹堪**〔犹堪：还可以。〕**留客**。

译文　囊中羞涩，没有钱财，怎么能够求人；盘子中有水晶盐，尚且可以留客。

种两顷负郭田〔负郭田：古时有城、郭之分，负郭田即指城郊的田地。此处泛指所有田地。〕，**量**〔量：计量，推算。〕**晴校雨；寻几个知心友，弄月嘲风**〔弄月嘲风：玩赏明月清风。〕。

译文　耕种一两顷城郊的土地，预测天气的阴晴变化；寻觅几位知心的朋友，共同边欣赏明月清风的景致边吟诗作赋。

着屐〔着屐（jī）：穿上鞋子。屐，木屐，草鞋。〕**登山，翠微中**〔翠微中：青山中。〕**独逢老衲；乘桴**〔桴（fú）：木筏。〕**浮海，雪浪**〔雪浪：雪白的浪花。〕**里群傍闲鸥**。

译文　脚穿草鞋攀登高山，在青翠的山色中独自行走时遇见一老僧；坐着小船泛舟海上，雪白的浪花里有一群悠闲的海鸥陪伴在身旁。

才士不妨泛驾〔泛驾：不受驾驭。在此指不受约束。《汉书·武帝纪》中有云："夫泛驾之马、跅弛之士，亦在御之而已。"〕，**辕下驹**〔辕下驹：车辕下套着的小马驹。在此指持一种观望态度，畏缩以求自保的人。《史记·魏其武安侯列传》中有云："上怒内史曰：'公平生数言魏其、武安长短，今日廷论，局趣效辕下驹，吾并斩若属矣！'"〕**吾弗愿也；诤臣**〔诤（zhèng）臣：直言进谏的臣子。〕**岂合模棱**〔模棱：典故出自《旧唐书·苏味道传》。苏味道为宰相并没有什么大的建树，人称"模棱手""模棱宰相"。他认为做事不用太明白，错误了就会后悔，只需"模棱以持两端可矣"。〕，**殿上虎**〔殿上虎：指敢于直谏的诤臣。典故出自《宋史·刘安世传》：刘安世为谏官，敢于直言进谏，在朝廷上据理力争，很多臣子将其视为"殿上虎"。〕**君无尤**〔尤：通"忧"，忧虑。〕**焉**。

译文 有才能的人不妨到处悠游，像车辕下的马驹那样的生活不是我所愿意的；直言敢谏的臣子怎能说一些模棱两可的话呢，像刘安世那样的"殿上虎"是皇帝所不会怪罪的。

荷钱榆荚〔荷钱榆荚：刚刚长出来的很小的荷叶、榆荚，形状与钱币很相似。在此代指金钱。〕，**飞来都作青蚨**〔青蚨（fú）：一种昆虫。在此指金钱。干宝的《搜神记》中有云："南方有虫……又名'青蚨'，形似蝉而稍大，味辛美可食。生子必依草叶，大如蚕子。取其子，母即飞来，不以远近。虽潜取其子，母必知处。以母血涂钱八十一文，以子血涂钱八十一文。每市物，或先用母钱，或先用子钱，皆复飞归，轮转无已。"〕；**柔玉温香，观想可成白骨**。

译文 一切金钱得到后都应视作青蚨，一切柔美香艳的女子也只不过是一堆白骨。

旅馆题蕉〔蕉：芭蕉叶。〕**，一路留来魂梦谱；客途惊雁，半天寄落别离书。**

译文 在旅馆中题诗于芭蕉叶上，一路留下无数魂牵梦绕的诗谱；在旅途中突然惊吓了飞雁，从半空中落下一封别离的书信。

歌儿带烟霞之致〔烟霞之致：超脱于尘世之外的山林烟霞的韵致。〕**，舞女具丘壑之资**〔丘壑之资：不同于世俗林间田园的姿态。〕**，生成世外风姿，不惯尘中物色。**

译文 牧童的歌声带着烟霞缭绕的山林的韵致，舞女的舞姿具有不同于世俗林间田园的姿态。他们生来就带有世俗之外的风姿，对尘世中的景物美色很不习惯。

今古文章只在苏东坡〔苏东坡：即苏轼，宋代著名的诗人、词人、文学家、政治家。〕**鼻端定优劣，一时人品却从阮嗣宗**〔阮嗣宗：即阮籍。见前文所注嵇喜、嵇康前去凭吊阮籍之母，阮籍分别以白眼、青眼相待的典故。〕**眼内别雌黄。**

译文 古往今来的文章只在苏东坡的鼻端评定优劣，一时的人品却可以从阮籍的眼中区分出好坏、等次。

魑魅〔魑魅（chī mèi）：鬼魅。代指阴险狡诈之徒。〕**满前，笑着阮家无鬼论**〔阮家无鬼论：据载，晋永嘉年间，太子舍人阮瞻一向主张无鬼论，并经常以此与人论争。一天，有位善辩之人在与阮瞻谈论命理之时言及鬼神，阮瞻与之论争很久依然没有被说服。客于是说："鬼神，古今圣贤所共传，君何得独言无！即仆便是鬼。"于是，变为异形消失了。〕**；炎嚣**〔炎嚣：喧闹熙攘。〕**阅世，愁披刘氏《北风图》**〔刘氏《北风图》：

刘氏即东汉人刘褒，著名的画家。据传刘褒曾经画下《云汉图》《北风图》，观览《云汉图》可以使人感觉发热，观览《北风图》则使人发冷。〕。**气夺山川，色结烟霞。**

译文 世上充满了阴险如鬼之徒，而阮瞻仍主张无鬼论，实在可笑；经历着纷乱攘攘的人世，心中充满忧愁地观览刘褒的《北风图》，它的气势盖过了山川，墨色结成了烟霞。

至音〔至音：极为高雅的音乐。〕**不合众听，故伯牙绝弦**〔伯牙绝弦：俞伯牙、钟子期彼此为知己。《吕氏春秋·本味》中有云："伯牙鼓琴，钟子期听之。方鼓琴而志在太山，钟子期曰：'善哉乎鼓琴，巍巍乎若太山。'少选之间，而志在流水，钟子期又曰：'善哉乎鼓琴，汤汤乎若流水。'钟子期死，伯牙破琴绝弦，终身不复鼓琴，以为世无足复为鼓琴者。"〕；**至宝不同众好，故卞和泣玉**〔卞和泣玉：化用楚国人卞和献玉的典故。〕。

译文 格调最高的音乐不合一般人的口味，所以伯牙便弄断了琴弦；最珍贵的宝物不能被一般人所认识并喜爱，所以卞和抱着璞玉而哭泣。

看文字〔文字：文章。〕**须如猛将用兵，直是鏖战一阵；亦如酷吏治狱**〔治狱：处理狱案。〕，**直是推勘到底**〔推勘到底：直查到底，探寻出个究竟。〕，**决不恕**〔恕：宽恕。〕**他。**

译文 欣赏文章应该如同猛将用兵打仗一样，必须鏖战一阵；又如同严酷的官吏处理狱案一样，必须探查出个究竟，绝对不能宽恕犯人。

名山乏侣〔侣：伴侣。〕，**不解壁上芒鞋**〔芒鞋：草鞋。〕；**好景**

无诗，虚〔虚：空。〕携囊中锦字。

译文 如果在知名的山川胜地没有合意的旅伴同游，就不会解下挂在墙上的草鞋出游；面对美好景致，如果写不出好诗助兴，即使带着锦囊也是枉然。

辽水无极〔无极：没有边际。〕，雁山〔雁山：雁门山。〕参云；闺中风暖，陌〔陌：乡间小道。〕上草薰。

译文 辽河水面宽阔，横无际涯，雁门山直入云霄；闺房中的风儿和煦温暖，乡间小道上的青草散发着清香。

秋露如珠，秋月如珪。〔“秋露如珠”两句：见江淹的《别赋》。珪，一种美玉。〕明月白露，光阴往来〔光阴往来：忽明忽暗。〕。与子之别，思心徘徊。

译文 秋天的露水晶莹剔透如同珍珠，秋天的月亮皎洁明亮如同珪玉。明月白露，交相辉映，忽明忽暗。与你分别，心中十分思念，来回徘徊。

声应气求之夫〔声应气求之夫：意气相投之人。〕决不在于寻行数墨之士，风行水上之文〔风行水上之文：自然天成、没有雕琢痕迹的文章。〕决不在于一字一句之奇。

译文 意气相投的好友绝不会存在于那些只会背诵文句而不明义理的士人之中，如行云流水一样通畅美妙的好文章绝不在于一字或一句的奇特上。

借他人之酒杯，浇〔浇：冲洗，浇灭。〕自己之块垒〔块垒：郁积在心里的激愤和不平。〕。

译文 借用别人的酒杯来浇灭自己心中郁积的激愤、不平。

春至不知湘水深，日暮忘却巴陵道。

译文 春天来了，湘水一片碧绿，无法知道它的深浅；黄昏之时，暮色苍茫，令人忘记了巴陵道的长短。

奇曲雅乐，所以禁淫〔淫：指低俗的音乐。〕也；锦绣黼黻〔锦绣黼黻（fǔ fú）：织出的彩纹为“锦”，刺绣的彩纹为“绣”；古代衣服上黑白相间的“斧”形花纹为“黼”,黑青相间的“业”形花纹为“黻”。〕，所以御暴也。缛〔缛（rù）：繁缛。〕则太过，是以檀卿〔檀卿：一说应为“檀弓”，春秋时期鲁国人。〕刺郑声，周人伤北里〔北里：古时的一种舞曲。〕。

译文 奇妙的曲子、高雅的音乐陶冶心灵，所以要禁绝低俗的音乐；丝织刺绣精美华丽，所以要预防奢侈。然而，如果繁缛就会太过。因此，鲁人檀弓讥刺郑国的靡靡之音，周人抨击《北里》这样糜烂的舞曲。

静若清夜之列宿〔宿：星宿。〕，动若流彗〔流彗：流星，又称“彗星”。〕之互奔。

译文 静就要像清凉的夜色中的那些星宿一样，动就要像疾奔而下的流星一样。

振骏气以摆雷，飞雄光以倒电〔倒电：压倒闪电。〕。

译文 振奋士气以摆弄风雷，飞出雄光以压倒闪电。

停之如栖鹄，挥之如惊鸿，飘缨蕤〔缨蕤：本指帽子上的饰物，在此指旗帜的饰物。〕**于轩幌**〔轩幌：辕车。〕，**发晖曜于群龙。**

译文 停下来要像栖息的天鹅一样平静，挥舞的时候要像惊飞的鸿雁一样气势冲天，辕车上旗帜的饰物在随风飘动，旗帜上绣的群龙发出耀眼的光芒。

始缘甍〔甍（méng）：屋脊。〕**而冒栋，终开帘而入隙。初便娟于墀庑**〔墀（chí）庑：庭院。〕，**末**〔末：最后。〕**萦盈于帷席。**

译文 光芒刚开始的时候沿着屋脊而照射到房屋的栋梁，最终从打开的帘子的缝隙中进来了。阳光最初映照在院落之中，后来就照耀到床帏和床席间。

云气荫于丛蓍〔丛蓍（shī）：蓍草丛。〕，**金精养于秋菊。落叶半床，狂花满屋。**

译文 云气荫生于蓍草丛中，金精生养于秋菊之中。床上半床是落叶，满屋都是被狂风吹落的花瓣。

雨送添砚之水〔添砚之水：砚台中需要添加的水。〕，**竹供扫榻之风。**

译文 雨送来了砚台中需要添加的水，竹林中吹来了打扫床榻的风。

血三年而藏碧〔血三年而藏碧：化用《庄子·外物》中“故伍员流于江，苌弘死于蜀，藏其血三年而化为碧”之句。伍员、苌弘都是忠义之臣。〕，**魂一变而成红**〔魂一变而成红：相传古代蜀王杜宇称帝，号“望帝”，之后退位隐居在西山，死后化为杜鹃，每年暮春时分就会鸣叫，声音十分悲戚，一直到嘴角啼叫得都流血了还不停止。李商隐有“望帝春心托杜鹃”之诗句，即是化用这个典故。〕。

译文 像伍员、苌弘这样忠义之臣的血珍藏三年而化成了碧玉；望帝的魂魄一变而成为杜鹃，日日悲鸣，嘴角流血仍然不止。

举黄花而乘月艳，笼〔笼：即拢。〕**黛叶**〔黛叶：指乌黑的头发。〕**而卷云翘**〔云翘：像云朵一样高高耸起的发髻。〕。

译文 手中高举着黄花，借着明亮的月色，将鲜艳的花朵插在头上；用手拢一下乌黑的头发，挽起像云朵一样高高耸起的发髻。

垂纶帘外，疑钩势之重悬；透影窗中，若镜光之开照。

译文 在帘外的池子中垂钓，隔帘望去怀疑鱼钩下沉被鱼咬住了；池水透过窗中反射的影子，就像是一面镜子一样照着。

叠轻蕊〔蕊：花蕊。〕**而矜暖**〔矜（jīn）暖：温暖。〕**，布重泥而讶湿。迹**〔迹：行迹。〕**似连珠，形如聚粒。**

译文 雨滴重重叠叠轻轻地包裹着花蕊，使花蕊看起来很温暖，雨滴落在厚厚的土地上，惊讶地发现它沾湿了土地。雨滴下落的样子就像是穿起来的珠子，落下后形状像是聚在一起的珠粒。

霄光分晓，出虚窦〔虚窦（dòu）：虚掩的鸟巢。〕**以双飞；微阴合瞑**〔微阴合瞑：天色将要变得晦暗的时候，即指夜晚即将来临的时候。〕**，舞低檐而并入。**

译文 天刚蒙蒙亮的时候，鸟儿就从虚掩着的巢中成双成对地飞出；夜晚即将来临的时候，鸟儿又在屋檐下飞舞着一同归巢。

任〔任：任凭。〕**他极有见识，看得假认**〔认：辨认。〕**不得真；**

随你极有聪明，卖得巧藏不得拙。

译文 无论他的见识有多么高深，也往往只看得到假象而看不到真相；随你多么聪明，往往也只能表现出巧妙之处而掩藏不住拙劣的一面。

傲骨、侠骨、忠骨，即枯骨可致千金〔枯骨可致千金：化用《战国策·燕策一》的典故：古代的君王用千金求千里马，三年也未能求得。之后，寻得一匹死去的千里马，君王以五百金买其骨。于是，不到一年就求得三匹千里马。〕**；冷语、隽语、韵语，即片语亦重九鼎**〔片语亦重九鼎：化用《史记·平原君虞卿列传》的典故：秦国兵围赵都邯郸，毛遂向赵国平原君自我推荐前往楚国求救并获得援助，平原君称赞曰："毛先生一至楚，而使赵重于九鼎大吕。"〕。

译文 狂傲之骨、侠义之骨、忠贞之骨，即使是枯骨也可以价值千金；冷语、隽语、韵语，即使是只言片语也可以重似九鼎。

书载茂先三十乘〔书载茂先三十乘：茂先，即晋代文学家张华。《晋书·张华传》记载："雅爱书籍，身死之日，家无余财，惟有文史溢于几箧。尝徙居，载书三十乘。"〕**，便可移家；囊无子美一文钱**〔囊无子美一文钱：化用杜甫的典故。唐代大诗人杜甫，字子美，虽然穷困潦倒，但始终关注国家民生之事，结交了很多诗人朋友，曾自作《空囊》诗云："囊空恐羞涩，留得一钱看。"〕**，尽堪结客。**

译文 像文学家张华那样藏书达三十辆车，便可以搬家了；像杜甫那样囊中没有一文钱，仍然可以结交朋友。

有作用者〔有作用者：有所作为的人。〕**，器宇定是不凡；有受用者，才情决然不露。**

译文 有所作为的人必定言行举止非同一般，获得名利受用的人必然是怀有才情却深藏不露。

松枝自是幽人〔幽人：隐居之人。〕**笔，竹叶常浮野客杯。且**〔且：姑且。〕**与少年饮美酒，往来射猎西山头。**

译文 松枝自然会充当幽居隐士的笔，竹叶常常漂在山野之人的杯中。姑且与少年一起饮用美酒，然后到西山头打猎。

好山当户〔当户：正对门户。〕**天呈画，古寺为邻僧报钟。**

译文 美丽的青山正对门户，呈现出一幅美丽的图画，与清幽的古寺相邻，每天都能听到僧人敲钟报时。

瑶草与芳兰而并茂，苍松齐古柏以增龄。

译文 瑶草与芳兰都十分茂盛，苍松与古柏共同生长。

群鸿戏〔戏：嬉戏。〕**海，野鹤游天**〔游天：翱翔于天空。〕。

译文 成群的大雁一起在大海上嬉戏，成群的仙鹤一起在蓝天上翱翔。

—— 卷四　集灵 ——

天下有一言之微〔微：微小。〕而千古如新，一字之义而百世如见者，安可泯灭〔泯灭：消灭。〕之！故风雷雨露，天之灵；山川名物，地之灵；语言文字，人之灵。毕三才之用，无非一灵以神其间，而又何可泯灭之！集《灵》第四。

译文 天下有看似那么微不足道的一句话，而千年之后读来仍有新意；一个字的意义广大，在百世之后读来还如亲眼所见一般真实。怎么可以让它们消失呢！所以，风、雷、雨、露是天的灵气，山、川、名、物是地的灵气，语、言、文、字是人的灵气。仔细观察天、地、人三才所呈现出来的种种现象，无非是“灵”使得它们发挥了神妙的作用，而又怎么能让这个灵性泯灭呢！因此，我编撰了第四卷《灵》。

投刺〔刺：名刺，又称“名帖”。〕空劳〔空劳：徒劳。〕，原非生计；曳裾〔曳（yè）裾：提着衣襟。〕自屈，岂〔岂：怎么，难道。〕是交游。

译文 呈递自己的名帖前去拜见也只是徒劳，没有结果，这原本就不是谋生之道；提着衣襟卑屈地奔走于权贵之门，这怎么会是交友之道。

事遇快意处当转，言遇快意处当住〔住：打住。〕。

译文 做事到了舒心快乐之处应当调整转移，说话说到了快意之时就应该打住。

俭为贤德，不可着意〔着意：刻意。〕求贤；贫是美称，只是难居其美。

译文 俭朴是贤良美好的品德，但不可刻意去求取这种好名声；安贫往往为人所赞美，只是能安于贫穷的人很少。

志〔志：志向。〕要高华〔高华：高洁远大。〕，趣〔趣：志趣。〕要淡泊。

译文 志向应该高洁远大，志趣应该淡泊恬静。

好香用以熏德〔熏德：熏陶自己的德行。〕，好纸用以垂世，好笔用以生花，好墨用以焕彩，好茶用以涤烦〔涤（dí）烦：涤除烦恼。〕，好酒用以消忧。

译文 好香用来熏陶自己的品德，好纸用来写传世不朽的文字，好笔用来写下美好的篇章，好墨用来描绘光彩夺目的图画，好茶用来涤除心灵的烦闷，好酒用来化解心中的忧愁。

声色娱情，何若净几明窗〔净几明窗：洁净的书桌和明亮的窗子。〕，一生息顷〔息顷：休息。〕；利荣驰念，何若名山胜景，一登临时。

译文 在妙音和美色中求得欢娱，还不如在洁净的书桌和明亮的窗前，让自己得到宁静的快乐；为荣华富贵而思前想后，哪里比得上登高望远、赏名山美景来得真实。

竹篱茅舍，石屋花轩；松柏群吟，藤萝翳〔翳（yì）：荫翳。〕景；流水绕户，飞泉挂檐；烟霞欲栖〔栖：栖息。〕，林壑将暝〔暝：晦暗。〕。中处野叟山翁四五，余以闲身作此中主人，坐沉红烛，看遍青山，消〔消：排遣。〕我情肠，任他冷眼。

译文 竹子做的篱笆，茅草盖的屋舍，石头砌的墙壁，开满鲜花的长廊；风吹松柏，发出呼啸之声，藤萝密密麻麻遮蔽了日月的光辉；流水绕过门前，如同飞流直下的瀑布挂在屋檐；烟霞好像要在此栖息，林壑将要笼罩在晦暗之中。在这山居之中，聚集着野老山翁四五个人，我则作为山中的主人，悠闲无事地坐看红烛燃烧，遍览青山，排遣我心中的情怀，任凭别人冷眼相看。

问妇索酿〔酿：酿酒。〕，瓮有新刍〔新刍：刚酿出的酒。〕；呼童煮茶，门临好客。

译文 向妇人索要酒喝，瓮中正好有刚刚酿造好的美酒；呼唤童子煮茶，家中有好友相访。

胸中有灵丹一粒，方能点化俗情，摆脱世故。

译文 胸中有一颗明净的心，才能点化世俗之情，摆脱世故之事。

累月独处，一室萧条，取云霞为侣伴，引青松为心知。或稚子〔稚子：儿童，孩童。〕、老翁闲中来过，浊酒一壶，蹲鸱〔蹲鸱（chī）：即大芋头，因其形状与蹲伏的鸱鸟相似而得名。〕一盂，相共开笑口，所谈浮生闲话，绝不及市朝〔市朝：市井与朝廷。〕。客去关门，了无报谢，如是毕〔毕：完毕，终结。〕余生足矣。

译文 在连续几个月的独居生活中，虽然满屋子萧条冷清，但我将浮云、彩霞视作伴侣，将青松引为知己。有时候老翁带幼童过来拜访，这时以一壶浊酒、一盘大芋头招待客人，把酒相对，笑逐颜开，谈的都是平生的家常闲话，绝不谈及市井与朝廷方面的俗事。客人离开便关门，不需要起身送客或言谢。如果能这样过一辈子，我就很满足了。

茅檐外，忽闻犬吠鸡鸣，恍如云中世界；竹窗下，惟有蝉吟鹊噪，方知静里乾坤〔乾坤：天地。〕。

译文 茅草编织的门帘外，忽然传来几声狗吠鸡鸣，让人仿佛生活在远离尘世的云中世界；竹窗下，只听到蝉鸣鹊唱，才感觉静中的天地是如此之大。

如今休去〔休去：停止。〕**便休去，若觅了时**〔了时：了结之时。〕**无了时。若能行乐，即今便好快活。身上无病，心上无事，春鸟是笙歌，春花是粉黛。闲得一刻，即为一刻之乐，何必情欲乃为乐耶！**

译文 只要现在能够休歇隐退，就应当及时休歇隐退；如果想等到事情都了结之时，那么终究没有了结之时。如果能够及时行乐，那么立刻就可以获得快乐。身体无病，心中也无事牵挂，春天的鸟鸣是动听的乐曲，春天的花朵是盛装的美女。有一刻空闲，就享受一刻的欢乐，为什么一定要在情欲中寻求感官刺激才算是快乐呢！

开眼便觉天地阔，挝鼓〔挝（zhuā）鼓：化用祢衡击鼓辱骂曹操的典故。〕**非狂；林卧不知寒暑更，上床空算**〔上床空算：化用陈登的典故。陈登，字元龙，东汉末年人。《三国志·魏书·陈登传》记载：许汜见陈登，陈登久不和许汜说话，自己睡在大床上，让许汜睡在下床。许汜告之刘备，刘备曰："君有国士之名。今天下大乱，帝主失所，望君忧国忘家，有救世之意。而君求田问舍，言无可采，是元龙所讳也，何缘当与君语！如小人，欲卧百尺楼上，卧君于地，何但上下床之间邪！"〕。

译文 睁开眼睛就会觉得天地十分广阔，即使像祢衡击鼓辱骂曹操之举也算不上狂放；卧居山林之中不知道天气时节，即使像陈登那样忧国忘家、怀有救世之意的人也只能是白白筹算。

惟〔惟：只有。〕俭可以助廉，惟恕可以成德。

译文 只有节俭可以促成廉洁，只有宽恕可以成就德行。

不是一番寒彻骨，怎得梅花扑鼻香。念头稍缓时，便宜庄〔庄：庄重。〕诵一遍。

译文 倘若没有一番透骨的寒冷，怎么能得到梅花扑鼻的清香。每当这种念头稍有迟缓的时候，就应该庄重地朗诵一遍。

梦以昨日为前身〔前身：佛教认为人有三世，即前世、今世、来世。〕，可以今夕为来世。

译文 倘若在梦中把昨天当作前身的话，那么也可以把今夕作为来世。

读史要耐讹〔讹（é）：错误。〕字，正如登山耐仄路〔仄路：狭窄弯曲的小路。〕，踏雪耐危桥，闲居耐俗汉〔俗汉：俗人。〕，看花耐恶酒，此方得力。

译文 读史书要忍受得了错字，就像登山时要忍耐得了山间狭窄的小路，踏雪时要忍耐得了危险的小桥，闲暇时要忍耐得了俗人的打扰，看花时要忍耐得了品饮劣酒，这样才能真正进入史书的天地中。

世外交情惟山而已，须有大观眼〔大观眼：洞察万物的慧眼。〕、济胜具〔济胜具：登临山川名胜的强健躯体。出自《世说新语·栖逸》：“许掾好游山水，而体便登陟。时人云：‘许非徒有胜情，实有济胜之具。’”

具，躯体。〕、**久住缘，方许与之莫逆**。

译文 俗世之外的交情只有山而已，必须有能够洞察一切的慧眼、能够周游山川名胜的强健体魄、能够久居山中的缘分，这样才可以与山成为莫逆之交。

九山〔九山：一说泛指天下的名山；一说为实指的九座名山，即会稽山、泰山、王屋山、首山、太华山、岐山、太行山、羊肠山、孟门山。〕**散樵迹，俗间徜徉自肆，遇佳山水处盘礴箕踞**〔盘礴箕（jī）踞：两腿叉开前伸、稳稳当当地席地而坐，这种坐姿在古代被视为不庄重、轻慢。在此以这种坐姿表明其随意、不受拘束。〕，**四顾无人，则划然长啸，声振林木。有客造榻与语，对曰："余方游华胥**〔游华胥：据《列子》记载，黄帝"昼寝而梦游于华胥氏之国"。在此泛指做梦、梦游。〕，**接羲皇**〔羲皇：即上古时期的部落首领伏羲氏，相传其曾作八卦图。〕，**未暇理君语。"客之去留，萧然不以为意。**

译文 天下的名山都留下了我采樵的足迹，在人世间肆意徜徉，遇到好山好水就两腿前伸舒服地坐下，四下张望没人，就忽然对天长啸，声音在树林间回荡。每当有客人登门拜访与我谈论，我就会说："我正在周游华胥之国，与伏羲氏畅谈，没有时间理会你的话。"客人的去留我全然不放在心上。

无事而忧，对景不乐，即自家〔自家：自己。〕**亦不知是何缘故，这便是一座活地狱，更说甚么铜床铁柱、剑树刀山也。**

译文 悠闲无事却烦忧不已，面对美景也不快乐，就是自己也不知道是什么缘故，这就像活在地狱中一样，更不必说什么地狱中的热铜床、烧铁柱以及插满剑的树和插满刀的山了。

闭门阅佛书，开门接佳客，出门寻山水，此人生三乐。

译文 关起门来阅读佛经，开门迎接贵客，出门游赏山川景色，这是人生的三大乐事。

客散门扃，风微日落，碧月皎皎当空，花阴〔花阴：即花荫。在此指月光下花儿的影子。〕**徐徐满地。近檐鸟宿，远寺钟鸣，茶铛**〔铛（chēng）：锅。〕**初熟，酒瓮乍开，不成八韵新诗，毕竟一团俗气。**

译文 宾客散了之后，关闭大门，微风习习，夕阳已落，晴朗的天空悬挂着皎洁的明月，花儿的影子撒了一地。近处屋檐下鸟儿已经栖息，远处传来寺院的钟声，茶炉中刚刚煮好清茶，酒瓮中的美酒刚刚启封，在此种情韵景致下还不能写出八韵新诗，毕竟是一团俗气在身。

不作风波〔风波：代指对尘世的各种欲望的追求。〕**于世上，自无冰炭到胸中。**

译文 不为世间的欲望做无尽的追逐，自然不会有受挫折时如冰的寒心，也不会有追求时如炭的热望。

秋月当天，纤云都净〔纤云都净：没有一丝一毫的云彩。〕**，露坐空阔去处，清光冷浸此身，如在水晶宫里，令人心胆澄澈。**

译文 秋月悬挂在晴空之中，没有一丝云彩，十分澄净，迎着露水坐在空阔的地方，月光的清冷之气侵入骨髓，带来阵阵寒意，就好像身在水晶宫中一样，使人的心胆都变得澄净清澈。

遗〔遗：给……留下。〕子黄金满籯，不如教子一经。

译文 给子孙留下满箱的黄金，还不如教他们读通一部经书。

凡醉各有所宜〔宜：适宜。〕。醉花宜昼，袭其光也；醉雪宜夜，清其思也；醉得意宜唱，宣其和也；醉将离宜击钵，壮其神也；醉文人宜谨节奏，畏其侮也；醉俊人〔俊人：才俊之士。〕宜益〔益：增加。〕觥盂加旗帜，助其怒也；醉楼宜暑，资其清也；醉水宜秋，泛其爽也。此皆审〔审：审视。〕其宜，考〔考：考虑。〕其景，反此则失饮矣。

译文 大凡醉酒都需要有具体的情景与之相适应。赏花醉酒适合在白昼，可以借助白昼的光线；赏雪醉酒适宜在夜里，可以清心益思；因得意而醉酒适合高歌，可以宣泄兴奋之情达致和谐；因即将离别而醉酒适宜击钵，可以增强其神色；文人吟诗醉酒适宜谨慎而注意节奏，可以避免不必要的侮辱；俊杰之士醉酒适宜增加酒杯和旗帜，可以助长豪放的气氛；登楼远望醉酒适宜在酷暑，可以借助楼上的清爽；观赏湖水醉酒适宜在秋季，可以更为凉爽。这些都是审时度势，根据具体情况，考虑具体情景而提出的，与此背道而驰就会失去饮酒的乐趣。

竹风一阵，飘飏〔飘飏（yáng）：即飘扬。〕茶灶疏〔疏：稀疏。〕烟；梅月半湾，掩映书窗残雪。

译文 竹林中吹来一阵清风，飘来了从茶灶升起的几缕稀疏的青烟；梅开时节的明月映照半湾村落，与书窗外的残雪相掩映。

厨冷分山翠，楼空入水烟。

译文 厨房冷清，平添了山林的苍翠；楼阁空落，掩映在水面升腾起的烟雾之中。

聪明而修洁〔修洁：修行高洁。〕，**上帝**〔上帝：上天。〕**固录**〔录：录用。〕**清虚；文墨而贪残，冥官**〔冥官：阴间的官员。〕**不受辞赋**。

译文 为人既聪慧又有高洁的操行，上天自然就会录用他到清虚之所；擅长行诗作文却贪婪凶残，即使是阴间的官员也不会接受他的辞赋文章。

破除烦恼，二更山寺木鱼〔木鱼：佛教的法器，念经时常常敲击，用以警诫自己。〕**声；见彻性灵，一点云堂**〔云堂：禅宗僧侣坐禅修行之所。〕**优钵**〔优钵：梵语，指青莲花。〕**影**。

译文 要想破除心中的烦恼，只要聆听二更时山中寺庙的木鱼声即可；要想透彻地领悟人性和智慧，只要看佛堂里的青莲花即可。

兴〔兴：兴致。〕**来醉倒落花前，天地即为衾枕**〔衾（qīn）枕：棉被和枕头。〕；**机息**〔机息：机心止息。〕**坐忘盘石上，古今尽属蜉蝣**〔蜉蝣：一种昆虫，生命十分短暂，常常只有几个小时。〕。

译文 兴致来的时候，在落花之前醉倒，天地就是我的棉被和枕头；机心止息，坐在大石上将一切忘怀，古今一切纷扰看来都像蜉蝣的生命一般短暂。

老树着花〔着花：开花。〕，**更觉生机郁勃；秋禽弄舌**〔弄舌：鸣叫。〕，**转令幽兴潇疏**〔潇疏：稀疏。〕。

译文 老树开花，更觉得富有生机；秋天的禽鸟鸣叫，反而使得幽静的意趣减少。

完得心上之本来，方可言了〔了：明了，明白。〕**心；尽得世间之常道**〔常道：不发生改变的道理。〕**，才堪论出世。**

译文 完全认识到自己内心的本来面目，才算是明了心的本体；理解透了世间不变的道理，才足以谈论出世，即归隐山林或皈依佛道。

雪后寻梅，霜前访菊，雨际护兰，风外听竹，固〔固：原本。〕**野客**〔野客：幽居于山野的人。〕**之闲情，实**〔实：实际上。〕**文人之深趣。**

译文 在大雪之后寻找梅花，在秋霜来临之前寻访菊花，在大雨降临之际呵护兰花，在大风之外聆听风吹竹叶之声，这些原本是闲居山野之客的闲情，实际上也是文人墨客的雅趣。

结〔结：搭建。〕**一草堂，南洞庭月，北峨眉雪，东泰岱松，西潇湘竹，中具晋高僧支法**〔支法：晋代高僧支法度。〕**八尺沉香床，浴罢温泉，投床鼾睡，以此避暑，讵**〔讵（jù）：怎能，表示反问。〕**不乐也！**

译文 搭建一间草堂，南有洞庭水可以观赏月色，北有峨眉山可以观赏雪景，东面种上泰山之青松，西面种上潇湘之竹，房中摆置一张晋代高僧支法度的八尺长的沉香床，洗完温泉，躺在床上酣睡，这样避暑怎能不快乐呢！

人有一字不识，而多诗意；一偈〔偈（jì）：一种略似于诗的有韵文辞，通常以四句为一偈。这里指佛偈，即佛经中的唱词，类似于世俗中的名言警句。〕不参〔参：参悟。〕，而多禅意；一勺不濡〔一勺不濡：一滴酒不沾。〕，而多酒意；一石不晓，而多画意：淡宕〔淡宕：淡泊，不受拘束。〕故也。

译文 有的人不认识一个字，却富有诗意；一句佛偈都不能参悟，却很有禅意；一滴酒也不沾，却满怀酒意；一块石头也不用心观摩，却满眼画意：这些都是因为其淡泊而无拘无束的缘故。

以看世人青白眼〔青白眼：化用阮籍见嵇喜、嵇康分别以白眼、青眼相待的典故，详见前文所注。〕转而看书，则圣贤之真见识；以议论人雌黄口转而论史，则左狐〔左狐：即左丘明、董狐。两人分别是春秋时期鲁国和晋国的史官，记载史实秉笔直书，是难得的良史。〕之真是非。

译文 用看待世人的青眼与白眼来看书，就会具备圣人贤士的真知灼见；用议论品评他人是非的雌黄之口来评论历史，就会具有像左丘明、董狐那样秉笔直书的历史是非观。

事到全美处，怨我者不能开指摘之端〔端：借口。〕；行到至污〔至污：极为污秽。至，最。〕处，爱我者不能施〔施：实施，采用。〕掩护之法。

译文 做事做到尽善尽美的境地，即使是怨恨我的人也找不到指摘的借口；行事达到极为污秽的境地，即使是喜爱我的人也不能实施掩护的手段。

无事当学白乐天〔白乐天：即中唐诗人白居易，字乐天。〕之嗒然

〔嗒（tà）然：指物我两忘的心境。〕，**有客宜仿李建勋之击磬**〔李建勋之击磬：李建勋，唐末五代时期人，《玉壶清话》记载李建勋有一玉磬，以沉香节为其安柄，敲击声十分清越。每当有客人谈到猥俗之事时，他就会在耳边敲击几声玉磬。有人问他原因，他回答说是要用玉磬声洗耳。〕。

译文 没事的时候应该学学白居易物我两忘的心境，有客人来访的时候应该仿效李建勋用击磬声洗耳。

郊居，诛茅结屋，云霞栖梁栋之间，竹树在汀洲之外，与二三之同调〔同调：志趣相投。〕**望衡对宇，联接巷陌，风天雪夜买酒相呼，此时觉曲生**〔曲生：即酒。唐代郑棨的《开天传信记》记载：叶法善宴请宾客，有一个人自称“曲秀才”，与众多宾客进行论辩，话语十分犀利。叶法善怀疑他是鬼魃，就用剑行刺。结果，“曲秀才”竟然化成一瓶浓酒，味道极佳。叶法善于是对着酒瓶作揖，说道：“曲生风味，不可忘也。”之后，“曲生”就成了酒的代称。〕**气味十倍市饮**。

译文 居住在郊外山野，修剪茅草，搭建茅屋，云霞缭绕在栋梁之间，竹树掩映在水中小洲之外，与两三个志趣相投的朋友门户房屋相对，连接小道巷陌，在狂风大雪的夜里买来美酒，呼喊朋友一起畅饮，此时就会感觉酒味要比市井酒肆里的好上十倍。

万事皆易满足，惟读书终身无尽〔尽：尽头。〕，**人何不以不知足一念加之书？又云：读书如服药，药多力自行。**

译文 世间万事都容易满足，只有读书求学终生没有止境，人为什么不以不知道满足的念头来读书呢？又有人说，读书就像喝药一样，药喝得多了，药力自然就增强了。

醉后辄〔辄：就。〕**作草书十数行，便觉酒气拂拂**〔拂拂：上涌升腾的样子。〕，**从十指出也。**

译文 喝醉酒之后写下十数行草书，就会觉得酒气上涌升腾，从十指中隐隐透出，融合于书法之中。

书引藤为架，人将薜〔薜：薜萝，又称“女萝”，一种植物。自屈原的《楚辞·九歌·山鬼》中有“若有人兮山之阿，被薜荔兮带女萝”诗句之后，女萝就成为隐者的装扮。〕**作衣。**

译文 书应该放在用藤条编制的书架之中，隐士应该穿薜萝制成的衣服。

从江干溪畔箕踞〔箕踞：两腿叉开前伸，席地而坐，姿态与簸箕相似。在古人看来，这是一种很不雅的表现。在此指很惬意地没有约束地坐着。〕**石上，听水声，浩浩潺潺，粼粼冷冷，恰似一部天然之乐韵，疑有湘灵**〔湘灵：湘水之神，又称为“湘君”，屈原的《楚辞·远游》中有“使湘灵鼓瑟兮，令海若舞冯夷”之句。〕**在水中鼓瑟也。**

译文 在江岸或小溪边的石上两腿前伸而坐，聆听着水声，江水浩荡，溪流潺潺，波光粼粼，清冷之气沁人肺腑，恰似一部大自然的旋律，令人不禁怀疑是否有湘水女神在水中弹琴。

鸟啼花落，欣然有会于心，遣小奴挈瘿樽〔瘿樽：瘿木制的杯子。〕，**酤白酒，釂**〔釂（jiào）：喝酒干杯。〕**一梨花瓷盏，急取诗卷，快读一过以咽之，萧然不知其在尘埃间也。**

译文 听到鸟儿鸣叫，见到花儿飘落，心中有所领悟而由衷欣喜，便教小童带着瘿木制的杯子买回白酒，以梨花瓷盏饮下一杯酒，并马上取来诗卷，快读一遍，以助酒兴。这时，胸中清爽快意，仿佛离开了凡俗的人间。

闭门即是深山，读书随处净土。

译文 关起门来，不受尘世污染，到处可见幽静的深山；饱读经书，净化自己的心灵，随处都是清净的世界。

千岩竞〔竞：竞争，比赛。〕**秀，万壑争流，草木蒙笼其上，若云兴霞蔚。**

译文 成千上万的高岩山峰竞展秀姿，成千上万的沟壑溪流竞相流淌，草木繁茂，朦朦胧胧，就好像云雾升腾、彩霞飘动。

从山阴道上行，山川自相映发〔映发：辉映生发。〕**，使人应接不暇。若秋冬之际，犹**〔犹：尤其。〕**难为怀。**

译文 在树木成荫的山间小道上行走，自然会发现山川胜景相互辉映，让人应接不暇。倘若秋冬之际在此山行，更是让人不能忘怀。

箕踞于斑竹林中，徙〔徙：迁徙。〕**倚于青矾石上，所有道笈梵书**〔道笈梵书：道家和佛家的经书。〕**，或校雠**〔雠（chóu）：错误。〕**四五字，或参讽**〔参讽：参悟评议。〕**一两章。茶不甚精，壶亦不燥；香不甚良，灰亦不死；短琴无曲而有弦，长讴无腔而有音；激气发于林越，好风逆之水涯。若非羲皇**〔羲皇：即上古时期的伏羲氏。〕**以上，定亦嵇阮**〔嵇阮：嵇康、阮籍。嵇康，字叔夜，好老庄之说，崇尚自然、养生之道。阮籍，字嗣宗，曾任步兵校尉，世称"阮步兵"。两人皆崇奉老庄之学，与山涛、向秀、刘伶、王戎、阮咸称为"竹林七贤”。〕之间。

译文 两腿前伸肆意舒展地坐在斑竹林中，移身靠在青矶石上，任意翻阅一些道家、佛家的经书，或者校对四五个错字，或者参悟评议其中的一两章经文。所饮之茶不需要多么好，茶壶也不一定要很烫；焚烧的香不需要太好，只要香火不断、香灰不冷就好；弹奏短琴不需要按照固定的曲调，只要优美就好；放声高歌不需要有规范的腔调，只要是心灵之音就行；树林中激荡着意气，和煦的清风吹拂着水面。这样的生活倘若不是上古时代人们所有的，就必定是嵇康、阮籍等“竹林七贤”所处的魏晋时代所有的。

闻人善则疑之，闻人恶则信之。此满腔杀机也。

译文 听说别人做了善事却抱怀疑态度，听到别人做了坏事却相信。这是心中充满敌意和恶念的表现。

士君子尽心利济〔利济：造福接济。〕，使海内少他不得，则天亦自然少他不得，即此便是立命。

译文 读书仕进的君子尽心尽力体恤和造福他人，使世间需要他，那么上天自然也需要他，这样便是确立了自己生命的意义和价值。

读书不独〔不独：不仅仅。〕变气质，且能养精神，盖〔盖：表示推测。〕理义收摄故也。

译文 读书不仅仅会改变人的气质，还能培育人的精神修养，大概是因为读书可以净化心灵，从而以理义收摄心志、消除杂念。

周旋人事后，当诵一部清静经；吊丧问疾〔吊丧问疾：悼念丧事，探问病人。〕后，当念一遍扯淡歌。

译文 周旋人事、往来应酬之间，应当诵一部“清静经”；悼念丧事、探问病人之后，应当念一遍“扯淡歌”。

卧石不嫌于斜，立石不嫌于细，倚石不嫌于薄，盆石不嫌于巧，山石不嫌于拙。

译文 平放的石头不嫌倾斜，竖立的石头不嫌细小，倚靠着的石头不嫌太薄，盆中的石头不嫌小巧，山中的石头不嫌笨拙。

雨过生凉，境闲情适，邻家笛韵，与晴云断雨，逐听之，声声入肺肠。

译文 雨过之后生出层层凉意，环境闲适，情趣盎然，邻家牧童笛儿声声，与初晴后天空飘浮的云彩、断断续续的雨相应和，细细听来，声声悦耳动听，令人心旷神怡。

清之品有五：睹标致〔标致：美好。〕发厌俗之心，见精洁动出尘〔出尘：脱离尘世。〕之想，名曰“清兴”；知蓄书史，能亲笔砚，布景物有趣，种花木有方，名曰“清致”；纸裹中窥钱，瓦瓶中藏粟，困顿于荒野，摈弃乎血属〔血属：亲属，亲人。〕，名曰“清苦”；指幽僻之耽夸以为高，好言动之异标以为放，名曰“清狂”；博极今古，适情泉石，文韵带烟霞，行事绝尘俗，名曰“清奇”。

译文 “清”这种精神境界包括五种类型：目睹标致美丽之物而产生厌恶世俗之心，看到精致洁净之物而萌生出世的想法，这称为“清兴”；知道收藏经史百家之书，能够亲近笔砚，景物的布置富有情趣，栽种花木有方法，这称为“清致”；在废纸之中寻觅钱币，在碎瓦旧瓶之中储藏米粟，在荒野之中困顿地生活，被亲人抛弃，这称为“清苦”；把爱好清幽僻静的癖好夸称为高雅，把说话做事喜欢标新立异的癖好标榜为狂放不羁，这称为“清狂”；博古通今，适情于泉水幽石，文辞带有烟霞之韵致，行事超凡脱俗，这称为“清奇”。

打透〔打透：打通。〕**生死关，生来也罢，死来也罢；参破**〔参破：参悟透。〕**名利场，得了也好，失了也好。**

译文 看透了生与死的界限，那么生就活得自在，死也死得安乐；看破了名利争逐的虚妄，那么得到了也好，失去了也无所谓。

混迹尘中，高视物外〔高视物外：超出世间的物累。〕**；陶情杯酒，寄兴篇咏；藏名**〔藏名：隐藏声名。〕**一时，尚友千古。**

译文 立足于尘世中，眼光高远超出世间的物累；在酒杯中陶冶自己的情趣，在诗篇歌咏中寄托自己的意趣；暂且隐匿自己的声名，却能够在精神上与古圣先贤为友。

痴矣狂客，酷好〔酷好：十分喜爱。〕**宾朋；贤哉细君**〔细君：本为诸侯对自己妻子的称呼，后来范围扩大，泛指妻子。〕**，无违夫子**〔夫子：丈夫。〕**。醉人盈座**〔盈座：满座。〕**，簪裾**〔簪（zān）裾：头饰和衣衫。簪，代指头饰。〕**半尽；酒家食客满堂，瓶瓮不离米肆。灯火荧荧，且耽**〔耽：沉迷，沉醉。〕**夜酌；爨烟**〔爨（cuàn）烟：炊烟。〕**寂寂，安问晨炊。生来不解攒眉**〔攒眉：皱眉头。代指发愁。〕**，老去弥堪鼓腹**〔鼓腹：鼓起肚子，指生活很安逸。化用《庄子·马蹄》的典故：“夫赫胥氏之时，民居不知所为，行不知所之，含哺而熙，鼓腹而游。”〕**。**

译文 痴迷狂放的人往往特别喜欢结交宾客，贤惠的妻子从来不会违背丈夫的意愿。满座都是喝醉了酒的人，头饰、衣襟不整；酒店客人满堂，装米的瓶瓮一直没有离开米肆。在昏暗的烛光下，朋友们依然沉醉在夜饮之中；炊烟没有升起一丝，为何非要询问早餐。生来就不懂攒眉发愁是什么滋味，老了更应该悠闲无事地生活。

皮囊〔皮囊：佛家谓人的躯体为“臭皮囊”。〕**速坏，神识**〔神识：佛教中的第八识即阿赖耶识，能够在人死后保存人的身体、言语、意念，使人在转世轮回中接受前生的因果报应。〕**常存，杀万命以养皮囊，罪卒归于神识。佛性无边，经书有限，穷万卷以求佛性，得不属于经书。**

译文 人的肉体在短暂的生命结束之后很快就会腐朽，但是阿赖耶识中的孽债始终还不清，宰杀万物以养活生命的孽债最终会藏纳到阿赖耶识中。人的悟性是无边无际的，而经书中的文字有限，读尽万卷经书以求得佛性，就会发现得到的佛性却不属于经书。

人胜〔胜：超过。〕**我无害，彼无蓄**〔蓄：积蓄。〕**怨之心；我胜人非福，恐有不测之祸。**

译文 他人胜过我并没有什么害处，这样他便不会在心中积下对我的妒恨；我胜过他人不见得是福气，也许会有难以预测的灾祸。

书屋前，列曲槛〔曲槛：即曲栏，弯曲的栅栏。〕**栽花，凿方池浸月，引活水**〔活水：流动的泉水。〕**养鱼；小窗下，焚清香读书，设净几**〔几：几案。〕**鼓琴，卷疏帘看鹤，登高楼饮酒。**

译文 在书屋的前面，筑起弯曲的栅栏以栽种花草，凿出方形的池塘让月亮的倒影浸入其中，引来泉水养些小鱼；坐在小窗下，燃起清香阅读经书，摆设洁净的几案弹琴鼓瑟，卷起稀疏的帘子看仙鹤起舞，登上高楼迎风饮酒。

人人爱睡，知其味者甚鲜〔鲜：少。〕**。睡则双眼一合，百事俱忘，肢体皆适，尘劳尽消，即黄粱、南柯**〔南柯：出自唐代李公佐的《南柯太守传》。淳于棼梦到自己到了槐安国，娶了公主，并被封为南柯太守，生活极为奢华，后来因行军作战不利，公主也死去，就被遣回。醒来才知道是一场大梦，原来大槐安国就是住宅南边大槐树下的蚁穴，南柯郡就是大槐树南边的树枝。后来，用“南柯一梦”泛指一场梦，或比喻一场空欢喜。〕**，特余事已耳。静修**〔静修：元代诗人、思想家刘因，号静修。〕**诗云：“书外论交睡最贤。”旨哉，言也。**

译文 每个人都爱睡觉，知道其中妙韵的却很少。睡觉的时候双眼一合上，忘记了世间一切事情，身体各部位都舒适，尘世的疲劳全都消除了。至于做一个像黄粱、南柯这样的美梦，那倒是其次。静修先生有诗云：“除书本以外，就数睡觉的交情和我最好了。”这真是高论啊。

过分求福，适〔适：恰恰。〕**以速祸；安分远祸，将自得福。**

译文 过分地追求福分，恰恰会导致祸事降临；安分守己不仅可以远离祸患，而且将会得到幸福。

倚势而凌人者，势败而人凌；恃〔恃：倚仗，依靠。〕**财而侮人者，财散而人侮。此循环之道。我争者，人必争，虽极力争之，未必得；我让**〔让：谦让，礼让。〕**者，人必让，虽极力让之，未必失。**

译文 依仗自己的权势而欺凌别人的人，一旦失去势力，必定被人欺凌；仰仗自己的钱财而凌辱别人的人，一旦钱财散尽，必定被人凌辱。这是事物循环发展的必然规律。我想要争取的，别人必定也想要争取，虽然尽力争取它最终不一定会得到；我谦让的，别人必定也会谦让，虽然竭力谦让未必就会失去。

贫不能享客，而好结客；老不能徇〔徇：依徇，顺从。〕**世，而好维**〔维：维持。〕**世；穷不能买书，而好读奇书。**

译文 贫困之人不能款待客人，却往往喜好结交朋友；老人不能依顺世事潮流，却往往喜好维持世间原本的秩序；穷人买不起书，却往往喜好读奇书。

沧海〔沧海：即东海。〕**日，赤城**〔赤城：山名，因土为赤色而得名，位于今浙江天台山南门。〕**霞，峨眉雪，巫峡云，洞庭月，潇湘雨，彭蠡**〔彭蠡：即鄱阳湖。〕**烟，广陵**〔广陵：今属扬州。〕**涛，庐山瀑布，合宇宙奇观，绘吾斋壁。少陵**〔少陵：即唐代诗人杜甫，人称“诗圣”。因其自号“少陵野老”，故世人又称其为“杜少陵”。〕**诗，摩诘**〔摩诘：即唐代诗人王维，擅长行诗作画。〕**画，《左传》文，马迁史，薛涛**〔薛涛：唐代女诗人，曾让匠人造出彩色的纸笺，世人称为“薛涛笺”。〕**笺，右军**〔右军：晋代大书法家王羲之，曾做过右军将军，在此以官职代指其人。〕**帖，南华经**〔南华经：《庄子》一书又名《南华经》。〕**，相如赋，屈子离骚，收古今绝艺，置我山窗。**

译文 东海的日出，赤城的红霞，峨眉山的积雪，巫峡的白云，洞庭湖的明月，潇湘的雨景，鄱阳湖的烟波，广陵的波涛，庐山的瀑布，集合天地间的美景奇观，来描绘我书斋的墙壁。杜甫的诗，王维的画，《左传》的文章，司马迁的《史记》，薛涛的诗笺，王羲之的书帖，庄子的《南华经》，司马相如的赋，屈原的《离骚》，收罗古今绝妙的艺术，放置在我山居的窗前。

偶饭淮阴〔淮阴：指淮阴侯韩信。韩信年少时十分贫困，有一次在城外河边遇到一群洗衣的妇女。其中有位漂母见他饥饿，就施舍他饭食几十天。韩信曾声言他日富贵后必定回报，漂母很生气地说，自己并非是为了他的回报而施舍。〕，**定万古英雄之眼，自有一段真趣，纷扰不宁者何能得此；醉题便殿**〔醉题便殿：据史书记载，李白曾经在便殿为唐明皇撰写诏书文诰。当时，天大寒，笔被冻上，写不成字。明皇就派十个宫嫔各自拿着笔呵热气，呵热后再让李白使用。〕，**生千秋风雅之光，自有一番奇特，踘蹐**〔踘（jū）蹐：匍匐。〕**牖下者岂易获诸！**

译文 漂母偶然施饭于韩信之时，已经具备了识别万古英雄的慧眼，其中自有一段真趣，心绪烦扰不宁、见识短浅的人岂能达到；李白醉酒之后在便殿题写诗文，生发出千秋风流儒雅的光彩，其中自有一番奇特的机遇，匍匐窗下、庸碌凡俗的人岂能轻易获得这种机遇呢？

清闲无事，坐卧随心，虽粗衣淡饭，但觉一尘不染；忧患缠身，繁扰奔忙，虽锦衣厚味〔厚味：美味。〕，**只觉万状愁苦。**

译文 清闲无事时，要坐要躺随自己的心意，虽然穿的是粗布衣服、吃的是粗茶淡饭，但是，却觉得滋味浓厚；至于那些忧愁烦恼而患得患失的人，整日都在繁忙中奔走劳顿，虽然穿的是锦绣衣服、吃的是美味佳肴，却觉得万事皆苦。

宠辱不惊，肝木〔肝木：按照中医学说，人体的五脏是与阴阳五行相对应的，肝与木相对，心与火相对，脾与土相对，肺与金相对，肾与水相对，因此称“肝木”“心火”“脾土”“肺金”“肾水”。〕自宁；动静以敬，心火自定；饮食有节，脾土不泄；调息寡言，肺金自全；怡神寡欲，肾水自足。

译文 受到恩宠、遭到侮辱都不惊慌，肝木自然就会安宁；处世行事以恭敬之心对待，心中之火自然就会平和；饮食有一定的节制，脾土自然就不会泄露；调养气息，少说话，肺金自然就会保全；怡情悦性，清心寡欲，肾水自然就会充足。

让〔让：推让，转让。〕利精于取利，逃名巧〔巧：聪慧，智慧。〕于邀名。

译文 让利于人比争取利益更精明，逃避名声比争夺名声更明智。

彩笔描空，笔不落色，而空亦不受染〔染：染色。〕；利刀〔利刀：锋利的刀。〕割水，刀不损锷，而水亦不留痕。

译文 用彩色的笔在空中描绘，画笔没有着色，而空中也不会染色；用锋利的刀割断水面，刀刃不会被磨损，而水面也不会留下什么痕迹。

唾面自干，娄师德不失为雅量〔“唾面自干”两句：典出《新唐书·娄师德传》。娄师德的弟弟驻守代州，辞官，娄师德教导弟弟要学会忍耐。其弟曰：“人有唾面，洁之乃已。”娄师德却说：“未也，洁之，是违其怒；正使自干耳。”〕；睚眦必报，郭象玄未免为祸胎〔“睚眦（yá zì）必报”两句：汉末董卓的两位部下郭汜、李傕因为一点儿小事留下嫌隙而相互攻讨。〕。

译文 别人唾沫吐在自己脸上也不擦掉，任其自然风干，娄师德这样很有雅量；一点点的嫌隙也要报复，像郭象玄这样的做法不免为日后种下祸根。

天下可爱的人都是可怜人，天下可恶的人都是可惜人。

译文 天下值得去爱的人往往都是十分可怜的人，天下令人厌恶的人往往都是十分可惜的人。

事业文章随身销毁，而精神万古如新；功名富贵逐世转移，而气节千载一日〔千载一日：千年如同一天，指名节不会随着岁月的流逝而消失改变。〕。

译文 事业、文章随着生命的结束而毁灭，但是人的精神可以万古如新；功名利禄、荣华富贵随着时势的变化而转移，但是人的气节可以千年不变。

滩浊作画，正如隔帘看月、隔水看花，意在远近之间，亦文章法〔法：法则。〕也。

译文 在滩头以浊水画画，就好像隔着窗帘看月亮、隔着水看花，取意于远近之间，这也是写文章的一种法则。

藏锦于心，藏绣于口，藏珠玉于咳唾，藏珍奇于笔墨。得时则藏于册府〔册府：国家编纂收藏史书的地方。〕，不得则藏于名山。

译文 锦绣般的好文章藏在心中、口中，珠玉珍奇般的语句藏于吟咏之间、笔墨之端。倘若时机成熟，就写出来收藏在册府之中；倘若不合时宜，就写出来藏在名山之中。

读一篇轩快之书，宛〔宛：好像。〕**见山青水白；听几句透彻之语，如看岳立川行。**

译文　读一篇晓畅轻快的文章，就好像见到青山绿水一样，使人心情愉悦；听几句精辟的言语，就如同看到静立的山岳、流淌的溪水一样，使人精神振奋。

读书如竹外溪流，洒然而往；咏诗如蘋末风起，勃〔勃：勃发。〕**焉而扬。**

译文　读书就好像竹林外的溪流一样，连绵不断，潇洒流去；吟咏诗歌就好像起于青蘋之末的风一样，瞬间勃发，激扬飘荡。

子弟〔子弟：梨园子弟。指唱戏的人。〕**排场，有举止而谢飞扬，难博缠头之锦**〔缠头之锦：古代的歌舞演员都要用锦包缠头部，表演深受赞赏之时，宾客往往会以罗锦相赠。〕**；主宾御席**〔御席：入席。〕**，务廉隅**〔廉隅（yú）：神情庄重，行为端庄。〕**而少蕴藉**〔蕴藉：和谐融洽。〕**，终成泥塑之人。**

译文　梨园子弟开场，要行为举止得体而不张扬夸张，否则很难获得缠头的罗锦；主客入席，一定要神情庄重、行为端庄，没有和谐融洽的氛围，终究会成为泥偶一样的人。

取凉于箑〔箑（shà）：扇子。〕**，不若清风之徐来**〔徐来：缓缓吹来。〕**；激水于槔**〔槔（gāo）：桔槔，也叫吊杆。中国传统提水工具。一根横杆中间吊起，一端系水桶，另一端系石头，利用杠杆原理，使提水省力。〕**，不若甘雨之时降。**

译文 用扇子取风纳凉，不如清风徐徐吹来；用桔槔汲水灌溉土地，不如上天降下及时雨。

有快捷之才而无所建用，势必乘愤激之处，一逞雄风；有纵横之论〔纵横之论：本指战国时期的合纵连横之说，后泛指经世治国的宏论。〕而无所发明，势必乘簧鼓〔簧鼓：古代笙、竽之类的乐器都有簧，吹奏鼓动发声。常喻指搬弄是非。〕之场，一恣余力。

译文 有快捷之才却没有什么用武之地，势必会借愤激之处，一逞雄风；怀有经世的纵横之才却没有阐述宏论之地，势必会借时机场合，竭尽全力巧舌如簧地搬弄是非。

李纳〔李纳：唐代人，酷爱下棋。〕性辨急，酷尚〔酷尚：十分喜爱。〕弈棋，每下子安详，极于宽缓。有时躁怒，家人辈则密以棋具陈于前，纳睹便欣然改容，取子布算，都忘其恚〔恚（huì）：愤怒。〕。

译文 唐代的李纳性情偏激急躁，但十分喜欢下棋，下棋时每落一个子神态都非常安详，动作舒缓。有时急躁想要发怒的时候，家里人就悄悄地把下棋的用具放在他面前。李纳看到棋就会高兴起来，脸色也变得平缓，拿着棋子布局谋划，什么烦恼愤怒都忘记了。

凡名〔凡名：尘世间的声名。〕易居，只有清名难居；凡福易享，只有清福难享。

译文 世间的凡俗声名容易获取，只有清雅之名难以获取；世间的福气容易享受到，只有清福难以享受到。

意摹〔摹：模仿。〕古，先存古，未敢反古；心持〔持：维持。〕

世，外厌世，未能离世。

译文 刻意摹仿古制，就要先保存古制，而不敢反对古制；心中想要维持当世之道，外表却表现出对世间的厌弃，就会无法出世。

苦恼世上，度〔度：普度，超度。〕不尽许多痴迷汉，人对之肠热，我对之心冷；嗜欲〔嗜（shì）欲：爱好利欲。〕场中，唤不醒许多伶俐人，人对之心冷，我对之肠热。

译文 在充满苦恼烦闷的世间，普度不完那么多痴迷不悟的人，人们以热心肠相待，我却以冷心肠相待；在嗜好欲望的争夺场中，唤不醒那么多聪明一时、糊涂一世的人，人们以冷心肠相待，我却以热心肠相待。

自古及今，山之胜〔胜：美景。〕多妙于天成，每〔每：往往。〕坏于人造。

译文 从古至今，山的绝妙之处大多在于天然的胜景，却往往被人造的景观破坏了。

五夜〔五夜：即五更天。〕鸡鸣，唤起窗前明月；一觉睡醒，看破梦里当年。

译文 五更的鸡叫声，唤起了窗前的一轮明月；一觉醒来，似乎看透了梦里的当年往事。

想到非非想〔非非想：佛教术语，指脱离实际的离奇空想。〕，茫然天际白云；明至无无明〔无无明：佛教术语，指大彻大悟、心中澄明。〕，浑矣台中明月。

译文 思维处于脱离实际、离奇空想的境地，就好像茫茫宇宙间飘忽不定的白云；觉悟达到大彻大悟、心境澄明的境界，就好像镜中明月，已融为一体。

逃暑深林，南风逗树；脱帽露顶，沉李浮瓜〔沉李浮瓜：出自魏文帝曹丕的《与朝歌令吴质书》："浮甘瓜于清泉，沉朱李于寒水。"指消夏乐事。〕。**火宅炎宫**〔火宅炎宫：佛教往往以此比喻充满烦恼忧愁的尘世。〕，**莲花**〔莲花：佛往往以莲花为坐台，因此其象征着佛境。〕**忽迸，较之陶潜卧北窗下，自称羲皇上人，此乐过半矣。**

译文 来到深山树林之中躲避酷暑，南风撩面，挑逗着树木；取下帽子露出头顶，溪水中漂浮着瓜果。这种感觉就好像在烦恼的世界中突然看到佛境一样，心中顿时感到清静凉爽，比起陶渊明卧在北窗之下纳凉，自称为伏羲氏以前的人，其乐趣有过之而无不及。

霜飞空而漫雾，雁照月而猜弦。

译文 空中飞来秋霜就好像大雾弥漫，大雁在月光下飞翔就好像在猜度月亮的弦角。

既景华而凋彩，亦密照而疏明。若春隰〔春隰（xí）：湿润的春天。〕**之扬花，似秋汉之含星。**

译文 不仅景色华丽、色彩斑斓，而且光照密集、光亮疏朗。就好像温润的春天中飘扬的花朵，又好像秋夜天空中闪烁的星星。

卷五　集素

袁石公〔袁石公：即明代文学家袁宏道，“公安派”的代表人物，号石公。〕云：“长安风雪夜，古庙冷铺中，乞儿丐僧齁齁〔齁（hōu）齁：鼻鼾声。〕如雷吼，而白鬓老贵人拥锦下帏，求一合眼不得。呜呼！松间明月，槛外青山，未尝拒人，而人人自拒者何哉？”集《素》第五。

译文 袁宏道曾说：“在长安的风雪之夜，古老的寺庙、寒冷的店铺中，乞讨的小孩和游方的和尚依然能够睡得很香甜，发出很响的鼻鼾声；可是，富贵之家的白胡子老人虽然有精美的锦绣棉被，有悬挂的床帏，却想小睡一会儿都睡不着。天啊，松林间明月高照，门外青山如画，没有拒绝人享受这美景，人为什么要自寻烦恼，将自己拒于这样的美景之外呢？”因此，我编撰了第五卷《素》。

田园有真乐，不潇洒终为忙人；诵读有真趣，不玩味〔玩味：把玩欣赏。〕终为鄙夫〔鄙夫：庸俗粗鄙的人。〕；山水有真赏，不领会终为漫游；吟咏有真得，不解脱终为套语〔套语：俗套的言语。〕。

译文 田园之中有真正的乐趣，如果不能潇洒地释怀世间之事，终究只能是个庸碌的人；诵读诗书之中有真正的趣味，如果不会把玩欣赏，终究只能是个庸俗粗鄙的人；山水之中有真正可供欣赏的景致，如果不能领会，终究只能成为漫游；吟咏之中有真正的收获，如果不能从世俗烦恼中解脱，终究会落入俗套。

居处寄吾生，但得其地，不在高广；衣服被〔被：遮蔽。〕吾体，但顺其时，不在纨绮〔纨（wán）绮：华丽高贵。〕；饮食充吾腹，但适其可，不在膏粱〔膏粱：美味佳肴。〕；宴乐修吾好，

但致其诚，不在浮靡。

译文 居处是我的生命依托之处，只求其舒适惬意，不必在乎屋舍院落是否高广；衣服是遮蔽我的躯体的，只要合乎季节气候就行，不必在乎是否华丽高贵；饮食是用来充饥的，只要合适就好，不必在乎是否是膏粱美味；宴饮娱乐是为了与我的朋友修好，只要心诚就行，不必在乎是否浮华奢靡。

披卷有余闲，留客坐残良夜月；褰帷〔褰（qiān）帷：帷帐。〕**无别务，呼童耕破远山云。**

译文 阅读书卷有闲暇的时候，就留客小坐，畅饮清谈，直到良宵更残、夜月西坠；早晨撩开帷帐没有别的事的话，就呼喊童仆，到远处白云缭绕的山间耕田。

琴觞〔觞（shāng）：古代喝酒用的酒杯。〕**自对，鹿豕为群，任**〔任：任凭。〕**彼世态之炎凉，从**〔从：通“纵”，随便、任意。〕**他人情之反覆。**

译文 独自弹琴饮酒，与鹿、豕为伍，任凭世间的炎凉冷暖，无所谓人情的反复无常。

家居苦事物之扰，惟田舍园亭别是一番活计；焚香煮茗，把酒吟诗，不许胸中生冰炭〔冰炭：喻指世态之炎凉。〕。**客寓多风雨之怀，独禅林道院转**〔转：反而。〕**添几种生机。染翰挥毫**〔染翰挥毫：挥毫泼墨。指写诗作文。〕，**翻经问偈，肯教眼底逐风尘。**

译文 居住在家中就会苦于世间事物的困扰，只有山间田舍、园中亭台别是一番滋味；焚烧名香，烹煮清茶，把酒吟诗，心中就不会生出如同冰炭一样的世间炎凉。客居在外常常会有被世间风雨触动的忧思情怀，只有寄居在禅林道院反而增添几分生机。挥笔泼墨，翻阅经书，探问偈语，哪里会让眼睛追逐世间的风尘。

茅斋独坐茶频〔频：频繁。〕**煮，七碗后气爽神清；竹榻斜眠书漫抛，一枕余心闲梦稳。**

译文 在茅屋中独自静坐，茶炉上频频地煮着香茗，喝了七碗茶之后自然会感觉神清气爽；躺在竹榻上蜷缩着侧卧而眠，手中的书散乱地抛在旁边，一枕美梦之后心情闲适、梦境安稳。

带雨有时种竹，关门无事锄花；拈笔闲删旧句，汲泉〔汲泉：汲取泉水。〕**几试新茶。**

译文 有时间的话在小雨中栽种竹子，没事的时候关上门就给花锄草；闲暇的时候拿起笔删改几句原来的诗句，汲来清泉烹煮新茶。

余尝〔尝：曾经。〕**净一室，置一几**〔几：几案，条几。〕**，陈几种快意书，放一本旧法帖，古鼎焚香，素麈**〔素麈（zhǔ）：白色的麈尾。〕**挥尘。意思小倦，暂休竹榻；饷时而起，则啜苦茗。信手写汉书几行，随意观古画数幅，心目间觉洒洒灵空，面上俗尘当亦扑去**〔扑去：擦去，拂去。〕**三寸。**

译文 我曾经打扫一间干净的房子，放置一个几案，摆上几本清心快意的书，再放上一本旧书帖，用古香古色的鼎焚烧着香，用素白的麈尾拂去灰尘。稍稍有些疲倦的时候，就暂时躺在竹榻上休息；到了吃饭的时候起来，喝点略带苦味的浓茶。信手写几行汉隶书法，随意地观赏几幅古画，心中、眼前都会感到空灵洒脱，脸上的俗世灰尘也好像被拂去了三寸。

但〔但：只。〕**看花开落，不言人是非。**

译文　只静静地观赏花开花落，不谈论他人是是非非。

莫〔莫：不要。〕**恋浮名，梦幻泡影有限；且**〔且：暂且。〕**寻乐事，风花雪月无穷。**

译文　不要贪恋浮华的虚名，这就好比梦幻泡影，时间有限；暂且寻找一些乐事，这就好比风花雪月的美景，含有无穷乐趣。

高枕〔高枕：指没有忧患、烦恼。〕**丘中，逃名世外，耕稼**〔耕稼：耕种稼穑。〕**以输**〔输：缴纳。〕**王税，采樵以奉亲颜**〔奉亲颜：侍奉亲人。〕**。新谷既升，田家大洽，肥羜**〔羜（zhù）：小羊羔。〕**烹以享神，枯鱼燔**〔燔（fán）：烤。〕**而召友。蓑笠**〔蓑（suō）笠：用草编制的蓑衣、斗篷。〕**在户，桔槔**〔桔槔：古时灌溉田地时使用的一种农具。〕**空悬，浊酒相命，击缶长歌，野人之乐足矣。**

译文　在丘壑之中高枕无忧，在尘世之外逃避虚名，耕种稼穑以缴纳国家的税收，打柴以侍奉亲人。新谷成熟入仓的时候，农家就会十分融洽快乐，用肥嫩的小羊羔祭神，用烤制的干鱼片来招待朋友。蓑衣和斗笠挂在屋里，桔槔空悬着，在农闲之时痛饮浊酒，击缶长歌，山野之人的乐趣十足。

为市井草莽之臣，早输国课；作泉石烟霞之主，日远俗情。

译文　身为市井或草莽之中的人臣，应该早早缴纳国税；身为幽居在泉石或烟霞中的人，就要日益远离俗世之情。

春初玉树〔玉树：指被积雪覆盖的树木。〕**参差，冰花错落，琼台奇望，恍坐玄圃**〔玄圃：代指仙人居住的地方，相传位于昆仑山顶，有五所金台、十二座玉楼。〕**罗浮**〔罗浮：山名，位于今广东。相传此山中有一洞，道家将其列为第七大洞天。〕。**若非黄昏月下携琴吟赏、杯酒留连，则暗香浮动、疏影横斜**〔暗香浮动、疏影横斜：出自林逋的《山园小梅》，原句为“疏影横斜水清浅，暗香浮动月黄昏”。〕**之趣，何能真实际！**

译文　初春的时候，被积雪覆盖的树木参差不齐，冰花错落有致，登上华美的楼台远望，恍惚间就好像坐在仙人谪居的玄圃和罗浮山中一样。如果不是在黄昏时分的月光之下和着琴瑟吟诗赏月、饮酒流连，那种暗香浮动、疏影横斜的情趣，怎么能够身临其境，达到佛家所谓的实际境界呢！

性不堪〔堪：忍受。〕**虚，天渊**〔天渊：天空、深渊。〕**亦受鸢鱼**〔鸢（yuān）鱼：鸢鸟和鱼。〕**之扰；心能会境，风尘还结烟霞之娱。**

译文　倘若性情不能忍受清虚，那么即使在蓝天、深渊也会受到鸢鸟和鱼的干扰；倘若心能够与自然环境相吻合，那么即使在风尘滚滚的俗世也会得到身在方外、满目烟霞的快乐。

身外有身，捉麈尾矢口，闲谈真如画饼；窍中有窍，向蒲团回心〔回心：回想反思。〕**，究竟方是力田。**

译文　身外有身，手里拿着麈尾却闭口不语，随口所说的闲语浪谈就像画中的饼不能充饥；窍中有窍，坐在蒲团上冥思静想，参悟佛法之究竟才是真功夫。

山中有三乐：薜荔〔薜荔：一种灌木，四季常青，可以制成麻。〕**可衣，不羡绣裳；蕨薇**〔蕨薇：蕨菜、薇菜。〕**可食，不贪粱肉；箕踞散发，可以逍遥。**

译文　山居生活有三种乐趣：薜荔可以做麻衣，不用羡慕别人刺绣的衣裳；蕨菜、薇菜可以吃，不必贪恋粱肉佳肴；肆意地叉开双腿前伸而坐，披散着头发，可以逍遥自在，不受拘束。

终南〔终南：即终南山，位于陕西西安以南。〕**当户**〔当户：正对着门户。〕**，鸡峰如碧笋左簇，退食时**〔退食时：返回来吃饭的时候。〕**秀色纷纷堕盘，山泉绕窗入厨。孤枕梦回，惊闻雨声也。**

译文　终南山正对着门前，鸡峰就像碧绿的竹笋一样在左边簇拥着；回来吃饭的时候就觉得秀美的景色好像纷纷落入盘中一样，秀色可餐；清澈的山泉绕过小窗潺潺流来，方便厨房使用。孤枕梦醒，吃惊地听到窗外传来淅淅沥沥的雨声。

世上有一种痴人，所食闲茶冷饭，何名高致〔高致：高雅的兴致。〕**。**

译文　世间有一种痴人，做事总是跟在别人后面，吃的都是闲茶冷饭，如何能称得上志趣高雅。

桑林麦陇，高下竞秀，风摇碧浪层层，雨过绿云绕绕，雊雊〔雊雊（gòu）：野鸡啼叫。〕**春阳，鸠呼朝雨，竹篱茅舍间以红桃白李，燕紫莺黄，寓目色相**〔色相：佛教术语，指事物呈现的外在形式。〕**自多村家闲逸之想，令人便忘艳俗。**

译文　桑林葱芜，麦陇碧绿，高高低低竞相展现清秀之色，暖风吹起层层碧浪，雨过之后好似绿云环绕，野鸡在春天温暖的阳光下啼叫，斑鸠在清晨的雨中惊呼，在竹编的篱笆、茅草的小屋之间点缀着粉红的桃花、雪白的李花，还配有紫燕和黄莺的啼叫声，让人感到过目的景色和实相自然带有很多农家闲适生活的特色，使人忘记了浓艳庸俗的生活。

心苟〔苟：倘若。〕**无事，则息自调；念苟无欲，则中自守。**

译文 心中倘若清静无事，气息便可自行调节；意念倘若没有欲望，内心便可自行坚守。

文章之妙：语快令人舞，语悲令人泣，语幽令人冷，语怜令人惜，语险令人危，语慎令人密，语怒令人按剑〔按剑：手按着剑，将要拔剑。〕，**语激令人投笔，语高令人入云，语低令人下石。**

译文 文章的精妙功用在于：言语欢快可以使人起舞，言语悲伤可以使人哭泣，言语幽静可以使人凉爽，言语可怜可以使人怜惜，言语危险可以使人感到危机，言语谨慎可以使人感到严密，言语愤怒可以使人想要拔剑，言语激烈可以使人投笔奋起，言语高亢可以使人感到高耸入云，言语卑微，使人感到可以趁此良机，落井下石。

溪响松声，清听自远；竹冠兰佩〔竹冠兰佩：竹子编就的帽子，兰花制成的佩饰。〕，**物色俱闲。**

译文 小溪的潺潺流水声，松林的飒飒松涛声，这些清音自然会传得很远；头戴竹子编就的帽子，身戴兰花制成的佩饰，这些物品自然令人感到休闲安逸。

鄙吝〔鄙吝：鄙俗吝啬。〕**一销，白云亦可赠客；渣滓尽化，明月自来照人。**

译文 鄙俗吝啬之心一旦消除，即使是白云也可以赠予客人；杂念全都抛开，明月自然会普照人间。

存心有意无意之妙，微云淡河汉〔河汉：银河。〕**；应世**〔应世：处世。〕**不即**〔即：靠近。〕**不离之法，疏雨滴梧桐。**

译文 存心于有意无意之间，就好像少许的云彩飘在银河中，不着痕迹；处世要遵从不远不近、不近不离的法则，就好像稀疏的雨点打在梧桐叶上，若有若无。

堂中设木榻四，素屏二，古琴一张，儒道佛书各数卷。乐天〔乐天：即中唐诗人白居易，字乐天。〕**既来为主，仰观山，俯听水，傍睨竹树云石，自辰及酉**〔自辰及酉：从早晨到晚上。〕**应接不暇。俄而**〔俄而：一会儿，不久。〕**物诱气和，外适内舒，一宿**〔一宿：一夜。〕**体宁，再宿心恬，三宿后颓然嗒然，不知其然而然。**

译文 厅堂中设有四张木榻，两扇白色的屏风，一张古琴，儒、道、释经书几卷。白乐天成为这里的主人之后，抬头望群山苍翠，俯首听流水潺潺，环顾四周领略翠竹、绿树、白云、幽石这些美景，从早晨到晚上应接不暇。不久就感到在秀丽景物的熏染下心气平和，外在环境闲适，内在心灵舒畅，住上一夜就感觉身体舒适安宁，住上两夜则心灵恬静，住上三夜之后就可以达到颓然自放、心境空灵、物我两忘的境界，一切淡泊无为，顺从自然。

偶坐蒲团，纸窗上月光渐满，树影参差，所见非空非色。此时虽名衲〔名衲：有名的僧人。〕**敲门，山童且**〔且：暂且。〕**勿**

报也。

译文 偶尔在蒲团上打坐，纸窗外月光逐渐洒满，树影映在窗上参差错落，所看到的这些已不是万物实相，也不是因缘本性，达到了非空非色的佛境。这时，即使是名僧敲门，山童暂且也不要禀报。

会心处不必在远，翳然〔翳然：浓密葱茏的样子。〕林水便自有濠濮间想〔濠濮间想：庄子与惠施两人一起在濠梁上游览，就鱼是否知乐进行辩论。后常以此喻指逍遥闲适的乐趣。〕，不觉鸟兽禽鱼自来亲人。

译文 令人心领神会的地方不一定在远方，浓密葱茏的树木和碧绿的流水就自然会生发出一种闲适逍遥之感，不知不觉中鸟兽禽鱼自然会前来与人亲近。

茶欲白，墨欲黑；茶欲重，墨欲轻；茶欲新，墨欲陈。

译文 茶要白才好，墨要黑才好；茶要厚重才好，墨要轻巧才好；茶要新鲜才好，墨要陈旧才好。

馥喷五木之香〔五木之香：古代香的一种。〕，色冷冰蚕之锦〔冰蚕之锦：见王嘉的《拾遗记·员峤山》记载："有冰蚕长七寸，黑色，有角，有鳞。以霜雪覆之，然后作茧，长一尺，其色五彩；织为文锦，入水不濡；以之投火，经宿不燎。"〕。

译文 浓郁的香气喷发，就像五木之香的味道一样；颜色冰冷，如同冰蚕之锦给人的感觉一样。

筑凤台〔筑凤台：化用"萧史弄玉"的典故。〕以思避，构仙阁而入圆〔入圆：指升天。古人认为天是圆的。〕。

译文 搭建凤台以便躲避尘世，建筑仙阁以便成仙。

采茶欲精，藏茶欲燥，烹茶欲洁〔“采茶欲精”三句：出自明代张源的《茶录》。〕。

译文 采摘茶叶要精细，储藏茶叶要干燥，烹煮茶叶要洁净。

茶见日而味夺，墨见日而色灰。

译文 茶经过太阳的照射，味道就会消减；墨经过太阳的照射，颜色就会发灰。

磨墨如病儿，把笔如壮夫。

译文 磨墨的时候要像生病的孩子一样力轻势缓，拿笔书写的时候应该像壮夫一样饱含力量。

园中不能辨奇花异石，惟一片树阴，半庭藓迹，差可会心。忘形友来，或促膝剧论，或鼓掌欢笑，或彼谈我听，或彼默我喧，而宾主两忘。

译文 园中不必有罕见的花草、奇异的石头，只要有一片树荫、半院苔藓印迹，就可以使人心领神会、放纵忘情。相交至深、放浪形骸的朋友前来，或者促膝相谈、高谈阔论，或者鼓掌欢笑，或者朋友谈论我倾听，或者朋友沉默我喧闹，宾客、主人双方都达到了物我两忘的境界。

檐前绿蕉、黄葵、老少叶〔老少叶：一种植物，又称“老少年”“雁来红”。〕、鸡冠花布满阶砌。移榻对之，或枕石高眠，或捉麈清话，门外车马之尘滚滚，了不相关。

译文 屋檐前绿色的芭蕉树、黄色的向日葵、老少年、鸡冠花布满了台阶，移来竹榻与之相对，或者枕着石头睡觉，或者拿着麈尾清谈款话，即使门外车马奔驰扬起滚滚烟尘，也与我一点儿不相关。

夜寒坐小室中，拥炉闲话。渴则敲冰煮茗，饥则拨火煨芋。

译文 在寒冷的夜晚坐在小屋中，围着火炉闲谈。渴了就敲打些冰块煮茶，饿了就拨开炭火烤山芋。

阿衡五就〔阿衡五就：化用商汤五请伊尹的典故。《史记·殷本纪》记载："伊尹名'阿衡'……或曰'伊尹处士'，汤使人聘迎之，五反然后肯往从汤，言素王及九主之事，汤举任以国政。"〕，那如莘野躬耕〔莘野躬耕：见《孟子·万章》："伊尹耕于有莘之野，而乐尧舜之道焉。"〕；诸葛七擒〔诸葛七擒：化用诸葛亮"七擒孟获"的典故。〕，争似南阳抱膝〔南阳抱膝：刘备三顾茅庐请诸葛亮出山之前，诸葛亮一直隐居于南阳，"每晨夜从容，常抱膝长啸"。〕。

译文 伊尹被恭请了五次最后出任官职，辅佐贤主安邦治国，但是哪能够和隐居山间亲自在有莘之野耕田的乐趣相比；诸葛亮七擒孟获，为蜀国鞠躬尽瘁，但是这怎么能和隐居南阳抱膝长啸的闲适生活相比。

饭后黑甜〔黑甜：酣睡。〕，日中薄醉，别是洞天；茶铛〔茶铛：煮茶的锅。〕酒臼，轻案绳床，寻常福地〔福地：神仙仙居之地。〕。

译文 吃完饭后酣睡，白日里喝酒微醉，这种生活别有洞天；茶锅酒舀，轻巧的几案、绳床，这就是平常的仙居福地。

翠竹碧梧，高僧对弈；苍苔红叶，童子煎茶。

译文　青翠的竹子、碧绿的梧桐间，高僧在下棋；长满青苔、点缀着红叶的地上，童子在煎茶。

久坐神疲，焚香仰卧；偶得佳句，即令毛颖君〔毛颖君：指毛笔。〕**就枕掌记，不则辗转失去。**

译文　坐的时间长了就会精神疲惫，焚上名香，仰卧在床；偶然间觅得佳句，随即用毛笔在枕上记下，否则辗转睡着之后就忘记了。

和雪嚼梅花，羡道人之铁脚〔道人之铁脚：铁脚道人的铁脚。明末张岱在《夜航船》里记载了铁脚道人，说他爱赤脚走在雪中，兴致来了就朗诵，而且会嚼梅咽雪，“并说吾欲寒香沁入心骨”。〕**；烧丹染香履，称先生之醉吟。**

译文　配着雪咀嚼梅花，非常羡慕铁脚道人的铁脚；燃烧朱砂熏染香履，称赞先生醉酒吟诵的诗。

灯下玩〔玩：欣赏。〕**花，帘内看月，雨后观景，醉里题诗，梦中闻书声，皆有别趣。**

译文　在灯下赏花，在帘内望月，在雨后观览景物，在醉酒时题写诗句，睡梦中听到读书声，都别有一番情趣。

王思远〔王思远：南齐时期临沂人。《南齐书·王思远传》记载：“思远清修，立身简洁，衣服床筵穷治素净。宾客来通，辄使人先密觇视，衣服垢秽方便不前，形仪新楚乃与促膝。虽然，既去之后，犹令二人交帚拂其坐处。”〕扫客坐留，不若杜门〔杜门：闭门。〕；孙仲益〔孙仲益：即宋代的孙觌，常州晋陵人，号鸿庆居士，擅长作诗。〕浮白〔浮白：满饮一大杯酒。〕俗谈，足当洗耳。

译文 王思远在客人走后打扫清洁客人坐过的地方，还不如闭门不接待宾客；孙仲益大杯喝酒、谈吐粗俗，听过他的话之后实在应该洗一下耳。

铁笛吹残，长啸数声，空山答响〔空山答响：指空谷发出的回声。〕；胡麻饭罢，高眠一觉，茂树屯阴。

译文 铁笛吹过，对天长啸几声，空山传来回声；吃完胡麻饭，美美地睡上一觉，繁茂的树木留下一片树荫。

编茅为屋，叠石为阶，何处风尘可到；据〔据：靠着。〕梧而吟，烹茶而语，此中幽兴偏长。

译文 用茅草编搭成小屋，用石头垒砌起台阶，哪里的风尘能够飘到这里；靠着梧桐树吟诗，一边烹煮清茶一边清谈，这里面的幽趣悠远而绵长。

皂囊白简〔皂囊白简：代指密奏。皂囊，汉代大臣们上奏机密之事，奏章都会装在皂囊之中。白简，晋代傅玄为御史中丞之时，每当有弹劾的奏章的时候，都会手捧白简等待早朝。〕，被人描尽半生；黄帽青鞋〔黄帽青鞋：代指平民生活。〕，任我逍遥一世。

译文 官场中常常会被别人的密奏参劾，半生不得安逸；头戴黄帽、脚穿青鞋的平民生活可以让我纵情逍遥一生。

清闲之人不可惰其四肢，又须以闲人做闲事：临〔临：临摹。〕**古人帖，温昔年书；拂几微尘，洗砚宿墨；灌园中花，扫林中叶。觉体少倦，放身匡床上，暂息半晌可也。**

译文　清闲的人不能让自己的四肢懒惰了，必须以清闲人的心态做一些清闲之事：描摹一下古人的字帖，温习一下以往的书籍；擦拭一下几案上的灰尘，清洗一下砚台残留的墨迹；在园中浇灌一下花草，打扫一下树林中的落叶。觉得身体稍稍有些疲倦了，就舒适惬意地躺在床上，暂时休息半晌也可以。

待客当洁不当侈，无论不能继〔继：继续，维持。〕**，亦非所以惜福**〔惜福：珍惜福分。〕**。**

译文　招待客人应该讲求清洁，不需要奢侈，姑且不论奢侈能否维持长久，奢侈也不是珍惜福气的表现。

葆真〔葆真：永葆天真。〕**莫如少思，寡过**〔寡过：少犯错误。〕**莫如省事，善应**〔善应：善于应对。〕**莫如收心，解谬莫如澹志。**

译文　想要永葆天真的本性，没有什么比少思考更好的办法了；想要少犯错误，没有什么比不要多事更好的办法了；想要善于应对世事，没有什么比收摄杂念更好的办法了；想要解除烦恼，没有什么比淡泊明志更好的办法了。

世味浓，不求忙而忙自至；世味淡，不偷闲而闲自来。

译文　世情浓，不求繁忙，繁忙也会自来；世情淡，不想偷闲，闲适也会自来。

盘餐一菜，永绝腥膻，饭僧宴客何烦六甲〔六甲：道教神名，能役使鬼神烧火做饭。〕行厨；茆屋〔茆（máo）屋：即茅屋。〕三楹〔三楹：三间。〕，仅蔽风雨，扫地、焚香安用数童缚帚。

译文 只有一盘菜，永远没有荤腥，招待僧人、宾客何须劳烦六甲做饭；只有三间茅屋，仅能遮蔽风雨，扫地、焚香哪里用得着请几个童仆。

以俭胜贫，贫忘；以施〔施：施舍。〕代侈，侈化；以省去累，累消；以逆炼心，心定。

译文 用俭省战胜贫困，贫穷之感自然会忘记；用施舍代替奢侈，奢侈自然会消解；以省事代替劳累，劳累自然会消除；用逆境来修炼身心，心志自然会坚定。

净几明窗，一轴画，一囊琴，一只鹤，一瓯茶，一炉香，一部法帖；小园幽径，几丛花，几群鸟，几区亭，几拳石，几池水，几片闲云。

译文 干净的几案，明亮的窗户，一幅画，一张琴，一只仙鹤，一杯茶，一炉香，一本书法字帖；小小的园子，幽静的小径，几丛花，几群鸟，几座小亭，几块奇石，几池碧水，几片闲云。

花前无烛，松叶堪〔堪：可以。〕燃；石畔欲眠，琴囊可枕。

译文 倘若花前没有蜡烛，松叶也可以燃烧照明；假若在石畔想要睡觉，琴囊也可以当作枕头。

流年不复记，但〔但：只。〕见花开为春，花落为秋；终岁〔终岁：整年。〕无所营，惟知日出而作，日入而息。

译文 隐居于山中已经记不清时间的流逝，只知道花开之时为春天、花落之时为秋天；整年也没什么营生，只知道日出而作、日落而息。

脱巾露项，斑文〔斑文：条纹。〕**竹箨之冠**〔竹箨（tuò）之冠：竹皮做成的帽子。汉高祖刘邦做亭长时以竹皮做帽子，后来显贵了也时常会戴着竹皮帽子。〕；**倚枕焚香，半臂华山之服**〔华山之服：道人或仙人的衣服。华山的道教十分兴盛，因有此称。〕。

译文 去掉头巾，露出脖子，满头青丝好像是带有条纹的竹皮做成的帽子；靠着枕头焚香，闭目养神，感觉自己身上穿的像是道人的衣服。

谷雨前后，为和凝汤社〔和凝汤社：和凝为五代时期人，曾为太子太傅、左仆射，还主管科举考试。《清异录》中记载："和凝在朝，率同列递日以茶相饮，味劣者有罚，号为'汤社'。"〕，**双井白芽、湖州紫笋**〔双井白芽、湖州紫笋：这两种都是名茶，分别产于江西双井、浙江湖州。〕，**扫臼涤铛，征泉选火，以王濛**〔王濛：东晋时期人，十分爱饮茶，对茶道十分精通。〕**为品司、卢仝**〔卢仝：唐代诗人，号玉川子，有诗作《茶歌》传世，又名《走笔谢孟谏议寄新茶》。〕**为执权、李赞皇**〔李赞皇：即李德裕，唐代赵郡赞皇人，故称"李赞皇"，擅长品茶鉴水。〕**为博士、陆鸿渐**〔陆鸿渐：即陆羽，唐代竟陵人，嗜好品茶，被后世称为"茶圣"，著有《茶经》。〕**为都统。聊消渴吻，敢讳水淫；差取婴汤**〔婴汤：茶水刚刚煮沸时的嫩汤。〕，**以供茗战**。

译文 谷雨前后正是刚刚采摘新茶的时候，像和凝一样举行茶会，品评双井白芽、湖州紫笋这样的茶中极品，打扫干净杵臼，洗涤好茶铛，汲取好的泉水，选取好的燃料，以王濛为品司、卢仝为执权、李赞皇为博士、陆鸿渐为都统。暂且以茶解渴，避讳不谈水厄；取出茶水初沸时的嫩汤，以供斗茶。

窗前落月，户外垂萝，石畔草根，桥头树影，可立可卧，可坐可吟。

译文 窗前月光洒落，门外垂下藤萝，石头边草根蔓延，桥头上一片树影。面对这样的美景，可以站立也可以躺卧，可以静坐也可以吟诗。

亵狎易契〔契：接近，契合。〕**，日流于放荡；庄厉**〔庄厉：庄重严厉。〕**难亲，日进于规矩。**

译文 轻慢猥亵的人容易接近，但交往时间长了自己也会变得放肆；庄重严厉的人不容易亲近，但交往的日子长了自己就会越来越守规矩。

甜苦备〔备：全。〕**尝好丢手，世味浑如嚼蜡；生死事大急回头，年光疾于跳丸。**

译文 酸甜苦辣都尝一下才好放手，世间百味简直如同嚼蜡；关涉生死的事情很大要赶紧回头，时光飞逝就像抛出去的弹丸。

若富贵由我力取，则造物无权；若毁誉随人脚跟，则谗夫得志。

译文 倘若富贵是通过努力就可以获得的，那么造物主就没有什么权力了；倘若诋毁和赞誉都是跟着人们的脚跟而传播的，那么谗害他人的人就会得逞了。

清事不可着迹，若衣冠必求奇古，器用必求精良，饮食必

求异巧，此乃清中之浊，吾以为清事之一蠹。

译文 高洁之事不能着迹于某事某物之上，如果衣帽一定要追求上古的样式，生活器具一定要追求精良，饮食一定要追求新奇精巧，这就是清中之浊，看似高雅，实则低俗。在我看来，这是对清雅的败坏。

吾之一身常有少不同壮、壮不同老，吾之身后焉〔焉：哪里。〕**有子能肖**〔肖：像。〕**父、孙能肖祖。如此期**〔期：期望。〕**，必属妄想，所可尽者惟留好样与儿孙而已。**

译文 我这一生中常常会出现少年与壮年不一致、壮年与老年不一致的事，在我身后又哪里有孩子绝对像父亲、孙子绝对像祖父的。如果一定要期望这些，那必定是属于妄想，我们可以尽力去做的只是给儿孙留个好榜样罢了。

若想钱而钱来，何故不想；若愁米而米至，人固当愁。晓起〔晓起：早上起床。〕**依旧贫穷，夜来徒多烦恼。**

译文 如果真的是想钱了钱就会来，那么为什么不想呢？假若真的是为米发愁米就会来，那么人原本就应该发愁。可是，事实远非如此，早上起来依旧贫穷，何苦夜里白白地有诸多烦恼。

半窗一几，远兴闲思，天地何其寥阔也；清晨端起，亭午高眠，胸襟何其洗涤也。

译文 半窗青山，一几烟岚，使人意兴盎然，产生无限遐思，天地是多么广阔啊；早晨起来端坐，中午睡上一觉，胸襟就像洗涤过一样，是多么澄净啊。

宇宙以来，有治世法，有傲世法，有维世法，有出世法，有垂世法。唐虞〔唐虞：尧帝、舜帝。〕**垂衣，商周秉钺**〔秉钺（yuè）：持斧。借指掌握兵权。〕**，是谓“治世”；巢父洗耳**〔巢父洗耳：即许由洗耳。相传许由为上古时期的著名隐士，尧帝想请他做官。许由听闻之后，感觉耳朵被污染，就跑到河边洗耳。巢父得知后教许由隐居，并绕过许由洗耳处，牵牛到上游饮水。〕**，裘公瞋目**〔裘公瞋（chēn）目：裘公又称“披裘公”，为春秋时期的高义之士。《高士传·披裘公》记载：“披裘公者，吴人也。延陵季子出游，见道中有遗金，顾披裘公曰：‘取彼金。’公投镰瞋目，拂手而言曰：‘何子处之高而视人之卑！五月披裘而负薪，岂取金者哉！’”〕**，是谓“傲世”；首阳轻周**〔首阳轻周：伯夷、叔齐原为商代孤竹君之子，后商被周灭，伯夷、叔齐以沦为周朝的子民为耻，拒绝吃周朝的粮食，隐居于首阳山，最后饿死于首阳山。〕**，桐江重汉**〔桐江重汉：东汉时期严光曾经和光武帝刘秀一起游学，后来隐居于桐江。光武帝十分欣赏其才能，称帝之后曾多次下诏请其为官，严光拒不接受。〕**，是谓“维世”；青牛度关**〔青牛度关：指老子骑青牛西游出关的典故。〕**，白鹤翔云**〔白鹤翔云：指“丁令威化鹤”的典故：相传汉代辽东人丁令威曾经在灵虚山学道，后来化为仙鹤回到辽东，落在城门的华表之上。有少年看到了，就要用弓箭射他。丁令威飞到空中感叹道：“有鸟有鸟丁令威，去家千岁今始归。城郭如故人民非，何不学仙冢累累。”〕**，是谓“出世”；若乃鲁儒一人**〔鲁儒一人：即孔子，鲁国人。〕**，邹传七篇**〔邹传七篇：指孟子及其著作《孟子》七篇。孟子，战国时期邹人。〕**，始谓“垂世”。**

译文 人世间自古就有治世之法，有傲然处世之法，有维系俗世之法，有出世之法，有垂于后世之法。唐尧、虞舜以道德教化天下，商朝和周朝以武力治理国家，这是“治世”；许由洗耳，裘公怒视延陵季子，这是“傲世”；隐居首阳山的伯夷、叔齐轻视周朝，隐居在桐江的严光拒不受官，这是“维世”；老子骑青牛西游出关，丁令威化为仙鹤飞翔于云间，这是“出世”；像鲁国的巨儒孔子、写下七篇传世之作的孟子，才可以称作“垂世”。

书室中修行法：心闲手懒，则观法帖，以〔以：因为。〕其可逐字放置也；手闲心懒，则治迂事〔治迂事：做不急的事。〕，以其可作可止也；心手俱闲，则写字作诗文，以其可以兼济也；心手俱懒，则坐睡，以其不强役于神也；心不甚定，宜看诗及杂短故事，以其易于见意不滞于久也；心闲无事，宜看长篇文字，或经注，或史传，或古人文集，此又甚宜于风雨之际及寒夜也。又曰：“手冗心闲则思，心冗手闲则卧，心手俱闲则著作书字，心手俱冗则思早毕其事，以宁吾神。”

译文 书房中修养性情的方法：心闲手懒之时，就观赏书帖，因为它是逐字放置的；手闲心懒之时，就做一些不急的事，因为其可以做也可以停；心、手都闲的时候，就写字作诗文，因为这样可以一举两得；心、手都懒的时候，就坐着睡觉，因为这样可以不必强迫劳役精神以入睡；心神不是很安定的时候，适合看诗词及短篇故事，因为它们容易理解，而不至于滞留太久；心闲着没事的时候，适合看长篇的书籍，或者是经书的注解，或者是史书、传记，或者是古人的文集，这又特别适合在风雨天或寒夜阅读。也有人说：“手忙心闲就思考，心忙手闲就躺下休息，心、手都闲就著书写字，心、手都忙就思考怎样早些结束此事，以使我的心神安宁。”

片时清畅即享片时，半景幽雅即娱半景，不必更起姑待之心。

译文 有片刻清净畅快，就享受片刻，有半点幽静雅致的景色就欣赏领略这半点景色，不必有姑且等一等的念头。

一室经行〔经行：佛教术语，指信徒们为了排遣心中的郁结，在某处来回徘徊。〕，贤于九衢奔走；六时〔六时：佛教将一天二十四小时划分为六个时辰，白天分为晨朝、日中、日没，晚上划分为初夜、中夜、后夜。〕礼佛，清于五夜〔五夜：古时一夜分为五更，故“五夜”为一整夜。〕朝天。

译文 在一室内来回走，胜过在大道上奔走；昼夜都在礼佛，胜过整夜朝拜上天。

会意不求多，数幅晴光摩诘〔摩诘：即王维，擅长赋诗作画。〕画；知心能有几，百篇野趣少陵〔少陵：即杜甫，自称“少陵野老”，故又称“杜少陵”。〕诗。

译文 能够使人会意的东西不求多，几幅晴朗明媚的王维山水画就够了；令人知心合意的东西能有多少，百篇富含野趣的杜甫诗就行了。

衡门〔衡门：简陋的小屋。〕之下，有琴有书，载弹载咏，爰得我娱；岂无他好，乐是幽居。朝为灌园，夕偃蓬庐。

译文 简陋的小屋下，有琴有书，一边弹奏一边歌唱，从而自得其乐；哪里是没有别的乐趣，乐趣是幽居。早上浇灌花园，晚上躺在草庐之中。

因〔因：于是。〕葺旧庐，疏渠引泉，周以花木，日哦〔哦：吟咏。〕其间。故人过逢，瀹茗〔瀹（yuè）茗：煮茶。〕弈棋，杯酒淋浪，其乐殆非尘中物也。

译文 于是，修葺旧庐，疏导水渠，引来泉水，周围种上花木，整日在其中吟咏。有故人从此经过，煮茶下棋，喝酒清谈，这种乐趣在俗世中是得不到的。

逢人不说人间事，便是人间无事人。

译文 碰到什么人都不说尘世间的事，这就是人世间的无事人。

闲居之趣，快活有五：不与交接，免拜送之礼，一也；终日可观书鼓琴，二也；睡起随意，无有拘碍，三也；不闻炎凉嚣杂，四也；能课子耕读，五也。

译文 闲居的乐趣有五种：不与外界交接应酬，免去了拜访、送别的礼仪，这是一；整天都可以看书、弹琴，这是二；睡觉起床随心所欲，没有拘束羁绊，这是三；两耳不闻世态炎凉的消息和杂乱喧嚣的声音，这是四；能够督促孩子耕种、读书，这是五。

虽无丝竹管弦之盛〔盛：盛大。〕，一觞一咏，亦足以畅叙幽情。

译文 虽然没有丝竹管弦合奏的盛大场面，但是一边畅饮一边赋诗，也足以痛快淋漓地抒发自己心中幽雅的情怀。

独卧林泉，旷然自适，无利无营，少思寡欲，修身出世法也。

译文 独自躺卧在山林中、清泉旁，心胸旷达，安闲自适，不贪求名利，没有杂念、欲望，这是修身出世的方法。

茅屋三间，木榻一枕，烧高香，啜苦茗，读数行书，懒倦便高卧松梧之下，或科头〔科头：指只扎起头发却不戴帽子。〕行吟。日常以苦茗代肉食，以松石代珍奇，以琴书代益友，以著述代功业，此亦乐事。

译文 三间茅草屋，一个木榻，焚燃清香，品饮苦茶，读上几行书，慵懒疲倦了就高卧在松树、梧桐树之下，或者取下帽子，一边踱步一边吟诗。日常以苦茶代替肉食，以松石代替奇珍异宝，以琴和书代替好友，以著书立说代替建功立业，也是人生之乐事。

挟怀朴素，不乐权荣；栖迟僻陋，忽略利名；葆守恬淡，希时安宁；晏然闲居，时抚瑶琴。

译文 胸怀质朴清白，不喜欢富贵荣华；栖居在偏僻简陋之所，忽视功名利禄；保持心灵的恬淡，希望能够时时安享宁静；安逸地闲居，不时抚弄一下瑶琴。

流水相忘游鱼，游鱼相忘流水，即此便是天机；太空不碍浮云，浮云不碍太空，何处别有佛性。

译文 流水忘记了水中游动的鱼儿，游动的鱼儿也忘记了流水，这便是奥妙的天机；天空阻碍不了浮云，浮云也阻碍不了天空，哪里还有什么佛性呢。

步障〔步障：用于遮蔽风尘和间隔内外的屏障。〕锦千层，氍毹

〔氍毹（qú shū〕：毛织的地毯。）紫万叠，何似编叶成帷、聚茵为褥；绿阴流影清入神，香气氤氲彻人骨，坐来天地一时宽，闲放风流晓清福。

译文 千层锦绣织成的屏障，万叠紫色的毛织的地毯，怎么能与绿叶编制成的帷帐、绿茵铺成的床褥相比呢；绿树成荫，斑斑流影，清凉之感沁人心脾，香气弥漫，透入骨髓，坐在这里顿觉天地一时之间更为宽广，闲适放纵地徜徉其中，才知道可以享受清静之福。

送春而血泪满腮，悲秋而红颜惨目。

译文 告别春天使人伤心不已，泪流满面；悲感秋景凄凉萧瑟，美丽的容颜也会变得凄惨苍白。

翠羽欲流，碧云为飏。

译文 翠绿的羽毛颜色鲜亮，就像是要流动的水，又像是飘扬的碧云。

郊中野坐，固可班〔班：铺。〕荆；径里闲谈，最宜拂石。侵云烟而独冷，移开清啸胡床。藉草木以成幽，撤去庄严莲界。况乃枕琴夜奏，逸韵更扬；置局〔置局：设置棋局。〕午敲，清声甚远。洵幽栖之胜事，野客之虚位也。

译文 在郊外山野闲坐，当然可以坐在铺好的荆条上；在小径中闲谈，最适合拂去石头上的灰尘而坐。云烟侵入身体而感到有些凉，就移开胡床清啸几声。借助草木而形成幽趣，就可以撤去庄严的佛境。况且还可以枕琴夜奏，飘逸的琴声更显悠扬；中午设置棋局下棋，棋子落盘的清脆声音传得更远。这的确是幽居的乐事，是山林野客的虚静趣味。

家鸳鸯湖滨，饶蒹葭凫鹭，水月澹荡之观。客啸渔歌，风帆烟艇〔风帆烟艇：风吹动船帆，水烟笼罩小舟。〕，虚无出没，半落几上。呼野衲而泛斜阳，无过此矣！

译文 居住在鸳鸯湖之滨，蒹葭、凫鸟、鹭鸟都很丰饶，月色洒在水面上，微波荡漾，景观十分优美。客人长啸，渔歌互答，风吹动船帆，水烟笼罩小舟，虚虚实实，缥缈迷茫，似乎要落在几案上。呼唤游方的和尚一起泛舟于斜阳之下，没有什么比这更为美妙的了！

雨后卷帘看霁色〔霁（jì）色：雨后初晴的景色。〕，却疑苔影上花来。

译文 雨后卷开帘子看天气初晴的景色，帘外一片青山碧水，不由得怀疑翠绿的苔藓的影子映到了花上。

月夜焚香，古桐〔古桐：古代的琴往往是桐木做成的，故称古琴为"古桐"。〕三弄，便觉万虑都忘，妄想尽绝。试看香是何味，烟是何色，穿窗之白是何影，指下之余是何音，恬然乐之而悠然忘之者是何趣，不可思量处是何境。

译文 在月明之夜焚上香，弹奏几首琴曲，就会觉得一切忧愁都忘记了，一切妄想都没有了。试着体味一下香是什么味道，烟是什么颜色，穿过窗户照进来的光线是何光影，手指下弹奏出的是什么音，恬静喜悦而悠然忘形的是什么乐趣，不能思量的地方是什么境界。

贝叶之歌〔贝叶之歌：古印度往往将经文写在贝叶上，而佛教又是从印度传来的，因此以其指佛教经文。〕无碍，莲花之心〔莲花之心：本指莲花的胚芽，在此以莲花象征佛境。〕不染。

译文 写在贝叶上的佛教经文流畅无碍，有如莲花之心的佛境不受任何污染。

河边共指星为客，花里空瞻月是卿。

译文 在河边共同指着星星，视星星为客人；花丛中抬头望月，视月亮为朋友。

人之交友，不出“趣”“味”两字，有以“趣”胜者，有以“味”胜者。然宁饶〔饶：丰饶，丰富。〕于“味”，而无饶于“趣”。

译文 人结交朋友，不外乎“趣”和“味”这两个字，有的人以“趣”为重，有的人以“味”为重。但是，宁可“味”多一些，不可“趣”多一些。

守恬淡以养道，处卑下以养德，去嗔怒以养性，薄滋味以养气。

译文 安守恬淡以养道，处境卑微以养德，去除嗔怒以养性，淡薄滋味以养气。

吾本薄福人，宜〔宜：应该。〕行惜福事；吾本薄德人，宜行厚德事。

译文 我原本就是福气淡薄之人，应该做珍惜福分的事；我原本就是德行浅薄的人，应该多做积善厚德的事。

只宜于着意处写意，不可向真景处点景。

译文 只应该对着想象中的世界绘画写意，不可以对着真实的景色描画景色。

只愁名字有人知，涧边幽草；若问清盟谁可托，沙上闲鸥。

译文 只担心自己的名字有人知道，其实只有涧边的小草知道；倘若问清雅之事可以托付给谁，那就是沙滩上的闲鸥。

山童率草木之性，与鹤同眠；奚奴领歌咏之情，检韵〔检韵：和着韵律。〕而至。

译文 山童都带有草木的性情，与仙鹤一起睡觉；奴仆领会歌咏之情，踏着韵律走来。

闭户读书，绝胜入山修道；逢人说法〔说法：讲经论法。〕，全输〔输：比不上。〕兀坐扪心。

译文 关闭门户在家读书，绝对胜过入山修道；碰到人便对人讲经说法，根本比不上独坐静修，扪心自省。

砚田〔砚田：以砚为田，以笔耕之。指写诗作文。〕登大有〔大有：丰收。〕，虽千仓珠粟，不输两税〔两税：田赋、丁税。〕之征；文锦运机杼〔机杼（zhù）：本为织布的工具，在此指赋诗作文的匠心。〕，纵万轴龙文〔龙文：即龙纹。喻指华丽的辞藻。〕，不犯九重之禁〔九重之禁：朝廷的禁令。古代皇帝自命为真龙天子，禁止他人衣饰上带有龙的花纹。〕。

译文 在砚田笔耕不辍，喜获丰收，虽然拥有千仓的珠宝、米粟，却不用缴纳田赋、丁税；锦绣般的文章在匠心这个机杼上织纺，纵使织成上万轴带有龙纹的锦绣布匹，也不触犯朝廷的禁令。

步明月于天衢〔天衢（qú）：天上的街道。山高耸入云，故以此喻指山上的小道。〕**，览锦云于江阁。**

译文 迎着明月在高山的小路上行走，在江上楼阁遍览锦绣般的云彩。

幽人清课，讵但啜茗焚香；雅士高盟，不在题诗挥翰。

译文 幽居之人做着清雅之事，不仅仅是喝茶焚香；清雅之士的雅聚，也不仅仅是题诗作画。

以养花之情自养，则风情日闲；以调鹤之性自调，则真性自美。

译文 倘若以养花的情趣来自我修养，那么心态情怀就会日渐闲适；如果以驯养仙鹤的性情来自我调性，那么真性情自然会变美。

热汤如沸，茶不胜酒；幽韵如云，酒不胜茶。茶类隐〔隐：隐士。〕**，酒类侠**〔侠：侠客。〕**。酒固道广，茶亦德素。**

译文 热汤如同沸水，所以茶比不上酒；幽静之韵如同白云，所以酒比不上茶。茶像隐士，酒像侠客。酒的功效固然很大，茶的德性也很素雅淡薄。

老去自觉万缘都尽，那管人是人非；春来倘〔倘：倘若。〕**有一事关心，只在花开花谢。**

译文 老年的时候自然会觉得万种尘缘都了断了，哪还管什么人世间的是是非非；春天来了，如果还有一事要关心的话，那就是只在乎花开花谢。

是非场里，出入逍遥；顺逆境中，纵横自在。竹密何妨水过，山高不碍云飞。

译文 身在充满是非的世间，可以逍遥出入，不问世事；不管是顺境还是逆境，都可以率情自在，任意纵横。竹林再密也不妨碍水流的经过，山峰再高也无法阻碍白云的飘飞。

口中不设雌黄，眉端不挂烦恼，可称烟火神仙；随意而栽花柳，适性以养禽鱼，此是山林经济。

译文 口中不随便议论别人是非，眉间不挂着烦恼之色，可以称得上食人间烟火的神仙；听随心意种花栽柳，按照性情喂养鸟、鱼儿，这正是在山林中经邦济世的行为。

午睡醒来，颓然自废，身世庶几浑忘〔庶几浑忘：差点儿全忘了。〕**；晚炊既收，寂然无营，烟火听其更举。**

译文 午睡醒来，精神萎靡不振，就连自己的身世也差不多要忘了；晚上吃过晚饭清闲无事，就任炊烟再起，煮茶清谈。

花开花落春不管，拂意事〔拂意事：扫兴的事。〕**休对人言；水暖水寒鱼自知，会心处还期独赏。**

译文 花开花落，春天不理会这些，扫兴的事不要对别人说；水暖水寒，鱼儿自然知道，心领神会之处还需要自己独自欣赏。

心地上无风涛〔风涛：喻指心中的愤恨之情。〕**，随在皆青山绿水；性天中有化育**〔化育：万物勃勃生长。〕**，触处见鱼跃鸢飞。**

译文 倘若内心安宁没有愤恨之情，那么所到之处处处都是青山绿水；倘若性情中天生就有长育万物之念，那么所接触到的所有景象中都会有鱼跃鸢飞。

宠辱不惊，闲看庭前花开花落；去留无意，漫随天外云卷云舒。

译文 得宠、受辱都不会惊慌，闲适地观看庭院前的花开花落；无论去留都不会在意，任意地随着天空中的白云舒卷自如。

斗室中万虑都捐，说甚画栋飞云、珠帘卷雨〔画栋飞云、珠帘卷雨：语出唐代王勃的《滕王阁诗》："画栋朝飞南浦云，珠帘暮卷西山雨。"〕；**三杯后一真自得，谁知素弦横月、短笛吟风。**

译文 居于斗室之中，什么杂念都没有了，还用说什么画栋飞云、珠帘卷雨；三杯酒之后自得天真之趣，还有谁知道什么月下弹琴、风中吹笛呢。

得趣不在多，盆池拳石间烟霞具〔具：具备。〕**足；会景不在远，蓬窗竹屋下风月自赊。**

译文 得到意趣并不在于多，盆子一样大的池子、拳头一样大的石头同样可以具备烟霞之意趣；观赏景色不在于有多远，茅草窗、竹屋下一样可以欣赏到风月之景致。

会〔会：领会。〕**得个中趣，五湖之烟月尽入寸衷**〔入寸衷：进入心中。〕；**破得眼前机，千古之英雄都归掌握。**

译文 如果可以领会其中的乐趣，那么五湖的云烟明月都可以进到心中；如果能够看破眼前的玄机，自古以来的所有英雄豪杰都可以在你的掌握之中。

细雨闲开卷，微风独弄琴。

译文 在连绵细雨中闲适地打开书卷，在和煦的微风中独自弹琴。

水流任意景常静，花落虽频心自闲。

译文 任凭水流随意自然地流动，景色依然很恬静；尽管花儿频繁飘落，心中仍旧可以很安闲。

残曛〔残曛：落日的余光。〕供白醉，傲他附热之蛾；一枕余黑甜〔黑甜：酣睡。〕，输却分香之蝶。

译文 面对落日的余光美景饮酒至醉，傲视那些见到光和热就趋附的飞蛾；在枕上酣睡，不理会那些分取花香的蝴蝶。

闲为水竹云山主，静得风花雪月权。

译文 安闲的时候就做山水竹云的主人，静谧的时候就独自观赏风花雪月。

何地非真境？何物非真机？芳园半亩便是旧金谷〔金谷：即晋代石崇所建的金谷园，位于洛阳，非常华丽奢靡。〕，流水一湾便是小桃源〔桃源：东晋陶渊明笔下的“桃花源”。〕，林中野鸟数声便是一部清鼓吹，溪上闲云几片便是一幅真画图。

译文 什么地方不是真正的境界？什么东西不是真正富有玄机？半亩芬芳的花园就是古时的金谷园，一湾幽幽的流水就是小小的桃花源，园林中几声野鸟啼鸣之声便是一部清美的鼓吹之曲，溪流上的几片闲云就是一幅真正的图画。

人在病中，百念灰冷，虽有富贵，欲享不可，反羡贫贱而健者。是故人能于无事时常作病想，一切名利之心自然扫去。

译文 人在病了的时候往往会万念俱灰，虽有富贵荣华，想要享受却不能，反而羡慕那些贫贱的健康之人。因此，人在没病的时候能够有生病之时的想法，一切的争名夺利之心自然都会消除。

竹影入帘，蕉阴荫槛，故蒲团一卧，不知身在冰壶〔冰壶：盛放着冰的玉壶。〕**鲛室**〔鲛室：比喻极为清冷之室。晋代张华的《博物志》中记载："南海外有鲛人，水居如鱼，不废织绩，其眼能泣珠。"〕。

译文 窗外的青竹之影映入帘内，芭蕉树的阴影遮蔽了门槛，此时在蒲团上打坐，内心如同处在冰壶、鲛室中一样清醒透彻。

霜降木落时，入疏林深处，坐树根上，飘飘叶点衣袖，而野鸟从梢飞来窥人。荒凉之地，殊〔殊：特别。〕**有清旷之致。**

译文 秋霜降临、树叶摇落之时，来到稀疏的树林深处，坐在树根上，飘落的片片树叶点缀在衣袖间，野鸟从树梢上飞出来窥探人。这荒凉的地方特别有一种清旷的韵致。

明窗之下，罗列图史琴尊〔尊：通"樽"，酒樽。〕**以自娱。有兴则泛小舟吟啸，览古于江山之间。渚茶野酿足以消忧，莼鲈稻蟹**〔莼鲈稻蟹：莼菜、鲈鱼、稻米、螃蟹。〕**足以适口。又多高僧隐士、佛庙绝胜。家有园林，珍花奇石，曲沼高台，鱼鸟流连，不觉日暮。**

译文 明净的窗户下，罗列着图画、史书、古琴、酒杯，用以自娱。有兴致的时候就泛舟于湖上低吟长啸，在江山之间，遍览古之景胜。小洲的茶、山野的酒足以消除忧愁，莼菜、鲈鱼、稻米、螃蟹足够享用。又有很多得道高僧与隐士以及佛寺道观胜景。家中有园林，珍奇的花草石头，弯弯曲曲的水泽池沼，鱼和鸟都终日留恋不舍，不知不觉间就日落了。

山中莳花种草足以自娱，而地朴人荒，泉石都无，丝竹绝响，奇士雅客亦不复过，未免寂寞度日。然泉石以水竹代，丝竹以莺舌蛙吹代，奇士雅客以蠹简〔蠹简：被蠹虫蛀坏的书简。指古书。〕**代，亦略相当。**

译文 在山中栽种花草足以自娱自乐，而土地贫瘠，人烟荒芜，山泉、奇石都没有，没有丝竹之乐，就连奇士雅客也不会从此经过，难免要在寂寞中度日。然而，泉石可以用水竹代替，丝竹之声可以用莺啼蛙噪代替，奇士雅客可以用被蛀虫毁坏的古书代替，这也大致相当吧。

虚堂留烛，抄书尚存老眼；有客到门，挥麈〔麈：麈尾，常用于拂扫灰尘。〕**但说青山。**

译文 清静的厅堂内还有残留的蜡烛，灯下抄书，尚且存有一双看破红尘的老眼；有客人临门，挥动麈尾，只说青山美景。

帝子之望巫阳〔帝子之望巫阳：化用宋玉的《高唐赋》中楚怀王与巫山神女相会的典故。〕，**远山过雨；王孙之别南浦，芳草连天。**

译文 楚怀王遥望巫山之阳，望见远山飘过的雨；王孙公子在南浦送别，看到芳草连天。

室距桃源，晨夕恒滋兰茝〔茝（chǎi）：一种散发着清香的草。〕**；门开杜径**〔杜径：见唐代杜甫的《客至》诗云："花径不曾缘客扫，蓬门今始为君开。"〕**，往来惟有羊裘**〔羊裘：古代著名的隐士羊裘公。此处代指隐士。〕。

译文　居住之室临近桃源，无论早晨还是夜晚都能沉浸在兰花、茝草的香气之中；门开正对着杜甫的花径，交往的只有像羊裘这样的隐士。

枕长林而披史〔披史：批阅史书。〕**，松子为餐；入丰草以投闲，蒲根可服。**

译文　隐居在密林之中，批阅历代史书，可以以松子为餐；来到草木茂盛的地方，置身闲散，有蒲根可以服食。

一泓溪水柳分开，尽道〔尽道：全都说。〕**清虚搅破；三月林光花带去，莫言香分消残。**

译文　一泓清澈的溪水被柳树分开，大家都说一片清虚被搅乱打破了；三月林中的春光都被盛开的鲜花带走了，不要感叹之后鲜花凋谢、香气消散。

荆扉昼掩，闲庭宴然〔宴然：十分宁静的样子。〕**，行云流水襟怀；隐不违亲，贞不绝俗，太山乔岳气象。**

译文　柴门即使在白天也关着，闲适的庭院一片宁静，这是犹如行云流水一样的襟怀；隐居修身而不离开亲人，保守节操而不脱离世俗，这是像泰山高岭一样的气象。

贺函伯坐径山竹里，须眉皆碧；王长公龛杜鹃楼下，云母都红。

译文 贺函伯隐居在径山，经常打坐于竹林之中，眉毛、胡须都变成了绿色；王长公把杜鹃关在楼下的神龛之中，杜鹃啼血，神龛中的云母都变成了红色。

随缘便是遣缘，似舞蝶与飞花共适；顺事自然无事，若满月偕盆水同圆。

译文 一切随缘就是操控机缘，就好像蝴蝶飞舞、落花飘飞一样，都只是适应机缘；万事顺其自然就不会出现意外，就好像满月与一盆水一样，都是圆的。

卷六　集景

结庐松竹之间，闲云封户；徙倚〔徙倚：徘徊。〕青林之下，花瓣沾衣。芳草盈阶，茶烟几缕。春光满眼，黄鸟一声。此时可以诗，可以画，而正恐诗不尽言，画不尽意。而高人韵士，能以片言数语尽之者，则谓之“诗”可，谓之“画”可，谓“高人韵士之诗画”亦无不可。集《景》第六。

译文 在松竹间搭建茅庐，闲云飘在门前；徘徊在苍翠的树林下，花瓣沾上衣衫。芳草爬满台阶，几缕煮茶的青烟袅袅升起。放眼望去，一片春光；侧耳聆听，黄鸟一声鸣叫。这个时候可以作诗，也可以画画，只担心诗不能将心中之言完全表达，画不能将胸中之意淋漓描绘。然而，怀有高雅情韵的隐士，以只言片语就能完全表达心意的称之为“诗”也可以，称之为“画”也可以，称之为“高人韵士的诗画”也没有什么不可以。因此，我编撰了第六卷《景》。

花关〔关：关山。〕曲折，云来不认湾头；草径幽深，落叶但敲门扇。

译文 鲜花布满了弯弯曲曲的关山，白云飘来，却辨认不了哪里是转弯的路径；萋萋芳草遮掩了幽深的小径，落叶飘飞，不断地敲打柴门。

细草微风，两岸晚山迎短棹〔短棹（zhào）：本指船桨，此处代指船只。〕；垂杨残月，一江春水送行舟。

译文 纤细的青草，和煦的微风，晚上两岸的青山都在迎接小船；垂柳白杨，晓风残月，一江春水送别远行的小船。

草色伴河桥，锦缆晓〔晓：早晨。〕牵三竺〔三竺：杭州的天竺山上有三座寺庙，分别为上天竺、中天竺、下天竺。〕雨；花阴连野寺，布帆晴挂六桥〔六桥：指映波、锁澜、望山、压堤、东浦、跨虹六座桥。〕烟。

译文 碧绿的草色与河上的小桥相伴，锦绣的缆绳在拂晓时分牵动了三竺的细雨；花荫连着山野中的寺庙，布帆在晴日里挂着六桥的云烟。

门内有径，径欲曲；径转有屏，屏欲小；屏进有阶，阶欲平；阶畔有花，花欲鲜；花外有墙，墙欲低；墙内有松，松欲古；松底有石，石欲怪；石面有亭，亭欲朴；亭后有竹，竹欲疏；竹尽有室，室欲幽；室旁有路，路欲分；路合有桥，桥欲危；桥边有树，树欲高；树阴有草，草欲青；草上有渠，渠欲细；渠引有泉，泉欲瀑；泉去有山，山欲深；山下有屋，屋欲方；屋角有圃，圃欲宽；圃中有鹤，鹤欲舞；鹤报有客，客不俗；客至有酒，酒欲不却；酒行有醉，醉欲不归。

译文 大门内要有条小径，小径要弯曲；小径弯曲回转的地方要设有屏风，屏风要小；屏风后要有继续行进的台阶，台阶要平；台阶旁要有盛开的花朵，花朵要鲜艳；花外要有一堵墙，墙要低矮；墙内要栽种着松树，松树要古老；松树下要有巨石，巨石越奇越好；巨石上面要有亭子，亭子要古朴；亭子后面要有竹林，竹林要稀疏；竹林尽头要有房室，房室要清幽；幽室旁要有路，路要有很多分岔小道；岔道会合之处要有一座小桥，小桥要建得高悬；小桥边要有树，树要高；树荫下要有草，草要青；草地上要有小水渠，水渠要细而长；水渠的尽头要有山泉，山泉要形成飞瀑；泉水的出处要有山，山要幽深；山下要有小屋，小屋要方正；屋角要有园圃，园圃内要宽阔；园圃中要有仙鹤，仙鹤在起舞；仙鹤起舞通报有来客，客人要不俗；客人来了要有美酒，宾主喝酒不要推辞；喝酒要喝到醉酒，客人喝醉后要不归。

清晨林鸟争鸣，唤醒一枕春梦。独黄鹂百舌〔百舌：鸟名，其叫声反反复复，如同百鸟的鸣叫声，因此称为“百舌”。〕**抑扬高下，最可人意。**

译文 清晨林中百鸟争鸣，唤醒了幽居之人的一枕春梦。唯有黄鹂、百舌鸣声抑扬顿挫、高低起伏，最合人的心意。

高峰入云，清流见底。两岸石壁，五色交辉。青林翠竹，四时俱备。晓雾将歇，猿鸟乱鸣；日夕欲颓，沉鳞竞跃。实欲界之仙都。自康乐以来，未复有能与其奇者。

译文 高峰耸入云霄，流水清澈见底。两岸石壁耸立，五色交相辉映。苍翠的树林，青青的竹子，四季常备。早晨的雾气将要消散，猿猴、小鸟啼声四起；夕阳颓然西下，池中鱼儿竞相浮出水面。这实在是尘世间的仙境。自谢灵运以来，还没有能真正领略这奇特之境的。

长松怪石去墟落不下一二十里。鸟径〔鸟径：鸟走的山道。形容十分狭窄的小道。〕**缘崖，涉水于草莽间数四。左右两三家相望，鸡犬之声相闻。竹篱草舍，燕处其间。兰菊艺之，霜月春风，日有余思。临水时种桃梅，儿童婢仆皆布衣短褐，以给薪水**〔薪水：打柴、汲水。〕**，酿村酒而饮之。案有诗书、庄周、太玄、楚辞、黄庭、阴符、楞严、圆觉，数十卷而已。杖藜蹑屐**〔杖藜蹑屐：拄着杖藜，穿着木屐。〕**，往来穷谷大川，听流水，看激湍，鉴澄潭，步危桥，坐茂树，探幽壑，升高峰，不亦乐乎！**

译文 高松、怪石距离市集村落不少于一二十里。狭窄的小径沿着山崖，涉过溪流，在草莽之间蜿蜒前行。小径左右有两三户人家遥遥相望，彼此可以听到鸡犬鸣叫之声。燕子悠闲地居住在竹篱笆、茅草屋间。兰花、秋菊种植于其中，赏秋月，沐春风，每日都有余兴。在临水的地方种上桃树、梅树，儿童、婢仆都穿着布衣、短衫，以便打柴、汲水，自己酿酒而饮。几案上摆着诗书，有《庄子》《太玄》《楚辞》《黄庭经》《阴符经》《楞严经》《圆觉经》等数十卷。拄着拐杖，穿着木屐，往来于深谷大川之中，倾听流水，观览湍急的激流，在澄澈的清潭前照镜子，从危桥上走过，坐在繁茂的树下，探访幽静的山壑，攀登高峰，这不是很快乐的事情吗？

天气晴朗，步出南郊野寺，沽酒饮之。半醉半醒，携僧上雨花台〔雨花台：相传梁武帝时期，有位法师在此谈经说法，天空中花落如雨，故称“雨花台”，位于今南京以南。〕**，看长江一线，风帆摇曳，钟山**〔钟山：即紫金山。〕**紫气，掩映黄屋**〔黄屋：宫殿。〕**，景趣满前，应接不暇。**

译文 天气晴朗，步行走出南郊外野寺，买来好酒畅饮。半醉半醒的时候，与名僧一起登上雨花台，放眼望去，长江水如同一条丝带，风帆摇曳，紫金山上一团紫气，掩映在宫殿上，眼前全是美景、幽趣，让人应接不暇。

每登高丘，步邃谷，延留燕坐，见悬崖瀑流、寿木垂萝，閟邃岑寂之处，终日忘返。

译文 每次登上高高的丘壑，步入深邃的山谷，在其间延留静坐，可以望见悬崖飞瀑、长寿的树木、垂下的藤萝，这样的幽静空寂之处使人终日流连忘返。

乔松十数株，修竹千余竿。青萝为墙垣，白石为鸟道。流水周于舍下，飞泉落于檐间。绿柳白莲，罗生池砌。时居其

中，无不快心。

译文 十几株高大的松树，千余竿修长的竹子。青萝作为墙垣，青白的石头铺就小道。流水环绕房舍，飞泉落在屋檐间。绿柳环绕在池边，白莲生于池内。时时居住在这样的美景之中，没有不舒畅愉快的。

人冷因花寂，湖虚受雨喧。

译文 人感觉清冷，是因为周围的鲜花寥寥无几；湖面清虚，雨点打在上面才显得声音喧闹。

中庭蕙草消雪，小苑梨花梦云。

译文 庭院中的蕙草如同消融的白雪，小苑中的梨花如同梦中的白云。

以江湖相期，烟霞相许，付同心之雅会，托意气之良游。或闭户读书，累月不出；或登山玩水，竟日忘归。斯贤达之素交，盖千秋之一遇。

译文 以浪迹江湖、烟霞为伴相期许，将自己托付给志同道合、意气相投的朋友，与之一起雅聚云游。或者是在家闭门读书，一连数月不出；或者是在外登山玩水，整日忘归。这种贤明豁达、淡泊如水的相交，大概千年才能一遇吧。

荫映岩流之际，偃息琴书之侧，寄心松竹，取乐鱼鸟，则淡泊之愿于是毕矣。

译文 树荫洒落在山岩泉水上的时候，躺在古琴和书本旁边小憩，寄托心志于松竹，从飞鸟、游鱼处获得乐趣，那么淡泊的愿望在这里也就实现了。

庭前幽花时发，披览既倦，每啜茗〔啜（chuò）茗：饮茶。〕对之。香色撩人，吟思忽起，遂歌一古诗，以适清兴。

译文 庭院前的幽花随着时序变化而开放，批阅书籍疲倦了，就对着这些幽花喝上几口香茶。茶香与花色撩人心思，忽然产生吟咏的兴致，于是吟唱一首古诗，以与自己清幽的兴致相适应。

凡静室，须前栽碧梧，后种翠竹，前檐放步〔前檐放步：前面的屋檐宽阔些，在屋檐下可以闲庭信步。〕，北用暗窗，春冬闭之以避风雨，夏秋可开以通凉爽。然碧梧之趣，春冬落叶，以舒负暄融和之乐；夏秋交荫，以蔽炎烁蒸烈之气。四时得宜，莫此为胜。

译文 凡是幽静之室，就应该在房前栽上碧绿的梧桐，屋后种上苍翠的竹子，屋室的前檐要宽一些，可以闲庭信步，北面设成暗窗，春天、冬天的时候关闭北窗以避开风雨，夏天、秋天的时候就打开以通风凉爽。然而，栽种碧绿的梧桐的意趣在于春、冬时节树叶都掉落了，可以背对着太阳取暖，享受暖洋洋之乐；夏、秋时节枝叶交织成荫，可以遮蔽烈日蒸晒的炎热之气。四季各有所宜，没有什么比这更好的了。

家有三亩园，花木郁郁。客来煮茗，谈上都贵游、人间可喜事，或茗寒酒冷，宾主相忘。其居与山谷相望，暇则步草径相寻。

译文 家中有三亩园子，花木长得郁郁葱葱。游客来了就烹茶，所谈论的都是达官贵人的逸闻、人间的可喜之事，谈论得十分欢快，以至于有时茶、酒都凉了，宾客、主人都忘记了彼此的存在，物我两忘。其居室与山谷相对，有空的时候就在草径中散步探寻胜景。

良辰美景，春暖秋凉，负杖蹑履，逍遥自乐。临池观鱼，披林听鸟，酌酒一杯，弹琴一曲，求数刻之乐，庶几〔庶几：差不多。〕居常以待终。筑室数楹，编槿〔槿（jǐn）：木槿树。〕为篱，结茅为亭。以三亩荫竹树栽花果，二亩种蔬菜，四壁清旷，空诸所有，蓄山童灌园薙草，置二三胡床着亭下，挟书剑以伴孤寂，携琴弈以迟良友，此亦可以娱老。

译文 良辰美景，或在暖暖的春日，或在凉爽的秋天，拄着竹杖，穿着木屐，逍遥自乐。靠近池边观鱼跃，来到林中听鸟鸣，喝上一杯酒，弹上一首琴曲，既可以求得片刻的欢乐，差不多也可以以此安享晚年。建筑几间居室，用木槿编成篱笆，用茅草搭成亭子。用三亩竹林余荫处栽种花果，两亩地种上蔬菜，家中四壁空旷，没有什么储存，畜养山童灌溉园圃和除草，置办两三个胡床放在亭子下，带着书、剑以消磨孤寂的日子，携带着琴、棋等待好友，这也可以颐养天年。

一径阴开，势隐蛇蟺〔蟺（shàn）：蚯蚓。〕之致，云到成迷；半阁孤悬，影回缥缈之观，星临可摘。

译文 一条小道若隐若现，蜿蜒前行，就像蛇和蚯蚓一样，云雾升腾之处则一片迷蒙；半座亭阁凌空孤悬，就好像缥缈仙境中的景观，站在那里，星星举手可摘。

几分春色全凭狂花疏柳安排，一派秋容总是红蓼白苹妆点。

译文 几分春色全凭缤纷的鲜花、稀疏的柳树来安排，一派秋色总是要靠红蓼、白苹来装扮。

南湖水落，妆台之明月犹悬；西廓烟销，绣榻之彩云不散。

译文 南边湖上的潮水已经退下了，妆台前的相思女子心中明月犹悬，难以入睡；西边旷野的烟雾已经消退了，绣榻上相思女子脸上的愁云仍未散去，难以成眠。

秋竹沙中淡，寒山寺里深。

译文 沙中的秋竹看起来颜色更淡，古寺周围的寒山看起来更为幽深。

野旷天低树，江清月近人。〔“野旷天低树”两句：出自唐代孟浩然的《宿建德江》。〕

译文 山野空旷，使得天看起来变低了，就好像压在树梢上一样；江水澄清，月亮倒映在水中，似乎和人更为亲近了。

盛暑持蒲，榻铺竹下，卧读骚经〔骚经:《离骚》和《诗经》。〕，**树影筛风，浓阴蔽日，丛竹蝉声，远远相续，蘧然入梦。醒来命取榐栉发，汲石涧流泉，烹云芽一啜，觉两腋生风。徐步草玄亭，芰荷出水，风送清香，鱼戏冷泉，凌波跳掷。因陟东皋**〔东皋：东面的高地。〕**之上，四望溪山罨画**〔罨（yǎn）画：颜色驳杂的图画。〕，**平野苍翠。激气发于林瀑，好风送之水涯，手挥麈尾，清兴洒然。不待法雨凉雪，使人火宅之念都冷。**

译文 盛夏酷暑手拿蒲扇，将木榻放在竹林之下，卧读《离骚》《诗经》，树影中透过清风，浓荫遮蔽阳光，树丛竹林中时时传来蝉声，由远及近，连续不断，朦胧中进入梦乡。醒来时命童仆拿来梳子梳洗，汲取山间清泉以烹煮香茗，独自品啜，感觉两腋生风。漫步到草玄亭，看菱角、荷花露出水面，微风送来阵阵清香，鱼儿在清凉的泉水中嬉戏，凌波跳跃。于是，登上东边的高地，四面环望，小溪、青山如同颜色驳杂的图画，原野苍翠。激越之气发于林间瀑布之上，和煦的清风吹到水边，手中挥动着麈尾，清雅的兴致十分洒脱。不用等到甘霖般的雨滴和冰凉的雪花降下，就可以使人世间的杂念都烟消云散。

山曲小房，入园窈窕幽径，绿玉万竿。中汇涧水为曲池，环池竹树云石。其后平冈逶迤〔逶迤（wēi yí〕：曲折绵延。），古松鳞鬣，松下皆灌丛杂木，茑萝〔茑萝：蔓草、藤萝。〕骈织，亭榭翼然。夜半鹤唳清远，恍如宿花坞间，闻哀猿啼啸，嘹呖惊霜，初不辨其为城市为山林也。

译文 在群山环抱中有间房屋，走进园中有一条幽深曲折的小径，如玉的绿竹有万竿。中间涧水汇集形成弯曲的水池，曲池周边环绕着竹树、云石。后面平平的山冈曲折绵延，冈上松树成林，松下灌木丛生，蔓草、藤萝相互交织，亭台楼榭如同两翼。夜半时分，鹤唳之声清远，恍惚间好像住在花坞里一样，又听到猿猴哀叫啼鸣，声音嘹亮凄厉，惊动了秋霜，使人无法分辨身在城市还是山林。

一抹万家，烟横树色，翠树欲流，浅深间布，心目竞观，神清爽涤。

译文 一抹云霞洒落万家，烟雾笼罩树林间，树木苍翠欲滴，颜色深浅相间，心灵、眼睛竞相欣赏，使人神清气爽。

万里澄空，千峰开霁，山色如黛，风气如秋，浓阴如幕，

烟光如缕，笛响如鹤唳，经飔如咿唔〔咿唔：咿呀学语。〕，**温言如春絮，冷语如寒冰，此景不应虚掷。**

译文 天空万里澄净，千峰云雾消散，山色苍翠如黛，清风凉爽如秋，树荫浓密如同帷幕，炊烟缕缕，笛声如同鹤唳，风声如同幼儿咿呀学语，温馨的言语如同春天的柳絮，冰冷的言语如同寒冰，如此美景不应虚度。

山房置古琴一张，质虽非紫琼绿玉，响不在焦尾号钟〔焦尾号钟：古代的两架名琴，分别属于蔡邕和齐桓公。〕，**置之石床，快作数弄，深山无人，水流花开，清绝冷绝。**

译文 山居的房中放上一架古琴，质地虽不是紫琼绿玉，声响也比不上焦尾、号钟，但是把它放在石床上，快快弹奏几曲，在无人的深山中，在潺潺流水、春暖花开的美景中，声音清幽绝伦。

密竹轶云，长林蔽日，浅翠娇青，笼烟惹湿。构数椽其间，竹树为篱，不复葺垣。中有一泓流水，清可漱齿，曲可流觞〔曲可流觞：即流觞曲水。古时的一种风俗，每年三月初三，人们就会在水边宴饮，把盛酒的酒杯放在弯弯曲曲的溪水中，让其自由漂流，漂到谁的面前谁就要饮酒。〕，**放歌其间，离披蒨郁，神涤意闲。**

译文 茂密的竹林直冲云霄，高高的树林遮蔽了阳光，芳草泛着浅浅的翠绿、娇嫩的青色，烟雾笼罩，空气湿润清新。在这优美的环境中搭建小屋，用竹树作为篱笆，不用修葺墙垣。中间有一泓清泉，清澈得可以漱口，弯曲有致，可以流觞，在其间放歌，草木郁郁青青，又生长得散乱自然，使人心灵净化，获得闲适的意趣。

云晴叆叇〔叆叇（ài dài）：云彩遮住太阳的样子。〕，**石楚流滋**〔石楚流滋：柱子下的石础潮湿欲滴。这往往是要下雨的征兆。〕。**狂飙忽卷，珠雨淋漓。黄昏孤灯明灭，山房清旷，意自悠然。夜半松涛惊飔，蕉园鸣琅，窾坎之声**〔窾（kuǎn）坎之声：击打空心物体之声。〕，**疏密间发，愁乐交集，足写幽怀。**

译文 天虽已放晴，但云彩遮住了太阳，石础依然潮湿欲滴。狂风突起，大雨倾盆。黄昏时分孤灯忽明忽暗，身居山房中感到清新旷达、悠闲惬意。夜半时分松涛阵阵，风雨吹打之下的芭蕉园中发出击打空心玉石的声音，时而密集，时而稀疏，使人忧乐交集，足以抒发内心悠闲的情怀。

四林皆雪，登眺时见。絮起风中〔絮起风中：化用“才女谢道韫咏絮”的典故。《世说新语·言语》中记载：“谢太傅寒雪日内集，与儿女讲论文义。俄而雪骤，公欣然曰：‘白雪纷纷何所似？’兄子胡儿曰：‘撒盐空中差可拟。’兄女曰：‘未若柳絮因风起。’”〕，**千峰堆玉；鸦翻城角，万壑铺银。无树飘花，片片绘子瞻之壁**〔子瞻之壁：即苏轼，字子瞻，曾作《念奴娇·赤壁怀古》，其中有“乱石穿空，惊涛拍岸，卷起千堆雪”之句。〕；**不妆散粉，点点糁原宪**〔原宪：孔子的弟子，虽然贫穷，但不追求名利，安贫乐道。〕**之羹。飞霰入林，回风折竹，徘徊凝览，以发奇思。画冒雪出云之势，呼松醪茗饮之景。拥炉煨芋，欣然一饱，随作雪景一幅，以寄僧赏。**

译文 登高远眺，看见莽莽林海，白雪连天。白雪如同柳絮一样在风中起舞，山峰积雪如同堆砌的玉；寒鸦在城角翻飞，山中万壑都如同铺上了一层银色。没有树木，却在飘花，片片如同苏子瞻所描绘的赤壁景色；不用装点，却有粉彩散落，点点散落如同原宪的藜藿之羹。飞散的雪花飘入林中，强劲的回风折断竹子，徘徊其间，凝神观览，以萌生奇思异想。描绘冒雪出云的气势，呼唤童子拿松醪、香茗的情景。围着火炉烤山芋，美美地吃饱，随后画一幅雪景，以便寄给名僧评赏。

孤帆落照中，见青山映带，征鸿回渚〔渚：水中的小块陆地。〕**，争栖竞啄，宿水鸣云，声凄夜月，秋飙萧瑟，听之黯然，遂使一夜西风，寒生露白。**

译文 孤帆笼罩在夕阳的余晖之中，两岸的青山相互映衬，远飞的鸿雁回到水渚之上，彼此争抢栖息之地和食物，在水上夜宿，在云间鸣叫，声音凄厉，使得月夜更加悲凉，秋风萧瑟，听来使人黯然神伤。于是，一夜西风刮过，寒意顿生，白露降临。

万山深处，一泓涧水，四周削壁，石蹬崭岩，丛木蓊郁，老猿穴其中；古松屈曲，高拂云颠，鹤来时栖其顶。每晴初霜旦，林寒涧肃，高猿长啸，属引凄异，风声鹤唳，隙呖惊霜，闻之令人凄绝。

译文 万山深处，一泓清泉，四周都是悬崖峭壁，岩间有凿出的石蹬，树木郁郁葱葱，老猿居住在穴中；古松弯曲有致，高耸入云，仙鹤飞来就栖息在其顶端。每当天色初晴、霜天之晨，林间寒冷，水涧肃杀，高猿长啸，啼声凄厉，风声呼啸，仙鹤悲唳，声音之凄凉惊吓了寒霜，人听了感觉无比凄凉。

春雨初霁，园林如洗。开扉闲望，见绿畴麦浪层层，与湖头烟水相映带，一派苍翠之色或从树梢流来，或自溪边吐出。支笻散步，觉数十年尘土肺肠俱为洗净。

译文 春雨过后，天气初晴，园林好像被洗过一样翠绿鲜亮。打开柴扉，闲来远望，看到碧绿的田野间泛起千层麦浪，与湖边的烟水相映衬，一派苍翠之色，或者在树梢间散出，或者从溪流边吐出。此时，拄着竹杖散步，感觉几十年来被世俗污染的肺肠都被洗得干干净净。

四月有新笋、新茶、新寒豆、新含桃，绿阴一片，黄鸟数声，乍晴乍雨，不暖不寒，坐间非雅非俗、半醉半醒、尔时如从鹤背飞下耳。

译文 四月有新笋、新茶、新寒豆、新含桃，到处都是一片绿荫，黄鹂在林间鸣叫数声，天气忽而晴朗忽而下雨，气温不暖不寒，座间的客人非雅非俗、半醉半醒，这时的感觉就像是从仙鹤背上飞下来一样。

名从刻竹，源分渭亩之云〔渭亩之云：如同云彩一样繁多密集的竹林。渭亩，即竹子。《史记·货殖列传》云："渭川千亩竹。"〕；**倦以据梧，清梦郁林之石**〔郁林之石：东汉时期，陆绩曾为郁林太守，为官十分清廉，以至于罢官后乘船渡海之时，没有什么行李而使得船太轻不够沉稳，最后只好搬运石头上船才得以渡海。后人以此喻指为官清廉。〕。

译文 把名字刻在竹简上想要流传后世，起源于如同云彩一样繁多密集的渭川千亩竹林；疲倦了就靠着梧桐树休息，清梦之中会有郁林太守的石头。

夕阳林际，蕉叶堕而鹿眠；点雪炉头，茶烟飘而鹤避。

译文 夕阳映照在林间，芭蕉叶落地而野鹿依然在安心睡眠；在炉火上煮雪烹茶，茗茶之烟飘散而仙鹤受惊躲避。

高堂客散，虚户风来，门设不关，帘钩欲下。横轩有狻猊〔狻猊（suān ní）：似狮子的猛兽。〕**之鼎，隐几皆龙马之文，流览霄端，寓观濠上**〔濠上：《庄子·秋水》中记载庄子曾与惠施游于濠梁之上。后代指逍遥之所。〕**。**

译文　高堂上的客人已经散去，房门虚掩，清风徐来，门上不设门插，帘钩也想要放下。门口放有刻着像狮子图案的鼎，几案上刻有龙马形象的文饰，浏览云端闲适的景色，注视逍遥之所的风光。

山经秋而转淡，秋入山而倍清。

译文　山中的风景经过秋天就会变得淡雅，秋天进入山中就会感到倍加清爽。

山居有四法：树无行次；石无位置；屋无宏肆；心无机事。

译文　居于山中有四个法则：树木杂生，没有行列次序；石头错落，没有固定的位置；房屋简陋，没有宏大的构造；心中闲适，没有世俗的机心。

海山微茫而隐见，江山严厉而峭卓，溪山窈窕而幽深，塞山童赪〔童赪：荒芜不长草木的赤色土地。〕**而堆阜，桂林之山绵衍庞博**〔绵衍庞博：绵延而磅礴。〕**，江南之山峻峭巧丽。山之形色，不同如此。**

译文　大海一片迷蒙，远处山脉若隐若现，两岸山峰高耸而陡峭，溪水流经的青山窈窕而幽深，塞外的山光秃秃地堆积成赤色山丘，桂林的山绵延而磅礴，江南的山峻峭而俏丽。山的形态和景色就是这样不同。

杜门〔杜门：关门。〕**避影，出山一事不到梦寐间。春昼花阴，猿鹤饱卧，亦五云之余荫。**

译文 关门谢客，避开尘世，出山入仕这种事从来不会进入梦境。春光明媚，花丛树荫，猿猴、仙鹤吃饱后闲卧，这也是五彩祥云的余荫。

与衲子〔衲子：本指僧人所穿的衣服，后代指僧人。〕**辈坐林石上，谈因果**〔因果：佛教主张因果报应论。〕，**说公案**〔公案：佛教禅宗常常运用佛理来解释疑难问题，如同官府判案，由是称为“公案”。〕。**久之，松际月来，振衣而起，踏树影而归，此日便是虚度。**

译文 与僧人打坐在竹林间的石头上，谈论因果报应，论说禅宗公案。不知不觉过了很久，松林间升起了明月，抖抖衣服站起来，踏着树影回家，这一天算是虚度了。

结庐人径，植杖山阿〔山阿：山的曲折处。〕，**林壑地之所丰，烟霞性之所适。荫丹桂，藉白茅，浊酒一杯，清琴数弄，诚足乐也。**

译文 在人们登山的小径旁建一个草庐，在山的曲折处拄杖而行，树林沟壑是土地丰饶的表现，烟霞缭绕正与我的本性相适应。在丹桂的树荫下乘凉，坐在白茅上，喝上一杯浊酒，抚弄几声清琴，这实在足以让人快乐。

辋水〔辋（wǎng）水：即辋川，位于今陕西蓝田南，唐代王维曾隐居在此，建别业。〕**沦涟，与月上下；寒山远火，明灭林外。深巷小犬，吠声如豹；村虚夜舂，复与疏钟相间。此时独坐，童仆静默。**

译文 辋川荡起层层涟漪，映着月光上下闪动；远处的寒山中有几处灯火，在树林外忽明忽暗。深巷中的小狗，叫声如豹；虚静的村落中传来晚上舂米的声音，又和寺院的钟声相间。此时独自静坐，就连童仆也毫无声响。

东风开柳眼，黄鸟骂桃奴〔桃奴：在秋天没有被采摘，经过冬天已经风干了的桃子。〕。

译文 东风吹拂，柳枝吐绿，宛如春风吹开了柳树的眼睛；黄鹂鸣叫，啄食干桃，似乎在叫骂那些风干了的桃子。

杏花疏雨，杨柳轻风，兴到欣然独往；村落烟横，沙滩月印，歌残倏尔〔倏（shū）尔：形容很快，时间很短。〕**言旋**。

译文 稀疏的春雨落在杏花上，温柔的春风吹拂着杨柳，兴致来了就欣然独往；傍晚时，炊烟袅袅升起，笼罩着村落，沙滩上洒下月光，唱完歌马上就说要回家。

赏花酣酒，酒浮园菊方三盏；睡醒问月，月到庭梧第二枝。此时此兴亦复不浅。

译文 赏花饮酒，酒杯中飘着园中的新菊，共饮三盏；睡醒之后问月，月亮已经照到了庭院梧桐树上的第二枝。此时的意兴也实在是不浅啊。

几点飞鸦，归来绿树；一行征雁，界破青天。

译文 几只飞翔的乌鸦，归来落在绿树上；一行远征的大雁直上云霄，划破了万里长空。

喜方外之浩荡，叹人间之窘束；逢阆苑之逸客，值蓬莱之

故人。

译文 喜欢尘世之外的浩浩荡荡，感叹人间的窘迫束缚；喜逢阆苑仙境的飘逸仙客，巧遇蓬莱仙山的故友亲朋。

忽据梧而策杖，亦披裘而负薪。

译文 忽而靠着梧桐树、拄着拐杖前行，忽而又披着皮裘、背着柴木行走。

出芝田〔芝田：传说仙人种植芝草的地方。〕**而计亩，入桃源而问津**〔津：渡口。〕。**菊花两岸，松声一丘，叶动猿来，花惊乌去。阅丘壑之新趣，纵江湖之旧心。**

译文 走出种着芝草的地方才计算亩数，进入桃花源之后才询问渡口。河流两岸都是菊花，松声传遍了整个山丘，树叶颤动召来了猿猴，却惊吓了花朵，吓飞了乌鸦。领略深山幽谷间的新趣，放纵自己浪迹江湖的往日夙愿。

篱边杖履送僧，花须列于巾角〔巾角：头巾。〕；**石上壶觞坐客，松子落我衣裾。**

译文 在篱笆边拄着拐杖、穿着木屐送别僧人，篱笆上的花须粘在了头巾上；在巨石上与客人对坐饮酒，松子落在了我的衣衫上。

松子为餐，蒲根可服。

译文 松子可以作为食物充饥，蒲根可以作为饮料解渴。

烟霞润色，荃荑结芳。出涧幽而泉冽，入山户而松凉。

译文 烟霞滋润景色，荃蕙发出芬芳。泉水出自幽涧而十分清冽，刚刚进入山户就感觉到松林的凉风。

旭日始暖，蕙草可织。园桃红点，流水碧色。

译文 初升的太阳刚刚有些暖意，蕙草已经长得可以编织东西了。园圃中的桃子已经呈现出几点红色，潺潺的流水清澈碧绿。

玩〔玩：玩赏，欣赏。〕**飞花之度窗，看春风之入柳。命丽人于玉席，陈宝器于纨罗。忽翔飞而暂隐，时凌空而更飏。竹依窗而弄影，兰因风而送香。风暂下而将飘，烟才高而不暝。**

译文 玩赏飞花穿过窗户，观看春风拂动杨柳。命令美人躺在玉席上，陈列珍宝器物于绫罗之中。忽而飞翔又暂时隐蔽，时而凌空却更为飘扬。竹子靠近窗户投下暗影，兰花随风送来清香。清风暂时停下又即将飘起，烟雾刚刚升起来而不再停息。

卷七　集韵

人生斯世不能读尽天下秘书灵笈，有目而昧，有口而哑，有耳而聋，而面上三斗俗尘何时扫去？则“韵”之一字，其世人对症之药乎！虽然，今世且有焚香啜茗，清凉在口，尘俗在心，俨然自附于韵，亦何异三家村老妪，动口念“阿弥”，便云“升天成佛”也。集《韵》第七。

译文 人生在世不能把天下的奇书珍籍都读完，长着眼睛却看不见人间美景，有口却说不出精言妙语，有耳朵却听不到清音雅乐，脸上三斗厚的尘土什么时候能够扫去呢？那么，“韵”这个字就是世人的对症良药了！即使是这样，现在的人焚香品茶，口清凉了，心还是俗的，但他们都俨然是高雅之士，自以为深得“韵”之三昧，又和那些三家村的老妇有什么不同呢，动口念几声“阿弥陀佛”，便说“升天成佛”了。因此，我编撰了第七卷《韵》。

陈慥家蓄数姬，每日晚藏花一枝，使诸姬射覆，中者留宿，时号“花媒”。

译文 陈慥家里养了好几个美姬，每天晚上他都在器皿下藏一枝花，让她们去找，找到的就留下侍宿，时人称为“花媒”。

清斋幽闭，时时暮雨打梨花；冷句忽来，字字秋风吹木叶。

译文 清静的书斋幽幽地闭着，不时传来傍晚雨打梨花的声音；忽然有凄冷的诗句浮现于脑际，每个字都像秋风吹落叶般的凄凉。

多方分别，是非之窦易开；一味圆融，人我之见不立。

译文 从多方面、多角度进行分析、辨别，那么是非的关键就容易解开；如果一味地灵活变通，那对人对己都难以形成确定的意见。

春云宜山，夏云宜树，秋云宜水，冬云宜野。

译文 春天的云彩适宜山间，夏天的云彩适宜树林，秋天的云彩适宜水上，冬天的云彩适宜田野。

清疏畅快，月色最称风光；潇洒风流，花情何如柳态。

译文 月色清幽疏朗，令人畅快，可以称得上最好的风光；柳态婀娜多姿，潇洒风流，要远远胜过花的情态。

香令人幽，酒令人远，茶令人爽，琴令人寂，棋令人闲，剑令人侠，杖令人轻，麈令人雅，月令人清，竹令人冷，花令人韵，石令人隽，雪令人旷，僧令人淡，蒲团令人野，美人令人怜，山水令人奇，书史令人博，金石鼎彝令人古。

译文 焚香让人感到幽怨，饮酒让人感到高远，品茶让人感到清爽，听琴让人感到寂静，弈棋让人感到闲适，佩剑让人感到有豪气，竹杖让人感到轻侈，拂尘令人感到高雅，明月让人感到清爽，翠竹让人感到清冷，鲜花让人感到有韵致，奇石让人感到隽永，大雪让人感到旷达，高僧让人感到淡泊，蒲团让人感到粗野，美人让人爱怜，山水让人称奇，史书让人见识广博，金石鼎彝让人古朴。

吾斋之中不尚虚礼。凡入此斋，均为知己；随分款留，忘形笑语；不言是非，不侈荣利；闲谈古今，静玩山水；清茶好酒，以适幽趣。臭味之交如斯而已。

译文 我的书斋中不喜欢虚礼。凡是进入其中的，都是知心的朋友；随便款待去留，随意嬉笑怒骂，放浪形骸；不谈论世俗的是非曲直，不奢求声名利禄；闲谈古往今来，静玩山情水趣；清茶好酒，用来契合幽雅的情趣。志趣相投的交情就是这样罢了。

竹径款扉，柳阴班席。每当雄才之处，明月停辉，浮云驻影，退而与诸俊髦〔俊髦（máo）：才智杰出之士。〕西湖靓媚。赖此英雄，一洗粉泽。

译文 沿着竹林小路前去叩门，在柳荫下按次序坐下来，相对清谈。每当有英雄才俊到来的时候，明月的光辉似乎停止不动，浮云也似乎不飘动了，然后和各位英雄豪杰泛舟西湖，观赏明媚的春光。西湖也因为英雄豪杰洗去了脂粉气。

幽心人似梅花，韵心士同杨柳。

译文 内心幽静的人像梅花，内心富有韵味的人像柳树。

情因年少，酒因境多。

译文 多情是因为青春年少，喝酒是因为境遇复杂。

看书筑得村楼，空山曲抱；趺坐〔趺（fū）坐：指佛教徒盘腿端坐，左脚放在右腿上，右脚放在左腿上。〕扫来花径，乱水斜穿。

译文 静心看书最好在修筑的山村小楼上，周围有青山环绕；盘腿打坐最好在打扫过的花丛夹道上，有清澈的溪水环绕。

倦时呼鹤舞，醉后倩僧扶。

译文 疲倦时招呼仙鹤起舞，醉后请求和尚搀扶。

鸟衔幽梦远，只在数尺窗纱；蛩递秋声悄，无言一龛灯火。

译文 鸟衔着幽梦飞远，梦境好像在数尺纱窗外；蟋蟀的叫声悄悄传递着秋天的讯息，对着龛中的灯火无言。

藉草班荆，安稳林泉之窔〔窔（yào）：幽深。〕；**披裘拾穗，逍遥草泽之臞**〔臞（qú）：消瘦。〕。

译文 借着草坪盘腿而坐，夜晚在林泉间安然徜徉；披着裘衣到田间拾麦穗，在阳光的照耀下逍遥自在。

万绿阴中，小亭避暑；八闼〔闼（tà）：门，小门。〕**洞开，几簟皆绿。雨过蝉声来，花气令人醉。**

译文 在广阔的绿荫中，小亭是避暑的好地方；亭中八面的门户洞开，似乎把几案和簟席都染成了绿色。雨过天晴，蝉声阵阵传来，花香清香馥郁，令人陶醉。

剸〔剸（tuán）：割断。〕**犀截雁之舌锋，逐日追风之脚力。**

译文 言辞犀利，锋芒好像剑和飞箭一样；脚力快捷，速度与夸父、追风马一样。

瘦影疏而漏月，香阴气而堕风。

译文 瘦竹影子萧疏，透出斑斑的月光；花丛香气氤氲，随微风散开。

修竹到门云里寺，流泉入袖水中人。

译文 修长的竹子掩映到云雾缭绕的寺庙前，潺潺清泉在水中映出的人的袖子间流淌。

诗题半作逃禅偈，酒价都为买药钱。

译文 作诗的题目多半是参禅的偈语，买酒的钱大多是买药炼丹的钱。

流水有方能出世，名山如药可轻身。

译文 流水有让人超凡脱俗的奇特方法，名山像使人身体健硕的妙药。

与梅同瘦，与竹同清，与柳同眠，与桃李同笑，居然花里神仙；与莺同声，与燕同语，与鹤同唳，与鹦鹉同言，如此话中知己。

译文 和梅花一样清瘦，和翠竹一样清雅，和垂柳一起睡眠，和桃李一起欢笑，好像花国里的神仙；和黄莺一起歌唱，和燕子一起细语，和仙鹤一起鸣叫，和鹦鹉一起说话，这就是鸟语中的知己。

梅花入夜影萧疏，顿令月瘦；柳絮当空晴恍惚，偏惹风狂。

译文 梅花的影子隐入寒夜，显得萧疏冷清，顿时让月光也消瘦了；柳絮飘飞，使得晴朗的天空恍惚，偏偏惹来狂风吹拂。

花阴流影，散为半院舞衣；水响飞音，听来一溪歌板。

译文 花荫流动的影子随着阳光洒了半院，犹如飘动的舞衣；溪水流淌的声音随着微风远远飘来，听起来好像音乐的节拍声。

浣花溪内，洗十年游子衣尘；修竹林中，定四海良朋交籍。

译文 在浣花溪里，洗去游子衣服上十年的风尘；在修竹林中，编定四海知心朋友交往的名册。

人语亦语，诋其昧于钳口；人默亦默，訾〔訾（zǐ）：诋毁。〕

其短于雌黄。

译文 附和别人说话，人们会诋毁他把不住口风；跟随别人沉默，人们会讥讽他不善于评论品鉴。

艳阳天气，是花皆堪酿酒；绿阴深处，凡叶尽可题诗。

译文 艳阳天里，只要是花就能采来酿酒；绿荫深处，只要是叶子就可以用来题诗。

曲沼荇香侵月，未许鱼窥；幽关松冷巢云，不劳鹤伴。

译文 弯曲的池塘中，荇菜的芳香浸染着明月，不许游鱼来窥视；幽静的关塞上，松树清冷云归去，这样幽静的时候，不劳仙鹤来做伴。

篇诗斗酒，何殊太白之丹丘；扣舷吹箫，好继东坡之赤壁。

译文 畅饮斗酒，吟诵诗篇，和李白的《丹丘诗》有什么不同；叩响船舷，吹箫相和，好像仿照苏轼续写《赤壁赋》。

茶中着料，碗中着果，譬如玉貌加脂，蛾眉着黛，翻累本色。

译文 茶中放作料，碗里放果品，好比秀丽的脸上涂脂粉，弯弯的眉上画青黛，反而影响了本色。

煎茶非漫浪，要须人品与茶相得，故其法往往传于高流隐逸，有烟霞泉石磊落胸次者。

译文 煎茶品饮不是随便的事，必须要人品和茶品相宜。因此，煎茶的方法往往在高人隐士和有烟霞泉石那样磊落胸怀的人之间流传。

高士流连花木，添清疏之致；幽人剥啄莓苔，生淡冶之光。

译文 高雅之士流连于山林花木之间，更增添了清疏的韵致；隐逸之人的手杖敲打着路边的青苔，更生发出黯淡的光景。

松涧边携杖独往，立处云生破衲；竹窗下枕书高卧，觉时月侵寒毡。

译文 松林溪涧边，拄着拐杖独自前去探奇寻幽，站的地方不觉白云从破旧的衲衣中环绕升腾；竹窗下面，头枕经书高卧酣睡，醒来时发现月亮的清冷之气侵入身下的寒毡。

散履闲行，野鸟忘机时作伴；披襟兀坐，白云无语漫相留。

译文 放开脚步闲逛，野鸟忘记了警惕，时常前来相伴；披着衣襟打坐，白云无语，似乎留下来供人观赏。

客到茶烟起竹下，何嫌屐破苍苔；诗成笔影弄花间，且喜歌飞《白雪》。

译文 客来就提水煮茶，茶烟在竹林下袅袅升起，又何必担心木屐踏破了苍翠的苔藓；笔墨在花丛飞舞，写成诗篇，随之传来《白雪》的歌声，令人欣喜。

月有意而入窗，云无心而出岫〔出岫（xiù）：出山，从山中出来。〕。

译文 月光似乎有意溜进窗户，白云似乎无心从峰峦间飘出。

屏绝外慕，偃息长林，置理乱于不闻，托清闲而自佚。松轩竹坞，酒瓮茶铛，山月溪云，农蓑渔罟〔罟（gǔ）：捕鱼的网。〕。

译文 摒弃和断绝对尘世贪欲的向往，隐居在山林间，不管世间的治乱兴衰，只图清闲自在。松间的台轩、竹搭的屏坞、盛酒的陶瓮、烹茶的茶铛、山间的明月、溪涧的云雾、农家的蓑衣、渔家的钓网都令人欣喜和流连。

怪石为实友，名琴为和友，好书为益友，奇画为观友，法帖为范友，良砚为砺友，宝镜为明友，净几为方友，古磁为虚友，旧炉为熏友，纸帐为素友，拂麈为静友。

译文 怪石可以是朴实的朋友，名琴可以是和谐的朋友，好书可以是有益的朋友，奇画可以是观赏的朋友，法帖可以是模仿的朋友，良砚可以是砥砺的朋友，宝镜可以是明亮的朋友，净几可以是方正的朋友，古磁可以是清虚的朋友，旧炉可以是熏香的朋友，纸帐可以是素淡的朋友，拂麈可以是幽静的朋友。

扫径迎清风，登台邀明月，琴觞之余，间以歌咏，止许鸟语花香来吾几榻耳。

译文 打扫小路迎接清风，登上高台邀请月亮，弹琴、饮酒之余，伴随着吟咏歌唱，只许鸟语花香传到我的几案和床榻前。

风波尘俗不到意中，云水淡情常来想外。

译文 是非风波、世俗之事从不放在意中，山水泉石、淡泊闲情常伴思想之间。

纸帐梅花休惊他三春清梦，笔床茶灶可了我半日浮生。

译文 纸做的帐子、盛开的梅花不要惊醒三春清梦，放笔的架子、烹茶的炉灶可以伴随我度过自在的一生。

酒浇清苦月，诗慰寂寥花。

译文 借酒浇愁，面对清苦的月色；吟诗作赋，慰问寂寥的花朵。

一室十圭，寒蛩声喑〔喑（yīn）：嗓子哑，不能出声。〕**；折脚铛边，敲石无火。水月在轩，灯魂未灭，揽衣独坐，如游皇古。**

译文 在窄小的屋子里，寒秋蟋蟀的悲鸣发不出声音；在折脚的茶铛之间，敲火石却生不出火来。水中明月照在高轩上，烛光熄灭灯花还在，揽衣独坐，这样的情景仿佛神游上古世界。

遇月夜，露坐中庭，心爇〔爇（ruò）：点燃，焚烧。〕**香一炷，可号“伴月香”。**

译文 赶上明月之夜，顶着露水在院中打坐，必须燃起一炷香，可称为“伴月香”。

襟韵洒落，如晴雪秋月，尘埃不可犯。

译文 胸襟开阔，韵致潇洒磊落，像初晴的白雪、秋天的明月清净皎洁，是世间的尘埃无法侵犯和污染的。

峰峦窈窕，一拳便是名山；花竹扶疏，半亩如同金谷。

译文 峰峦窈窕秀美，即使是拳头般大小也是名山；花荫竹影斑驳稀疏，即使只有半亩也比得上金谷园。

观山水亦如读书，随其见趣高下。

译文 观赏山水也像读书一样，会根据人的情趣、见识的不同而一分高下。

深山高居，炉香不可缺，取老松柏之根枝实叶共捣治之，研枫肪羼和〔羼（chàn）和：把不同的东西掺混在一起。〕**之，每焚一丸，亦足助清苦。**

译文 在深山中隐居，炉中焚香是不可缺的，取老松柏的根、枝、果实和叶子一起捣碎制成，研磨枫脂加以调和，每焚完一丸香，足以帮助人清心苦行。

白日羲皇世，青山绮皓心。

译文 日光明媚像上古伏羲时的清闲世界，山清水秀像汉初商山四皓那样超俗。

松声、涧声、山禽声、夜虫声、鹤声、琴声、棋子落声、雨滴阶声、雪洒窗声、煎茶声皆声之至清，而读书声为最。

译文 松间涛声、山涧水声、山禽叫声、夜虫鸣声、鹤唳声、弹琴声、棋子落盘声、雨滴台阶声、雪洒窗声、煎茶声都是清雅之声，而读书声是最为清雅的。

晓起入山，新流没岸；棋声未尽，石磐依然。

译文 早晨起来到山上去，溪涧新涨的水淹没了堤岸；下棋的落子声没有断绝，石磐的情景和昨天一样。

松声竹韵，不浓不淡。

译文 松涛之声、竹林之韵不浓不淡，恰到好处，令人清爽。

何必丝与竹，山水有清音。

译文 何必要那些弦乐器和管乐器，青山绿水自有清雅的音乐。

世路中人或图功名，或治生产，尽自正经，争奈天地间好风月、好山水、好书籍了不相涉，岂非枉却一生！

译文 世间的人有的图取功名，有的经营家产，用尽毕生的心力，却对天地间的好风月、好山水、好书籍毫不涉猎，岂不是枉活了一生！

李岩老好〔好：喜欢。〕**睡。众人食罢下棋，岩老辄就枕，阅数局乃一展转，云："我始一局，君几局矣？"**

译文 李岩老喜欢睡觉。别人吃完饭在下棋，他却去睡觉。经过几局棋的工夫，他才翻了个身，问道："我睡了一局，你们下几局了？"

夜长无赖，徘徊蕉雨半窗；日永多闲，打叠桐阴一院。

译文 长夜漫漫，百无聊赖，在雨打芭蕉的窗前徘徊；白天天长，多有闲空，打扫梧桐掩映的院落。

雨穿寒砌，夜来滴破愁心；雪洒虚窗，晓去散开清影。

译文 雨点穿过寒冷的石阶，在静夜中滴破了忧愁的心绪；白雪飘在虚掩的窗户上，在清晨散开一片清丽的景色。

春夜宜苦吟，宜焚香读书，宜与老僧说法，以销艳思；夏夜宜闲谈，宜临水枯坐，宜听松声冷韵，以涤烦襟；秋夜宜豪游，宜访快士，宜谈兵说剑，以除萧瑟；冬夜宜茗战，宜酌酒说《三国》《水浒》《金瓶梅》诸集，宜箸竹肉，以破孤岑〔孤岑（cén）：孤独和寂寞。〕。

译文 春夜适合苦吟诗书，适合焚香读书，适合与老和尚谈论佛法，以消除内心美艳的情思；夏夜适合闲谈，适合临水静坐，适合听松涛声、清冷的韵律，以消除内心的烦闷；秋天的晚上适合开怀游玩，适合拜访爽快的人，适合谈论兵法、剑术，以消除萧瑟的感觉；冬天的晚上适合斗茶，适合一边喝酒一边论说《三国演义》《水浒传》《金瓶梅》等，适合用筷子吃竹肉，以打破孤独和寂寞。

“今日鬓丝禅榻畔，茶烟轻飏落花风。”此趣惟白香山得之。

译文 “今日苍白的鬓发垂在禅床旁边，茶灶上的轻烟飘荡在落花时节的风中。”这样的情趣只有香山居士白居易才能得到。

清姿如卧云餐雪，天地尽愧其尘污；雅致如蕴玉含珠，日月转嫌其泄露。

译文 清逸的风姿就像躺在云朵里吃着白雪，天地都因为沾染尘俗而感到惭愧；优雅的韵致好比蕴藏的宝玉和含而不露的珍珠，日月还嫌自己泄露了宇宙的精光。

焚香啜茗自是吴中习气〔习气：风俗习惯。〕，雨窗却不可少。

译文 焚香品茶本来就是吴中地区的风俗习惯，雨中窗下的清闲安逸却是必不可少的。

茶取色臭俱佳，行家偏嫌味苦；香须冲淡为雅，幽人最忌烟浓。

译文 品茶要色泽、气味都好，精于此道的人却嫌味道苦涩；焚香要以清淡为好，隐士最忌讳烟太浓。

扫石烹泉，舌底朝朝茶味；开窗染翰，眼前处处诗题。

译文 打扫石级，煮泉烹茶，舌底就泛起一股茶香；开窗远望，饱蘸浓墨，眼前到处是作诗的题材。

或夕阳篱落，或明月帘栊，或雨夜联榻，或竹下传觞，或青山当户，或白云可庭。于斯时也，把臂促膝，相知几人，谑语雄谈〔雄谈：高谈阔论。〕，快心千古。

译文 或者夕阳的余晖洒在篱笆上，或者卷起竹帘让月光洒进来，或者在雨夜连床睡觉，或者在竹下畅饮，或者门对青山，或者庭绕白云。在这个时候，找几个朋友相聚，握手促膝，欢笑嬉戏，高谈阔论，真是千古快事。

疏帘清簟，销白昼惟有棋声；幽径柴门，印苍苔只容屐齿。

译文 稀疏的竹帘，清凉的竹席，消遣白日时光的只有围棋落子的声音；幽深的小路，简陋的柴门，印在苍苔上的只有木屐的齿痕。

落花慵扫，留衬苍苔；村酿新刍，取烧红叶。

译文 落花满地，懒得去扫，留下衬托苍苔；村酿在蒸馏新谷，取来红叶焚烧。

幽径苍苔，杜门谢客；绿阴清昼，脱帽观诗。

译文 幽静的小路上布满苍苔，关上门谢绝客人来访；绿荫覆盖的小院白天很清凉，脱帽露顶，独自观赏诗词。

烟萝挂月，静听猿啼；瀑布飞虹，闲观鹤浴。

译文 烟雾笼罩的藤萝上仿佛挂着月亮，静静地倾听猿猴的叫声；飞流直下的瀑布仿佛横贯天空的长虹，悠闲地观看仙鹤沐浴。

帘卷八窗，面面云峰送碧；塘开半亩，潇潇烟水涵清。

译文 卷起八面窗户的帘子，每面都有山峰送来的碧绿；挖开半亩方塘，潇潇烟水蕴含着清凉。

云衲高僧泛水登山，或可借以点缀。如必莲座说法，则诗酒之间自有禅趣，不敢学苦行头陀，以作死灰。

译文 穿着衲衣的僧人泛舟水上，攀登高山，有时可以作为一种点缀。如果一定要坐在莲花宝座上讲经说法，那么喝酒、吟诗之间自有禅趣，不必和头陀那样苦行，像死灰一样没趣。

遨游仙子，寒云几片束行妆；高卧幽人，明月半床供枕簟。

译文 遨游四海的仙子用几片寒云来装束行装，高卧山中的隐士把照在半张床的明月当作自己所枕的凉席。

落落者难合，一合便不可分；欣欣者易亲，乍亲忽然成怨。故君子之处世也，宁风霜自挟，无鱼鸟亲人。

译文 孤独沉默的人难以结交，一旦结成朋友便不可分离；喜乐自得的人容易亲近，但往往刚刚成为朋友忽然就结下仇怨。所以，君子为人处世，宁愿自己接受风霜保持节操，也不愿像缸中鱼、笼中鸟一样亲附于人。

——卷八　集奇——

我辈寂处窗下，视一切人世俱若蠛蠓〔蠛蠓（miè měng）：虫名。〕婴媿，不堪寓目。而有一奇文怪说，目数行下，便狂呼叫绝，令人喜，令人怒，更令人悲。低徊数过，床头短剑亦呜呜作龙虎吟，便觉人世一切不平俱付烟水。集《奇》第八。

译文 我们静坐在窗下，冷眼观看世上的一切世事，都好像争着吸血的蠛蠓一样，不忍去看。然而，有一段奇怪的谈论，我一目数行而下，读罢便狂呼叫绝，令人欢喜、愤怒，更令人悲伤。经过几番低吟品味，连挂在床头的短剑都发出如龙吟虎啸的呜呜声，顿时觉得世间的恩怨情仇像过眼云烟一样散去了。因此，我编撰了第八卷《奇》。

吕圣公之不问朝士名，张师亮之不发窃器奴，韩稚圭之不易〔易：换。〕持烛兵，不独雅量过人，正是用世高手。

译文 吕蒙正不问那个嘲笑他的朝士叫什么，张齐贤不揭发偷盗银器的奴仆，韩琦不换掉举蜡烛烧掉他胡子的士兵，这些人不仅雅量过人，而且是用世的高手。

花看水影，竹看月影，美人看帘影。

译文 花儿在水中的影子最好看，竹子在月光下的影子最好看，美人在珠帘后的影子最好看。

佞佛〔佞（nìng）佛：盲目奉佛以求福。〕若可忏罪，则刑官无权；寻仙若可延年，则上帝无主。达士尽其在我，至诚贵于自然。

译文 迷恋佛教要是能改过忏悔，那么执掌刑罚的官员就无权施加刑罚；寻求成仙要是能延年益寿，那么连上天都管不着。通达的人的言行都出于内心的真诚，而且至诚的心贵在顺从自然。

以货财害子孙，不必操戈入室；以学校杀后世，有如按剑伏兵。

译文 利用钱货财产贻害后世子孙，不一定要操戈入室，残暴是一样的；通过学校教育来扼杀后辈，就像按剑伏兵一样危险。

君子不傲人以不如，不疑人以不肖。

译文 正人君子不会因为别人不如自己就骄傲，也不会因为别人品行不端正就不信任别人。

读诸葛武侯《出师表》而不堕泪者，其人必不忠；读韩退之《祭十二郎文》而不堕泪者，其人必不友。

译文 读诸葛亮的《出师表》不哭的，这个人肯定没有尽忠的心；读韩愈的《祭十二郎文》不流泪的，这个人肯定没有朋友之情。

世味非不浓艳，可以淡然处之。独天下之伟人与奇物，幸一见之，自不觉魄动心惊。

译文 人情世况不可以说不浓重艳丽，但可以用淡然之心泰然处之。只是有时侥幸看到伟大的人物和奇异的事情，内心不禁魂魄摇动，暗自惊喜。

道上红尘，江中白浪，饶他南面百城；花间明月，松下凉风，输我北窗一枕。

译文 道上红尘滚滚，江中白浪翻腾，这情景比君临天下、坐拥百城还富有；花间明月照耀，松下凉风习习，哪里比我在北窗下枕着枕头大睡更自在呢！

涯如沙聚，响若潮吞。

译文 水边陆地像沙土堆积而成，响声像潮水吞吐一样。

石怪常疑虎，云闲却类僧。

译文 石头奇形怪状，常常让人怀疑是老虎伏地；云彩悠闲地飘荡，像僧人远游。

大豪杰舍己为人，小丈夫因人利己。

译文 大豪杰舍己救人，小丈夫损人利己。

一段世情，全凭冷眼觑〔觑（qù）：看，瞧。〕**破；几番幽趣，半从热肠换来。**

译文 一段世态人情，全仗着冷静的眼光才能看破；几番幽韵雅趣，大半要用热心肠才能换来。

识尽世间好人，读尽世间好书，看尽世间好山水。

译文 认识全天下的好人，读完全天下的好书，看完全天下的好山好水。

以一石一树与人者，非佳子弟。

译文 给别人像一块石头和一棵树这样小恩小惠的人，不是好后生。

一勺水便具四海水味，世法不必尽尝；千江月总是一轮月光，心珠宜当独朗。

译文 一勺水就具有了五湖四海所有水的味道，所以世间的人情世事不一定都要经历；千江上的明月其实是同一轮，所以人的心应该纯洁如珠、光明朗照。

面上扫开十层甲，眉目才无可憎；胸中涤去数斗尘，语言方觉有味。

译文 只有揭开面上多层掩盖真性情的假面具，才能露出真相，眉目也才不至于让人觉得可憎；只有涤除了内心的种种欲望和杂念，才能言出由衷，言语才会让人觉得有味可亲。

愁非一种，春愁则天愁地愁；怨有千般，闺怨则人怨鬼怨。

译文 忧愁不止一种，如果是春愁，那么天也愁、地也愁；怨恨有很多种，如果是闺中之怨，那么人也怨恨、鬼也怨恨。

天懒云沉，雨昏花蹙〔蹙（cù）：皱，收缩。〕**，法界岂少愁云；石颓山瘦，水枯木落，大地觉多窘况。**

译文 天慵懒云就会低沉，阴雨昏暗花就皱眉，宇宙难道会没有忧愁吗？岩石剥落，青山瘦削，泉水枯竭，树木凋落，大地令人感觉多有窘迫的情形。

笋含禅味，喜坡仙玉版之参；石结清盟，受米颠袍笏〔袍笏（hù）：古代官员上朝时穿的官服和手拿的笏板。〕**之辱。**

译文 竹笋中蕴含着禅的味道，很喜欢苏轼拜访玉版和尚所玩的游戏；巨石连接成清雅的会盟，反而遭受米芾锦袍象笏参拜的耻辱。

文如临画，曾致诮于昔人；诗类书抄，竟沿流于今日。

译文 写文章要是像临摹画那样，就会让古人讥笑；作诗像抄袭古书那样，竟然流传于现在。

缃绨〔缃绨：浅黄色的书套。〕递满而改头换面，兹律既湮；缥帙动盈而活剥生吞，斯风亦坠。

译文 浅黄色的书套堆满书架，内容却变了，其中的真谛已经湮没无闻了；淡青色的书套有几尺厚，内容却被活剥了，传统的读书风气已经消失殆尽了。

先读经，后可读史；非作文，未可作诗。

译文 只有先读经书，才可以读史书；要是不练习作文章，就没法作好诗。

俗气入骨，即吞刀刮肠，饮灰洗胃，觉俗态之益呈；正气效灵，即刀锯在前，鼎镬具后，见英风之益露。

译文 俗气深入骨髓，即使吞刀刮肠、喝灰洗胃，也会觉得神态俗得要命；灵魂中有正气，即使刀锯在前、鼎镬在后，也能显出英雄的豪气。

于琴得道机，于棋得兵机，于卦得神机，于药得仙机。

译文 从弹琴中可以悟得自然的玄机，从下棋中可以领悟兵法战略，从占卜中可以得到莫测的神机，从丹药中可以悟得成为神仙的机缘。

世界极于大千，不知大千之外更有何物；天宫极于非想，不知非想之上毕竟何穷。

译文 世界穷极于大千世界，不知道广大无边的世界之外还有什么东西；天宫极胜于非想处，不知道非想之上究竟还有多少无穷胜景。

千载奇逢无如好书良友，一生清福只在茗碗炉烟。

译文 千年的奇遇比不上好书和良友，一生的清福只在品茶之中。

作梦则天地亦不醒，何论文章！为客则洪濛无主人，何有章句！

译文 进入梦境，即使天地也会处于沉醉状态，还谈什么文章的清醒！人如果作为世上的匆匆过客，那么天地混沌时就没有主人，哪里还会有什么诗文章句！

艳，出浦之轻莲；丽，穿波之半月。

译文 娇艳的花朵，没有比生长在水边的清丽荷花更动人的；美丽的景色，没有比波光粼粼的半圆之月更美丽的。

云气恍堆窗里岫，绝胜看山；泉声疑泻竹间樽，贤于对酒。

译文 云蒸霞蔚的景象仿佛堆积在窗前的山峦，其中的绝妙比观赏山景更美；泉水叮咚的声音好像是打开倾泻于竹间的酒樽，其中的美感比对酒当歌还美。

杖底唯云，囊中唯月，不劳关市之讥；石笥〔笥（sì）：盛饭或盛衣物的方形竹器。〕**藏书，池塘洗墨，岂供山泽之税！**

译文 竹杖之下只有云雾，行囊里只装着月光，不劳关市的稽查；石匣中藏着书，在池塘里涮笔洗墨，哪里用得着缴山泽的税收！

有此世界，必不可无此传奇；有此传奇，乃可维此世界。则传奇所关非小，正可借《西厢》一卷以为风流谈资。

译文 有这样的世界，一定不会缺少这样的戏曲；正是有了这些戏曲，才会维系这样的世界。由此看来，戏曲不是非同小可的，正可借此一部《西厢记》作为风流谈资。

非穷愁不能著书，当孤愤不宜说剑。

译文 一个人没有到穷困悲愁的时候，不可以著书立说；正当孤傲激愤的时候，不应当谈刀论剑。

湖山之佳，无如清晓春时。常乘月至馆，景生残夜，水映岑楼，而翠黛临阶，吹流衣袂〔袂（mèi）：衣袖。〕，莺声鸟韵，催起哄然。披衣步林中，则曙光薄户，明霞射几，轻风微散，海旭乍来，见沿堤春草霏霏，明媚如织，远岫朗润出沐，长江浩渺无涯，岚光晴气，舒展不一，大是奇绝。

译文 湖光山色的美景没有比春天的清晨更好的了。我常常乘着残月来到馆舍，将残的夜色生发出另一番景致，平静的水面上倒映着小山上的楼阁，淡青色的晨光照在台阶上，微风吹着衣襟，黄莺的叫声和着鸟鸣的旋律催得梦中之人蓦然而起。我披上衣衫去树林，只见曙光照在门上，明朗的朝霞照在几案上，微风散去，太阳升起，只见堤岸上芳草霏霏，明媚的春光就像锦缎，远方的山峦就像刚刚出浴，江面辽阔无边，烟岚之光和晴朗之气或舒或展，呈现千姿百态，非常奇特美妙。

心无机事，案有好书，饱食晏眠，时清体健，此是上界真人。

译文 内心没有机巧之事，案头常有好书，饱食终日，安然睡去，时时心清体健，这样的情景就好像天上的神仙一样。

读《春秋》，在人事上见天理；读《周易》，在天理上见人事。

译文 读《春秋》，在人事上能窥出天理；读《周易》，在天理上能洞察人事。

则何益矣，茗战有如酒兵；试妄言之，谈空不若说鬼。

译文 品茶斗茶就好像斗酒一样有什么益处；终日空谈有什么作用，还不如谈狐说鬼呢！

镜花水月，若使慧眼看透；笔彩剑光，肯教壮志销磨。

译文 镜中花、水中月，如果使慧眼就能看透；笔中彩、剑上光，能让壮志消磨殆尽。

委形无寄，但教鹿豕〔豕（shǐ）：猪。〕**为群；壮志有怀，莫遣草木同朽。**

译文 放浪形骸，无欲无求，只求和鹿、猪一同居住；胸怀壮志，思想超绝，不能和草、木一起腐朽。

哄日吐霞，吞河漱月；气开地震，声动天发。

译文 烘托太阳，焕发彩霞，包容山河，漱洗月光；气势一开则大地为之震动，声势一动则上天为之叫喊。

论名节，则缓急之事小；较生死，则名节之论微。但知为饿夫以采南山之薇，不必为枯鱼以需西江之水。

译文 如果为了名誉和节操，那么急迫困难的事情要小得多；如果和生死比较，那么名誉和节操也微不足道。人们只知道伯夷和叔齐不食周粟，采薇而食，最后饿死在首阳山的事情，不必为救活快要枯死的鱼来引西江的水。

儒有一亩之宫，自不妨草茅下贱；士无三寸之舌，何用此土木形骸！

译文 儒生只需有一亩那么大的房屋就可以了，自然不妨甘于住在茅舍，并处于贫贱之中；谋士没有三寸不烂之舌，有此如土木一样的身体又有什么用呢！

卷九　集绮

朱楼绿幕，笑语勾别座之香；越舞吴歌，巧舌吐莲花之艳。此身如在怨脸愁眉、红妆翠袖之间，若远若近，为之黯然。嗟乎！又何怪乎身当其际者，拥玉床之翠而心迷，听伶人之奏而陨涕〔陨涕：落泪。〕乎！集《绮》第九。

译文 朱红色的楼宇垂着绿色的帷幕，笑语欢声引来别座的香气；来自越地的舞蹈和吴地的歌谣，婉转的歌喉发出莲花的清艳。此情此景，仿佛身处满面愁怨而身着盛装的妻妾之间，若远若近，不即不离，令人黯然神伤。唉！对于身处此种景况的人，拥有玉床之翠而心迷，听伶人之奏而落泪，又有什么奇怪的呢！因此，我编撰了第九卷《绮》。

天台花好，阮郎却无计再来；巫峡云深，宋玉只有情空赋。瞻碧云之黯黯，觅神女其何踪；睹明月之娟娟，问嫦娥而不应。

译文 天台山上的花开得美艳，可阮郎却再也不能来欣赏了；浓密的乌云笼罩着巫峡，宋玉只能对着巫山的女神空写赋文。遥望黯淡的碧云，到哪里去寻觅神女的踪迹呢？看着娟秀的明月，询问嫦娥的所在却得不到应答。

妆楼正对书楼，隔池有影；绣户相通绮户，望眼多情。

译文 梳妆楼正对着藏书楼，隔着水池，佳人与才子形影相望；绣房之门连通着文房之门，才子与佳人望眼而多情。

莲开并蒂，影怜池上鸳鸯；缕结同心，日丽屏间孔雀。

译文 花开并蒂莲，倩影怜爱池上鸳鸯成双结伴；丝缕同心结，灿烂的阳光下孔雀在为同伴开屏。

堂上鸣琴操，久弹乎孤凤；邑中制锦纹，重织于双鸾。

译文　在厅堂上弹琴曲，弹久了就成了《孤凤》；到城中绣制织锦，最后就织成了鸾凤齐飞共鸣。

镜想分鸾，琴悲别鹤。

译文　对着镜子想到分手的鸾凤，弹琴悲叹离散的夫妇。

春透水波明，寒峭花枝瘦，极目烟中百尺楼，人在楼中否？

译文　春光明媚，透过水波分外明，寒风料峭，梅花的枝干更加消瘦，极目眺望远处雾霭中的百尺高楼，不知道思念的人是否在楼中。

明月当楼，高眠如避，惜哉夜光暗投；芳树交窗，把玩无主，嗟矣红颜薄命。

译文　皎洁的明月照着高楼，却躲进高楼里睡觉，这暗投的月光实在是可惜；芬芳的树枝映在窗户上，主人却没有来欣赏把玩，这薄命的红颜实在可悲。

鸟语听其涩时，怜娇情之未啭〔啭（zhuàn）：鸟婉转地叫。〕**；蝉声闻已断处，愁孤节之渐消。**

译文　鸟语，要听其不圆润的时候，可怜其娇情不能发出婉转之声；蝉声，要听其中断的地方，忧愁其孤直的节操已渐渐消衰。

断雨断云，惊魄三春蝶梦；花开花落，悲歌一夜鹃啼。

译文　截断云雨，春天的鸳鸯蝴蝶梦惊心动魄；花开花落，一夜的杜鹃悲啼就好像悲歌长鸣。

衲子飞觞历乱，解脱于樽斝〔樽斝（zūn jiǎ）：樽与斝均为盛酒之器。泛指酒器。〕之间；钗行挥翰淋漓，风神在笔墨之外。

译文 僧侣推杯换盏，放浪形骸，在酒杯醉乡之中寻求解脱；美女挥毫泼墨，淋漓尽致，风采神韵犹在笔墨之外。

养纸芙蓉粉，熏衣豆蔻香。

译文 保养纸最好用芙蓉粉，熏衣服最好用豆蔻香。

流苏帐底，披之而夜月窥人；玉镜台前，讽之而朝烟萦树。

译文 卷起流苏帷帐，皎洁的月亮也来偷看人；对着明月吟诗，朦胧的朝雾环绕着树枝。

风流夸坠髻，时世闻啼眉。

译文 坠马髻风流一时，世人都夸奖；啼眉妆风行一时，妇女都画。

新垒桃花红粉薄，阁楼芳草雪衣凉。

译文 新垒边桃花娇艳，使美人也觉得相形见绌；阁楼下芳草萋萋，使鹦鹉也感到凄凉。

李后主宫人秋水喜簪〔簪（zān）：簪子，旧时用来别住头发的一种饰物，用金属、玉石、骨头等制成。这里指插。〕异花，芳拂髻鬓，尝有粉蝶聚其间，扑之不去。

译文 李后主的宫女秋水喜欢在头上插奇花，头发和鬓角散发着芳香，曾招来彩蝶飞聚其间，赶也赶不走。

濯足清流，芹香飞涧；浣〔浣：污，弄脏。这里指清洗。〕花新水，蝶粉迷波。

译文 在清澈的溪水中洗脚，水芹的芳香溢满山涧；在洁净的水中洗鲜花，蝴蝶的粉弥漫于清波之中。

昔人有花中十友：桂为仙友，莲为净友，梅为清友，菊为逸友，海棠名友，荼蘼韵友，瑞香殊友，芝兰芳友，腊梅奇友，栀子禅友。昔人有禽中五客：鸥为闲客，鹤为仙客，鹭为雪客，孔雀南客，鹦鹉陇客。会花鸟之情，真是天趣活泼。

译文 古人有“花中十友”的说法：桂花为仙友，莲花为净友，梅花为清友，菊花为逸友，海棠为名友，荼蘼为韵友，瑞香为殊友，芝兰为芳友，腊梅为奇友，栀子为禅友。古人又有“禽中五客”的说法：鸥为闲客，鹤为仙客，鹭为雪客，孔雀为南客，鹦鹉为陇客。这两种说法都能够领会和切合花鸟的性情，可以称得上自然情趣活泼可爱。

凤笙龙管，蜀锦齐纨。

译文 凤笙、龙管乐律动人，蜀锦、齐纨精彩绝伦。

木香盛开，把杯独坐其下，遥令青奴吹笛，止留一小奚〔小奚：即小奚奴，指年少的男仆。〕侍酒，才少斟酌，便退立迎春架后。花看半开，酒饮微醉。

译文 独坐在木香花下，端着酒杯自饮，让青衣女奴远远地吹笛，只留下一个年少的男仆在身边伺候，斟满酒之后马上退到迎春花架后面。赏花要看半开的花，饮酒要达到微有醉意的状态。

夜来月下卧醒，花影零乱，满人襟袖，疑如濯〔濯（zhuó）：洗。〕魄于冰壶。

译文 夜间在皎洁的月光下睡觉，忽然醒来，花影零乱，洒满襟袖，让人神清气爽，仿佛整个魂魄在盛冰的玉壶中洗过一样。

看花步，男子当作女人；寻花步，女子当作男人。

译文 观赏花卉的脚步，男子应该像女子那样轻缓；寻访花卉的脚步，女子应该像男子那样迅疾。

窗前俊石冷然，可代高人把臂；槛外名花绰约，无烦美女分香。

译文 窗前有美石冷然立着，可以代替高人把臂交游；门外有名花风姿绰约，没有必要让美女来分享花香。

新调初裁，歌儿持板待拍；阄题方启，佳人捧砚濡毫。绝世风流，当场豪举。

译文 新曲刚刚写好，歌童拿着牙板等待点歌；抓阄的诗题刚打开，美人已经手捧砚台等候挥毫泼墨了。这样的情景可以称得上“绝世风流，当场豪举”。

桃红李白，疏篱细雨初来；燕紫莺黄，老树斜风乍透。

译文 桃花红，李花白，蒙蒙的细雨透过稀疏的篱笆飘洒过来；紫色的燕子，黄色的莺，一阵斜风透过苍老的古树吹拂而去。

窗外梅开，喜有骚人弄笛；石边雪积，还须小妓烹茶。

译文 窗外梅花盛开，喜有诗人吹笛歌唱；石边堆满积雪，还需要小伎焚香烹茶。

高楼对月，邻女秋砧〔砧（zhēn）：捶或砸东西时垫在底下的器具，有铁的（砸钢铁材料时用）、石头的（捶衣物时用）、木头的（即砧板）。〕；**古寺闻钟，山僧晓梵。**

译文 高楼上面对明月，不时传来邻家女孩秋夜的捣衣声；古寺中听到钟声，原来是山僧在做早课。

佳人病怯，不耐春寒；豪客多情，犹怜夜饮。李太白之宝花宜障〔李太白之宝花宜障：据《开元天宝遗事》载，宁王有位歌伎叫“宠姐”，秘不示人。有一次，李白乘酒兴提出要见宠姐。于是，宁王下令设七宝花障，让宠姐在障后清歌一曲。〕，**光孟祖之狗窦堪呼**〔光孟祖之狗窦堪呼：晋人光逸，字孟祖。据《晋书》载，光逸去访胡毋辅之、谢鲲等朋友时，朋友们正闭室酣饮，门人不让光逸进，光逸便在狗洞中大叫。胡毋辅之吃惊地说：“他人决不能尔，必我孟祖也。”于是，急忙将光逸叫进来，与之痛饮。〕。

译文 美人病后虚弱，耐不住春寒料峭；豪客情感丰富，仍然喜欢夜间喝酒。所以，李白欲见宠姐，应该设七宝花障相隔；光孟祖从狗洞对朋友大呼，进而入室痛饮。

古人养笔以硫黄酒，养纸以芙蓉粉，养砚以文绫盖，养墨以豹皮囊。小斋何暇及此，惟有时书以养笔，时磨以养墨，时洗以养砚，时舒卷以养纸。

译文 古人用硫黄酒保养笔，用芙蓉粉保养纸，用文绫盖保养砚，用豹皮囊保养墨。我小小的书斋哪里有条件做这些，只有时常写字来保养笔，时常研墨来保养墨，时常清洗来保养砚，时常舒卷来保养纸。

芭蕉近日则易枯，迎风则易破。小院背阴，半掩竹窗，分外青翠。

译文 芭蕉在炎热的太阳下容易枯萎，在迎风的地方容易被风吹破。处于小院背阴的地方，芭蕉叶半掩着竹窗，显得格外青翠。

欧公香饼，吾其熟火无烟；颜氏隐囊〔隐囊：靠枕。〕，我则斗花以布。

译文 欧阳修用的是香饼石炭，我用的却是无烟的深红火炭；颜之推用的是斑丝隐囊，我用的却是碎花布拼的枕头。

梅额生香已堪饮爵，草堂飞雪更可题诗。七种之羹呼起袁生之卧，六生之饼敢迎王子之舟。豪饮竟日，赋诗而散。

译文 梅额生香已可以作为饮酒的谈资，草堂飞雪更可以作为吟咏的诗题。七宝的菜羹可以唤起僵卧的袁安，六瓣的雪花敢迎王子猷的小舟。豪饮一天，赋完诗就散了。

佳人半醉，美女新妆，月下弹瑟，石边侍酒。烹雪之茶果然剩有寒香，争春之馆自是堪来花叹。

译文 佳人半醉，美女刚梳妆，或在月下弹瑟，或在石边奉酒。烹煮雪水所沏的茶果然剩有寒冽的清香，百花争春的馆舍肯定会为落花流水叹息。

黄鸟让其声歌，青山学其眉黛。

译文 佳人歌喉婉转，连黄莺都学她的歌声；美女画眉像山黛，连青山也跟着效仿。

浅翠娇青，笼烟惹湿，清可漱齿，曲可流觞。

译文 小溪浅翠清澈，笼罩在湿润的雾霭中，清香可以漱口，曲折可以流觞。

风开柳眼，露浥桃腮，黄鹂呼春，青鸟送雨，海棠嫩紫，芍药嫣红，宜其春也。碧荷铸钱，绿柳缫丝，龙孙脱壳，鸠妇唤晴，雨骤黄梅，日蒸绿李，宜其夏也。槐阴未断，雁信初来，秋英无言，晓露欲结，蓐收避席，青女〔青女：霜雪之神。〕办妆，宜其秋也。桂子风高，芦花月老，溪毛碧瘦，山骨苍寒，千岩见梅，一雪欲腊，宜其冬也。

译文 风吹开柳眼，露打湿桃腮，黄鹂呼唤春信，青鸟送来细雨，海棠娇嫩泛紫，芍药鲜艳发红，这应是春天的景象。碧绿的荷叶初生像铜钱，绿色的柳枝像丝一样软，竹笋刚破壳，斑鸠唤来晴天，骤雨来了，梅子熟了，太阳炎热，李子发青，这应是夏天的景象。槐树的阴影未断，大雁的叫声刚来，秋花悄悄落下，清晨的露水将要凝结，秋神马上要离开，霜雪之神装扮着要出场，这应是秋天的景象。寒风中桂树摇曳，月光下芦花白了，溪水中水藻碧绿凋残，山上的岩石苍茫寒冷，石峰间梅花开放，一场雪就到了腊月，这应是冬天的景象。

风翻贝叶，绝胜北阙除书；水滴莲花，何似华清宫漏。

译文 风翻动着佛经，绝对比皇宫授官的诏令还惊人；水滴在莲花上，多么像华清宫的漏声。

柳花、燕子贴地欲飞，画扇、练裙避人欲进。此春游第一风光也。

译文 柳絮和燕子贴着大地跃跃欲飞；手拿画扇、身穿白裙的佳人既想躲避人群，又想前去玩耍。这是春游的第一风光。

花颜缥缈，欺树里之春风；银焰荧煌，却〔却：遮盖。〕城头之晓色。

译文 花的容颜缥缈，胜过了树间的春风；银色的火焰忽明忽暗，遮盖了城头的晨曦。

乌纱帽挟红袖登山，前人自多风致。

译文 身居要职还携带美女登山郊游，前人多了一段风流情致。

笔阵生云，词锋卷雾。

译文 挥笔成阵，顿生云气；言辞锋利，卷起雾霭。

楚江巫峡半云雨，清簟疏帘看弈棋。

译文 长江巫峡之上，一会儿阴云密布，一会儿细雨绵绵；在清凉的竹席上打坐，隔着稀疏的帘子观看下棋。

涧险无平石，山深足细泉；短松犹百尺，少鹤已千年。

译文 险峻的山涧没有平坦的石头，幽深的山峦到处都是细细的泉水；即使低矮的松树也有百尺那么高，即使年少的仙鹤也已上千岁。

雪滚花飞，缭绕歌楼，飘扑僧舍，点点共酒旆〔酒旆（pèi）：酒旗。旆，古时末端像燕尾形状的旗子。〕**悠扬，阵阵追燕莺飞舞，沾泥逐水。岂特可入诗料，要知色身幻影，是即风里杨花、浮生燕垒。**

译文 雪花飞舞，落花飞散，缭绕在歌楼外，飘落在僧人的房前，雪花和酒旗一起飞扬，落花阵阵追逐着燕莺一同飞舞，终究还是要落在地上，沾泥逐水。这样的情景岂只是入诗的题材，须记住色即是空，这样的幻影只是风中的杨花、浮生的燕巢，是没有根底的。

水绿霞红处，仙犬忽惊人，吠入桃花去。

译文 在绿水环绕、红霞笼罩的仙境，神犬忽然吓人一跳，叫着跑到桃花深处。

九重仙诏休教丹凤衔来，一片野心已被白云留住。

译文 不可以让丹凤衔来九重天上玉皇大帝的诏书，羁荡的心已经被悠悠的白云锁住了。

斗草春风，才子愁销书带翠；采菱秋水，佳人疑动镜花香。

译文 春风和煦，才子在野外进行斗草，冬日的抑郁和忧愁在满眼的绿色中消散；秋水宜人，佳人在水面上划船采摘菱角，清澈的水面荡起层层涟漪，仿佛有人动了梳妆的镜台。

竹粉映琅玕〔琅玕（láng gān）：像珠子的美石。〕**之碧，胜新妆流媚，曾无掩面于花宫；花珠凝翡翠之盘，虽什袭非珍，可免探颔于龙藏。**

译文 竹粉和美石的颜色相映衬，胜过新妆的妩媚，在花宫里不曾掩面；花珠凝结在翡翠盘中，即使是珍重收藏的非贵重之物，也可以免于龙宫探颔取珠。

绕梦落花消雨色，一尊芳草送晴曛。

译文 梦中萦绕的落花消去了雨色，一片芳草送来了晴天落日的余晖。

争春开宴，罢来花有叹声；水国谈经，听去鱼多乐意。

译文 在百花齐放的花丛中开宴，宴席散后花儿也有叹息的声音；在水乡中谈经，仔细听的鱼儿也其乐融融。

无端泪下，三更山月老猿啼；蓦地娇来，一月泥香新燕语。

译文 没理由地流泪，因为是三更的时候月光惨淡的山中老猿在凄凉地叫；忽然有娇声传来，原来是燕子衔着散发芳香的泥土在低语。

燕子刚来，春光惹恨；雁臣甫聚，秋思惨人。

译文 燕子刚刚飞来，春光牵动起多少遗憾；大雁刚刚聚集，秋天的思绪便令人感伤不已。

韩嫣金弹，误了饥寒人多少奔驰；潘岳果车，增了少年人多少颜色。

译文 韩嫣用金丸弹雀，耽误了多少饥寒的长安少年奔驰拾取；潘岳每次都掷果满车，增添了多少洛阳少年的风采和颜色。

微风醒酒，好雨催诗，生韵生情，怀颇不恶。

译文 微风可以清醒醉酒，好雨可以催发诗情，从而生发韵味和情趣，使人胸怀美好的感觉。

苎萝村里，对娇歌艳舞之山；若耶溪边，拂浓抹淡妆之水。

译文 走进苎萝村里，面对的是当初西施娇歌艳舞的青山；来到若耶溪边，拂一拂当初西施浓抹淡妆的流水。

春归何处，街头愁杀卖花；客落他乡，河畔生憎折柳。

译文 春天去了哪里，愁杀了街头的卖花人；客人流落他乡，开始憎恨河畔折柳送人。

同气之求，惟刺平原于锦绣；同声之应，徒铸子期以黄金。

译文 同气相求，只好用丝绸来刺绣平原君的画像；同声相应，只好用黄金来浇铸钟子期的肖像。

胸中不平之气说倩山禽，世上叵测之心藏之烟柳。

译文 胸中的不平之气可以说给山中的飞禽听，世上的叵测之心都埋藏到烟雨柳林中。

论声之韵者，曰溪声、涧声、竹声、松声、山禽声、幽壑声、芭蕉雨声、落花声、落叶声，皆天地之清籁、诗坛之鼓吹也。然销魂之听，当以卖花声为第一。

译文 谈论富有韵味的声音，有溪流声、山涧声、竹风声、松涛声、山禽的叫声、幽壑声、雨打芭蕉声、落花声、落叶声，这些都是天地间清新的声音，是诗坛的鼓吹乐曲。然而，听起来最让人销魂的声音，能称得上第一的是小巷里的卖花声。

石上酒花，几片湿云凝夜色；松间人语，数声宿鸟动朝喧。

译文 坐在石头上饮酒赏花，几片潮湿的云朵把夜色凝住了；松树间传来了人欢笑的声音，几声栖息在树间的小鸟的叫声把清晨的喧闹搅动起来了。

“媚”字极韵，但出以清致，则窈窕但见风神；附以妖娆，则做作毕露丑态。如芙蓉媚秋水，绿筱〔筱（xiǎo）：小竹子。〕媚清涟，方不着迹。

译文 “媚”这个字是富有韵味的，只要能把其中清雅的韵致表现出来，就显得文静美好，但见风神；如果再加上娇娆妖艳，那么就会显得做作，丑态毕露。只有像在秋水中的荷花一样妖艳，像在清涟里的绿竹一样妩媚，才不会着一点儿世俗的痕迹。

情词之娴美，《西厢》以后，无如《玉合》《紫钗》《牡丹亭》三传，置之案头，可以挽文思之枯涩，收〔收：收束。〕神情之懒散。

译文 言情之词的优雅娴美，在《西厢记》出现以后，没有能比《玉合记》《紫钗记》《牡丹亭》三种传奇更好的了。把这些书放在案头，可以挽救文思的枯涩，收束懒散的神情。

俊石贵有画意，老树贵有禅意，韵士〔韵士：指诗人。〕贵有酒意，美人贵有诗意。

译文 美石的可贵之处在于有画意，老树的可贵之处在于有禅意，诗人的可贵之处在于有酒意，美人的可贵之处在于有诗意。

红颜未老，早随桃李嫁春风；黄卷〔黄卷：指诗书。〕将残，莫向桑榆〔桑榆：指暮年。〕怜暮景。

译文 红颜尚未衰老，要及早像桃花、李花随着春风归去那样出嫁；书生饱读诗书，要趁着好时机赶紧进入仕途，不要等到晚年再哀叹暮景的凄惨。

销魂之音，丝竹不如著肉〔著肉：指喉舌发出的歌声。〕，然而风月山水间别有清魂销于清响。即子晋之笙、湘灵之瑟、董双成之云璈〔云璈（áo）：打击乐器，又名“云锣”。〕犹属下乘〔下乘：更次一级。〕，娇歌艳曲不尽混乱耳根。

译文 说到令人销魂的音乐，丝竹管弦所演奏出来的音乐不如人们喉舌发出的歌声更动听。然而，大自然中的风花雪月、山水之间另外有一种清幽的、销人魂魄的天籁般的清音。相比之下，王子乔的吹笙、湘水女神的鼓瑟、董双成的云璈还都属于下乘，更别说那些庸俗的娇歌艳曲，根本就不入流，不应该拿来混乱人们的耳根。

风惊蟋蟀，闻织妇之鸣机〔鸣机：织布机的声音。〕；月满蟾蜍〔蟾蜍（chán chú）：传说月宫中有蟾蜍，所以用蟾蜍来指代月亮。〕，见天河之弄杼。

译文 风声惊起蟋蟀的鸣叫，仿佛听到了织女织布机的声音；月光洒满天穹，仿佛看到织女在天河中摆弄织布机。

莹以玉琇，饰以金英〔英：指花朵。〕。绿芰〔绿芰（jì）：绿色的菱角。〕悬插，红蕖〔红蕖：红色的荷花。〕倒生。

译文 用晶莹的美玉来点缀，用金黄的鲜花来装饰。但是，人工的雕饰不如自在天然，就好比绿色的菱角在水里飘荡着，红色的荷花倒着生长。

浮沧海兮气浑，映青山兮色乱。

译文 漂浮在苍茫的大海之上，就会让人感到大气雄浑；映衬在青山绿水之间，就会让人觉得色泽绚烂。

纷黄庭之靃霏〔靃（huò）霏：草木细弱，随风披拂貌。〕，隐重廊之窈窕〔窈窕：指美丽的少女。〕；青陆〔青陆：指月亮。〕至而莺啼，朱阳升而花笑。

译文 纷乱的黄庭里草木随风飘荡，幽隐的重廊中美女文静娇美；月光照映下黄莺张开嗓子啼叫，太阳升起后花儿含着微笑。

——集十　集豪——

今世矩视尺步〔矩视尺步：指墨守成规，不知道变通。〕**之辈与夫守株待兔之流，是不束缚而阱者也。宇宙寥寥，求一豪者，安得哉？家徒四壁**〔家徒四壁：化用司马相如“家居徒四壁立”之典。〕**，一掷千金，豪之胆；兴酣落笔，泼墨千言，豪之才；我才必用，黄金复来**〔我才必用，黄金复来：化用李白的《将进酒》：“天生我材必有用，千金散尽还复来。”〕**，豪之语。夫豪既不可得，而后世倜傥之士，或以一言一字写其不平，又安与沉沉故纸同为销没乎？集《豪》第十。**

译文 在当今这个社会，那些墨守成规、不知道变通的人以及那些守株待兔的人，是用不着任何束缚就会自落陷阱的。在广阔的宇宙之间，要想找到一个无拘无束的豪放的人，哪里能够找到呢？家里穷得没有下锅的米，空荡荡一贫如洗，但是还能一掷千金的，这是豪放之人的胆略；在兴头上挥毫泼墨，书写千言，这是豪放之人的才气；天生我材必有用，千金散尽还复来，这是豪放之人的识略。既然不能求取豪放，那么后世那些所谓的风流倜傥之人，有的用一句话或一个字来抒写内心的不平之气，怎么能让这些人在陈旧的故纸堆里消磨尽内心的激情，变得一辈子默默无闻呢？因此，我编撰了第十卷《豪》。

桃花马〔桃花马：指白毛红点的马。〕**上春衫，少年侠气；贝叶斋**〔贝叶斋：指佛寺。〕**中夜衲，老去**〔老去：指显露出来的老态龙钟的神色。〕**禅心。**

译文 桃花马上春衫飘逸，显示出少年英姿、豪侠之气；佛寺中深夜诵经的老衲，表露出老态龙钟、淡泊禅心。

岳色〔岳色：指山色。〕**江声，富煞**〔富煞：富有的意思。〕**胸中**

丘壑；松阴花影，争残局上山河〔山河：这里指棋局中的胜负。〕。

译文　山色苍茫，江水滔滔，使得胸中丘壑无限开阔；松荫清凉，花影参差，正好可以对弈手谈，在残局中争夺胜负。

骥虽伏枥〔枥：马槽。〕**，足能千里；鹄**〔鹄（hú）：指天鹅。〕**即垂翅，志在九霄。**

译文　好马虽然被束缚在槽下，但是能跑千里那么远；天鹅即使垂下翅膀，它的志向也是在高远的天空上。

个个〔个个：指每个人。〕**题诗，写不尽千秋花月；人人作画，描不完大地江山。**

译文　即使让每个人都来题诗，也不能书写尽人间的风花雪月；即使让每个人都来画画，也不能描绘尽大地的江河山水。

诗酒兴将〔将：马上，将要。〕**残，剩却楼头几明月；登临情不已**〔不已：没有停止。〕**，平分江上半青山。**

译文　诗兴且尽，酒席将残，只剩下楼头的一轮明月了；登山临水，倾情未已，平分了江上的半座青山。

闲行消白日〔白日：这里指时光。〕**，悬李贺呕字之囊**〔李贺呕字之囊：唐代诗人李贺作诗非常刻苦，每次外出的时候都让书童背着锦囊。如果有诗句产生，就写好放进里面。〕**；搔首问青天，携谢朓**〔谢朓（tiǎo）：南齐著名诗人，长五言诗，以山水风景诗最为出色。〕**惊人之句。**

译文　在闲暇时出来散散步，消磨一下时光，随身带着李贺呕字苦吟的锦囊；登上高山摆弄着头发，对着青天发问，随身带着谢朓惊人的诗句。

假英雄专唉〔唉（xuè）：小声地吹。〕不鸣之剑，若尔锋芒，遇真人〔真人：真正的英雄。〕而落胆；穷豪杰惯作无米之炊，此等作用，当大计〔大计：指国家大事。〕而扬眉。

译文 虚假的英雄只喜欢小声吹并不能吹响的剑，像这样的锋芒，一旦碰到真正的英雄就会闻风丧胆；穷困没落的豪杰习惯做无米之炊的虚妄的事情，像他们这样的作为，如果筹划国家大事就会扬眉吐气。

深居远俗〔远俗：远离世俗。〕，尚愁移山有文〔移山有文：典出孔稚珪的《北山移文》，内中讥讽周颙假托山神，其实内心热衷于名利的卑俗的做法。〕；纵饮达旦，犹笑〔笑：讥笑。〕醉乡无记。

译文 隐居深山，远离世俗，还忧愁有《北山移文》加以讥刺；放怀纵饮，通宵达旦，还嘲笑奇妙的醉乡无人作记。

藜床〔藜（lí）床：用藜条编成的床榻。〕半穿，管宁真吾师乎；轩冕〔轩冕：达官贵族的车马。〕必顾，华歆洵〔洵（xún）：文言副词。实在，确实。〕非友也。

译文 用藜条编成的床榻半边已经坐穿，管宁真是我辈的老师；达官贵族的车马过门必定停止读书前去观看，华歆的确不是真正的朋友。

车尘马足〔车尘马足：指繁华的地方。〕之下露出丑形，深山穷谷〔深山穷谷：指偏僻的地方。〕之中剩些真影。

译文 在车子掀起的尘土和飞奔的马脚下不免露出丑陋的形象，在深山穷僻的山谷里还能剩下一些真诚的身影。

吐虹霓之气者，贵挟〔挟：带有。〕风霜之色；依日月之光者，毋怀〔怀：拥有。〕雨露之私。

译文 有着虹霓气势的豪杰，他们身上的可贵之处是带着风霜沧桑的神色；依靠日月的照射才能发出光芒的东西，一定不要怀着承接雨露的想法。

清襟凝远，卷秋江万顷之波；妙笔纵横，挽昆仑一峰之秀。

译文 清静的胸襟凝神悠远，能卷起秋江万顷的波浪；生花的妙笔纵横描画，能得到昆仑一峰的秀丽景色。

闻鸡起舞，刘琨其壮士之雄心乎！闻筝起舞，迦叶〔迦叶：释迦牟尼的弟子。〕其开士之素心乎！

译文 刘琨听到鸡叫就开始练习武术，所表现出来的是壮士的雄心啊！迦叶听到筝声就开始舞动，所表现出来的是菩萨的素心啊！

友〔友：和……交朋友。〕遍天下英杰人士，读尽人间未见之书。

译文 结交全天下的英雄豪杰，读遍人世间的未见之书。

交友须带三分侠气，作人要存一点素心〔素心：纯洁的思想。〕。

译文 交朋友要带着三分豪侠之气，做人一定要存有一点儿纯洁的思想。

栖守〔栖守：恪守。〕道德者寂寞一时，依〔依：依附。〕阿〔阿：阿谀。〕权势者凄凉万古。

译文 恪守道德规范的人只是寂寞一时，依附阿谀权势的人必将凄凉一辈子。

深山穷谷能老经济才猷〔猷（yóu）：消磨。〕，**绝壑断崖难隐**〔隐：隐藏。〕**灵文奇字。**

译文 深山穷谷里可以把经邦济世的才华消磨尽，绝崖断壁之间却难以隐藏富有灵感的神思和优美的句子。

献策金门〔献策金门：指向皇上进谏。金门，指金马门，是汉代的宫门，是士人献策的地方。〕**苦未收，归心日夜水东流；扁舟载得愁千斛，闻说君王不税愁。**

译文 献策金门却苦于没有收获，归去之心犹如日夜奔流不息的江水；一叶扁舟能载动千斛的愁绪，听说君王是不会对忧愁征收赋税的。

世事不堪〔堪：能够。〕**评，掩卷神游千古上；尘氛应可却**〔却：谢绝。〕，**闭门心在万山中。**

译文 世间的事情是经不住评论的，只有批阅书卷，在千古的文化之中神游；世俗间的风气是可以谢绝的，可以采取闭门谢客的办法，让自己的心沉浸在万山之间。

英雄未转〔转：实现。〕**之雄图**〔雄图：指宏伟的壮志。〕，**假糟丘**〔糟丘：指酒乡。〕**为霸业；风流不尽之余韵，托花谷为深山。**

译文 英雄豪杰的宏伟壮志还没有实现，就沉浸在酒色之中了；风流才子的才智还是得不到施展，于是就流连于声色之中，消磨自己的斗志。

丈夫须有远图〔远图：远大的抱负。〕，**眼孔如轮，可怪处堂燕雀；豪杰宁无壮志，风棱**〔风棱：性格。〕**似铁，不忧当道豺狼。**

译文 大丈夫一定要有远大的志向，眼孔应该和车轮那么大，要对那些整天躲在屋檐下不知道祸患快要来的燕雀的行为感到奇怪；真豪杰怎么可以没有雄心壮志呢，一定要铁骨铮铮、威风凛凛，不必担忧豺狼当道、奸邪小人掌权。

云长香火千载遍于华夷，坡老〔坡老：指苏东坡。〕**姓字至今口于妇孺。意气精神不可磨灭。**

译文 关公的香火千百年来在华夏大地上都没有断绝过，备受敬仰；苏轼的名字从古到今都是妇孺皆知、口耳传颂。由此可见，人的意气和精神是不可磨灭的。

据床嗒尔〔嗒尔：聚精会神的样子。〕**，听豪士之谈锋；把盏惺然**〔惺然：清醒的样子。〕**，看酒人之醉态。**

译文 坐在榻上聚精会神，倾听豪杰滔滔不绝的谈论；把盏斟酒依然清醒，正好可以观察喝酒的人各自不同的醉态。

登高眺远，吊〔吊：凭吊。〕**古寻幽。广胸中之丘壑，游物外之文章。**

译文 登上高地往远处眺望，凭吊古代的名胜古迹，寻找幽深之处的胜景。胸中的山河自然宽广，置身物外所写的文章让人读后更加酣畅。

雪霁〔霁：停止。〕**清境，发于梦想。此间但有**〔但有：只有。〕**荒山、大江、修竹、古木。**

译文 大雪刚刚停止，太阳就出来了，此时的环境是如此优雅，让人不禁生出许多梦想。这种境界里只有空旷的荒山、奔流的大江、修长的翠竹、参天的古树。

每饮村酒后，曳〔曳：拖着。〕杖放脚，不知远近，亦旷然天真。

译文 每次喝过山村的佳酿之后，就拖着拐杖慢慢地走在山间的小路上，并不知路的远近，这种情形也可以称得上旷达天真了吧。

王仲祖有好形仪〔好形仪：仪表长得好看。〕，每览〔览：看。〕镜自照，曰："王文开〔王文开：王仲祖的父亲。〕那生宁馨儿。"

译文 王仲祖长得仪表堂堂，每次对着镜子看自己，说："王文开怎么生了这么个漂亮儿子啊！"

毛澄七岁善属对〔属对：对对子。〕，诸喜之者赠以金钱。归掷之曰："吾犹薄苏秦斗大，安事此邓通〔邓通：铜钱的代称。〕靡靡！"

译文 毛澄七岁的时候就擅长对对子，那些喜爱他的人赠给他金钱。毛澄每次回来都把钱一扔，说："我连苏秦斗大的金印都看不上，哪里能看上这些铜钱呢！"

梁公实荐一士于李于鳞，士欲以谢梁，曰："吾有长生术，不惜为公授〔授：传授。〕。"梁曰："吾名在天地间只恐盛着不了，安用长生！"

译文 梁公实曾经向李于鳞推荐一个士人，这个士人想向他表示感谢，说："我有长生不老的秘术，不惜传授给您吧。"梁公实说："我的名声在天地之间只恐怕盛装不下，哪里需要什么长生不老啊！"

高言〔高言：高尚的言论。〕成啸虎之风，豪举〔豪举：豪侠的举动。〕破涌山之浪。

译文 高尚的言论往往形成虎啸的威风，豪侠的举动可以把拍山的大浪打破。

襟怀贵疏朗〔疏朗：开阔明朗。〕，不宜太逞豪华；文字要雄奇，不宜故求寂寞。

译文 人的襟怀贵在开阔明朗，不应该过于卖弄豪华；作文写字需要雄伟的气魄，不应该故意追求寂寞。

悬榻待贤士，岂曰交情已乎？投辖留好宾，不过酒兴而已。

译文 把坐榻悬挂起来等待贤士的到来，难道说仅仅是交情吗？留住好的宾客投辖于井，不过是为饮酒尽兴罢了。

才以气雄，品由心定。

译文 人的才华是因为心气才称雄，人的品格是由内心来决定的。

济〔济：驾驶。〕笔海则为舟航，骋文囿则为羽翼。

译文 沉浸在知识的海洋里，把笔看作一叶小舟，翰墨如波；驰骋在文学的囿苑里，文思如缕，张开羽翼翱翔。

胸中无三万卷书，眼中无天下奇山川，未必能文；纵〔纵：即使。〕能，亦无豪杰语耳。

译文 要是胸中没有万卷诗书，眼里没有天下的奇山异水，不一定能写文章；即使能写文章，也未必能有英雄豪杰的语言。

山厨失斧，断之以剑；客至无枕，解琴自供；盥盆溃散〔溃散：破旧。〕，磬为注洗；盖不暖足，覆之以蓑。

译文 居住在简陋的山里，砍柴的斧头丢了，就用剑来劈柴；客人来了没有枕头，就解下琴来让他们枕着睡觉；洗漱的盆子坏了，就用石磬注水洗漱；被子没法暖脚，就盖上蓑衣。

孟宗〔孟宗：字恭武，三国江夏人。〕少游学，其母制十二幅被，以招贤士共卧，庶得闻君子之言。

译文 孟宗少年时外出游学，他母亲为他缝制了十二幅的大被子，以便招来贫穷的贤士同床共眠，希望能聆听到君子的良言。

张〔张：弥漫。〕烟雾于海际，耀光景于河渚；乘天梁而浩荡，叩帝阍〔帝阍（hūn）：指天门。〕而延伫。

译文 烟雾把海天都给遮蔽起来了，在河边的沙洲上闪耀着光景；乘着天梁驰骋于浩荡的天宇，叩响天门，在外面等待天门大开。

声誉可尽，江天不可尽；丹青可穷〔穷：尽头。〕，山色不可穷。

译文 凡尘的声誉是可以穷尽的，但江水和天空是不可能穷尽的；丹青是可以穷尽的，但山色是不能穷尽的。

闻秋空鹤唳〔鹤唳：仙鹤的鸣叫声。〕，令人逸骨仙仙；看海上龙腾，觉我壮心勃勃。

译文 听到秋天空中传来鹤的鸣叫声，顿时让人感觉身逸骨轻、飘飘欲仙；看到海上波涛汹涌，就会让我感觉精神振奋、雄心勃勃。

明月在天，秋声〔秋声：指秋虫的鸣叫声。〕**在树，珠箔**〔珠箔：指珠帘。〕**卷啸倚高楼；苍苔在地，春酒在壶，玉山颓醉眠芳草。**

译文 明月悬挂在天空，秋虫在树梢鸣叫，把珠帘卷起来，倚在高楼上放声高唱；青苔铺满大地，在壶里装上春天的美酒，像玉山那样醉卧在芳草丛里。

胸中自是奇，乘风破浪，平吞万顷苍茫；脚底由来〔由来：一直，从来。〕**阔，历险穷**〔穷：穷尽。〕**幽，飞度千寻香霭。**

译文 胸中自然清奇，乘风破浪，可以把万顷苍茫的大地平吞；脚底一直宽阔，历尽艰辛，穷尽幽境，可以飞跃千里的香霭烟霞。

每从白门归，见江山逶迤〔逶迤：连绵不绝。〕**，草木苍郁，人常言佳，我觉是别离人肠中一段酸楚气耳。**

译文 每次从白门回来，只见江水连绵不绝，草木茂盛苍翠，人们对着这样的情景总是夸赞太妙了，但我感觉这是离别的人们愁肠之中的一股酸楚之气。

放不出〔放不出：指不显示、不表现。〕**憎人面孔，落在酒杯；丢不下怜世心肠，寄之诗句。**

译文 脸上从来不会显示憎恶别人的表情，只好把这个面孔留在酒杯里；内心从来放不下怜悯世俗的情怀，只好把这种心肠寄托在诗歌当中。

春到十千美酒，为花洗妆；夜来一片名香，与月薰魄。

译文 春天来了，洒下很多美酒，为花儿洗去尘妆；夜幕降临，点燃一片名香，为皎洁的月亮薰魄。

忍到熟〔熟：时机成熟。〕处则忧患消，淡到真时则天地赘〔赘（zhuì）：多余的。〕。

译文 忍耐达到时机成熟的时候，那么忧患自然就消除了；淡泊达到真诚的时候，那么天地也就不存在了。

醺醺〔醺醺：指喝得醉醺醺的样子。〕熟读《离骚》，孝伯外敢曰并皆名士；碌碌常承色笑，阿奴辈果然尽是佳儿。

译文 喝得醉醺醺的时候，正好可以熟读《离骚》，除王孝伯之外都能够称得上是名士；忙忙碌碌，一辈子都迎合别人欢笑，阿奴之辈果然都是好孩子。

云破月窥〔窥：偷看。〕花好处，夜深花睡月明中。

译文 乌云断开的地方，月光出来偷看鲜花的美丽；夜深的时候，花朵在皎洁的月光照射下沉沉睡去。

三春〔三春：指整个春天。〕花鸟犹堪〔堪：可以。〕赏，千古文章只自知；文章自是堪千古，花鸟三春只几时。

译文 春天的花香鸟语还可以欣赏，千古流传的文章只有自己知道；文章是可以流传千古的，但春天的花香鸟语是非常短暂的。

士大夫胸中无三斗墨，何以运管城〔管城：指运笔写文章。〕？然恐酝酿宿陈〔宿陈：指酝酿太久。〕，出之无光泽耳。

译文 如果士大夫的胸中没有三斗墨水，那么用什么来运笔作文呢？又恐怕酝酿着墨太久的话积食难以消化，表达出来也没有什么文采和奇特之处。

攫〔攫（jué）：抢劫。〕**金于市者见金而不见人，剖身藏珠者爱珠而忘自爱，与夫决性命以饕**〔饕（tāo）：追求。〕**富贵、纵嗜欲以戕生者何异？**

译文 在闹市里抢金子的人眼里只有金子没有人，剖开自己的身体隐藏宝珠的人只知道珍爱宝珠而忘记了爱惜自己，这些人和那些拼上性命追求荣华富贵、放纵私欲残害生灵的人有什么不同呢？

说不尽山水好景，但〔但：只好。〕**付沉吟；当不起世态炎凉，惟有闭户。**

译文 山水风景的优美是说不完的，只好沉吟了；世态的炎凉是一般人受不了的，只好关起门来。

处世当于热地〔热地：指名利场。〕**思冷，出世当于冷地**〔冷地：指世外。〕**求热。**

译文 身处尘世，应该在热闹的名利场中冷静思考，做到洁身自好；隐居世外，应该在冷静之中反思自我，求得成功。

办大事者匪〔匪：不是，表示否定。〕**独以意气胜，盖亦其智略绝也。故负气雄行**〔负气雄行：这里指豪爽的义气、勇猛的行为。〕**，力足以折公侯；出奇制算，事足以骇耳目。如此人者，俱千古矣。嗟嗟**〔嗟嗟：感叹词。〕**！今世徒虚语耳。**

译文 成就大事业的人并不只是靠着内心的一股豪气，大概也和他们高深的智慧分不开吧。所以，豪爽的义气、勇猛的行为，力量足以折服公侯权贵；做事能够出奇制胜、计谋没有任何失误，干的事业足以骇人听闻。像这样的英雄豪杰已经再也看不到了。唉！今世只有一个虚名罢了。

说剑谈兵，今生恨〔恨：遗憾。〕少封侯骨；登高对酒，此日休吟烈士〔烈士：这里指豪杰。〕歌。

译文 谈论剑侠，论说兵事，今生今世遗憾的就是没有长一副封侯的骨相；登上高处，拿起酒来畅饮，今日不要再吟诵豪杰的歌了。

身许为知己死，一剑夷门〔一剑夷门：战国魏都大梁夷门小吏侯生为报信陵君的知遇之恩，献计窃符救赵，行军前自刎。〕，到今侠骨香仍古；腰不为督邮折，五斗彭泽〔五斗彭泽：指彭泽县令陶渊明不为五斗米折腰之事。〕，从古高风清至今。

译文 士为知己而死，侯生一剑自刎，血洒夷门，至今侠骨之香依然浓郁；不为五斗米向督邮折腰，彭泽令陶渊明的高风亮节从古至今清名流传。

剑击秋风，四壁如闻鬼啸；琴弹夜月，空山引动猿号。

译文 在秋风中舞剑，四壁听起来好像鬼神在呼叫；在月夜下弹琴，空山中仿佛引动猿猴哀鸣。

壮志愤懑难消，高人〔高人：指志趣高远的人。〕情深一往。

译文 凌云壮志难以消除内心的愤懑，高人逸士一如既往情深似海。

先达〔先达：指志趣高远的前辈。〕笑弹冠，休向侯门轻曳裾〔曳裾：这里指为王侯效命。〕；相知犹按剑，莫从世路暗投珠。

译文 前辈先贤嘲笑那些弹着冠冕即将出仕的人，千万不要轻易向王侯之门奔走谋食；相知的朋友还要按剑规劝，千万不要在仕途上明珠暗投。

—— 卷十一　集法 ——

自方袍〔方袍：原来指僧袍。〕幅巾〔幅巾：用整幅绢做成的束发的方巾。〕之态遍满天下，而超脱颖绝之士遂以同污合流矫之，而世道已不古矣。夫迂腐者既泥于法，而超脱者又越于法，然则士君子亦不偏不倚，期无所泥越则已〔则已：语气词，罢了。〕矣，何必方袍幅巾作此迂态〔迂态：迂腐的样子。〕耶！集《法》第十一。

译文 自从那些穿着僧袍、束着方巾的道学先生的打扮在社会上流行起来之后，那些超凡脱俗、聪明绝顶的士人就以同流合污来加以矫正，而世道日渐衰微、人心已经发生了很大改变。那些迂腐的人还是被传统的礼法束缚着，而那些超脱的人又反过来逾越礼法，既然这样，那么那些真正有道德的人也不偏不倚，期望无所拘束、不要逾越就可以了，为什么一定要穿着僧袍、束着方巾，作出这样迂腐的丑态呢！因此，我编撰了第十一卷《法》。

一心可以交万友，二心不可以交一友。

译文 一心一意就可以结交成千上万的朋友，三心二意就会连一个朋友也交不上。

凡事，留不尽之意则机圆〔机圆：机巧圆满。〕；凡物，留不尽之意〔不尽之意：这里指余地。〕则用裕；凡情，留不尽之意则味深；凡言，留不尽之意则致〔致：达到。〕远；凡兴，留不尽之意则趣多；凡才，留不尽之意则神满。

译文 大凡做事，留出足够的余地就会机巧圆满；大凡物用，留有足够的余地就会宽裕很多；大凡情感，留有足够的余地就会意味深长；大凡言语，留有足够的余地就会达到长久；大凡兴致，留有足够的余地就会趣味无穷；大凡才智，留有足够的余地就会精神饱满。

有世法，有世缘，有世情。缘非〔非：这里指不按照的意思。〕**情，则易断；情非法，则易流**〔流：这里指流俗。〕。

译文　人间有世俗法则，有世事因缘，有世态人情。要是世事因缘不符合世态人情的话，就会出现断交的情况；要是世态人情不符合世俗法则的话，就容易流于世俗，变得放纵。

世多理所难必之事，莫执〔执：偏执。〕**宋人道学；世多情所难通之事，莫说晋人风流。**

译文　世上存在着很多难以按照常理去做的事情，所以不要被宋人的理学规范束缚了；世上有很多事情是难以按照性情行得通的，所以对于晋朝的风流闲谈没有必要去效仿。

少年人要心忙，忙则摄〔摄：慑服，收敛。〕**浮气；老年人要心闲，闲则乐**〔乐：以……为乐。〕**余年。**

译文　少年人心中要忙，心忙就可以收摄浮躁的心气；老年人心中要闲，心闲就可以安享晚年。

晋人清谈，宋人理学，以晋人遣俗〔遣俗：排遣世俗。〕**，以宋人禔躬**〔禔（zhī）躬：安身立命。〕**，合之双美，分之两伤也。**

译文　晋人崇尚清谈，宋人讲求理学，用晋人的清谈来排遣世俗，用宋人的理学来安身立命，二者兼而融合则双美，分而散之则两伤。

莫行心上过不去事，莫存事上行不去〔行不去：行不通。〕**心。**

译文 不要做内心过意不去的事情，不要存事理上行不通的想法。

忙处事为，常向闲中先检点；动〔动：行动。〕时念想，预从静里密〔密：严格。〕操持。

译文 慌乱中的处事行为要常在闲暇时首先自省检点，行动时的念头想法要预先在清静中严密操持。

青天白日处节义，自暗室屋漏中培来；旋乾转坤的经纶〔经纶：治国的方略。〕，自临深履薄处操出。

译文 青天白日中表现出来的节操和行为，是在处境非常恶劣、内心存在着畏惧之心的时候培养出来的；旋转乾坤中体现出来的治国方略，是在如临深渊、如履薄冰的谨慎的心态中磨炼出来的。

以积货财〔货财：财富。〕之心积学问，以求〔求：追求。〕功名之念求道德，以爱妻子之心爱父母，以保爵位之策保国家。

译文 像积累财富一样去积累学问，像追求功名一样去追求道德，像对待妻子、儿女一样去孝敬父母，像保全爵位一样去保卫国家。

何以下达〔达：通达。〕？惟有饰非。何以上达？无如〔无如：不如。〕改过。

译文 小人是如何做到向下求得通达的呢？只有掩饰过错。君子是怎么做到向上求得通达的呢？不如改正过失。

一点不忍的念头是生〔生：使……生。〕民生物之根芽，一段不为〔不为：指道家的清静无为的思想。〕的气象是撑天撑地之柱石。

译文 一点不忍的念头是使人民得到教化、万物得到生长的根芽，一段清静无为的气象是顶天立地、经邦济世的柱石。

不可乘〔乘：趁着。〕**喜而轻诺，不可因醉而生嗔**〔嗔（chēn）：嗔怪，生气。〕，**不可乘快而多事，不可因倦而鲜**〔鲜：不能。〕**终。**

译文 做人不可以趁着高兴而轻易向别人许诺，不可以因为喝醉了而生气，不可以趁着快意而滋生事端，不可以因为疲倦而有始无终。

意防虑如拨，口防言如遏〔遏：洪流。〕，**身防染**〔染：污染。〕**如夺，行防过如割。**

译文 意念防止乱想如同拨动山脉一样，口头防止乱说如同堵塞洪流一样，身体防止污染如同夺命一样，行为防止过失如同割肉一样。

白沙在泥，与之俱〔俱：都。〕**黑，渐染之习久矣；他山之石，可以攻**〔攻：打磨。〕**玉，切磋之力大焉。**

译文 白色的沙粒掉到泥潭里面，会和泥巴一起变黑，这是因为逐渐浸染为时过久；他山的石头可以拿来打磨玉石，这是因为石头对玉石整天切磨的缘故。

礼义廉耻可以律己，不可以绳〔绳：约束，准绳。〕**人。律己则寡**〔寡：很少。〕**过，绳人则寡合。**

译文 礼义廉耻是用来约束自己的，不是用来约束别人的。以此来约束自己就会少犯错误，以此来约束别人就不能和别人搞好团结。

凡事韬晦〔韬晦：韬光养晦。〕，**不独益己，抑且**〔抑且：而且。〕

益人；凡事表暴〔表暴：表露。〕，不独损人，抑且损己。

译文 凡事都要学会韬光养晦，这样做不仅对自己有好处，而且对别人有好处；凡事都要去张狂表露，这样做不仅对别人有损害，而且对自己有损害。

觉人之诈〔诈：欺骗。〕不形〔形：表现。〕于言，受人之侮不动〔动：表现。〕于色。此中有无穷意味，亦有无穷受用。

译文 觉察到别人在欺诈自己却不说出来，遭受到别人的侮辱却不表露在脸上。这中间不仅意味无穷，而且将会受用不尽。

爵位不宜太盛，太盛〔盛：显赫。〕则危；能事不宜尽毕〔毕：完毕。〕，尽毕则衰。

译文 官爵职位不应该过于显赫，要是太显赫的话就会有危险；自己擅长的事情不应该穷尽力量去做，要是什么事情都要穷尽力量去做的话就会走向衰落。

遇故旧之交，意气要愈〔愈：更加。〕新；处隐微〔隐微：隐秘微小。〕之事，心迹〔心迹：心思和形迹。〕宜愈显；待衰朽之人，恩礼要愈隆。

译文 遇到故人旧交，情感和意气就会更加新鲜；处理隐秘微小的事情，心思和形迹一定要更加明显；对待那些年老衰弱的人，恩惠和礼仪一定要更加隆重。

忧勤是美德，太苦〔苦：辛苦。〕则无以适性怡情；淡泊〔淡泊：清静寡欲。〕是高风，太枯〔枯：枯燥。〕则无以济人利物。

译文 忧心勤劳是一种美德，但是太过辛苦的话就没办法陶冶和怡悦性情；清静寡欲是一种高尚的品德，但是太过枯燥的话就没办法去帮助别人、利于事情。

作人要脱俗，不可存一矫俗〔矫俗：矫正世俗。〕之心；应世要随时，不可起一趋时〔趋时：奉迎世俗。〕之念。

译文 做人要超脱世俗，但是不可存一点儿矫正世俗的想法；处世要顺应时宜，但不可起一点儿逢迎世俗的念头。

从师延〔延：延请。〕名士，鲜垂教〔垂教：亲自教导。〕之实益；为徒攀高第，少受诲之真心。

译文 从师延请名流，很少得到其亲自教诲的实际益处；为徒攀扯高门大族，很少有接受教育的真诚用心。

男子有德便是才，女子无才便是德。

译文 男子具有优秀的品德便是才能，女子没有才能便是优秀的品德。

病中之趣味不可不尝，穷途之景界不可不历。

译文 疾病缠身的滋味不可不亲自体验，穷途末路的境界不可不亲自经历。

才人国士既负〔负：拥有。〕不群之才，定负不羁之行〔不羁（jī）之行：行为豪放不加以约束。〕，是以才稍压众则忌心生，行稍违时〔违时：不合世俗。〕则侧目至。死后声名，空誉墓中之骸骨；

穷途潦倒，谁怜宫外之蛾眉。

译文 作为国家的栋梁之材，既然拥有超群卓绝的才华，一定有豪放不羁的行为，因此只要才能稍微超过众人，那么别人就会猜忌他们；只要其行为稍微不合世俗，那么众人一定会对他们侧目而视。死后的声名，白白称誉那些坟墓之中已经腐朽的骸骨；穷途末路、贫困潦倒，谁怜爱那些年老色衰被赶出宫的美女呢？

贵人之交贫士也，骄色〔骄色：骄傲的神情。〕易露；贫士之交贵人也，傲骨当存。

译文 富贵的人和贫寒的人交往，容易显示骄傲的神色；贫寒的人和高贵的人交往，应该存有傲骨。

君子处事，宁人负〔负：辜负。〕己，己无〔无：不要。〕负人；小人处事，宁己负人，无人负己。

译文 君子为人处世，宁可别人辜负自己，也不要自己辜负别人；小人为人处世，宁可自己辜负别人，也不愿意别人辜负自己。

砚神曰“淬妃”；墨神曰“回氏”；纸神曰“尚卿”；笔神曰“昌化”，又曰“佩阿”。

译文 砚神被称为“淬妃”；墨神被称为“回氏”；纸神被称为“尚卿”；笔神被称为“昌化”，又被称为“佩阿”。

要治世，半部《论语》；要出世，一卷《南华》〔《南华》：指《南华真经》，即《庄子》。〕。

译文 要治理国家，半部《论语》就足够了；要出世修道，一卷

《庄子》就足够了。

求见〔见：被。〕**知于人世易，求真知**〔知：了解。〕**于自己难；求粉饰**〔粉饰：掩盖。〕**于耳目易，求无愧于隐微难。**

译文 要想被世人知道很容易，但是想真正了解自己很难；要想掩盖自己的过错、遮掩别人的耳目很容易，但是要想做到每件小事都问心无愧很难。

圣人之言，须常将来眼头过、口头转、心头运。

译文 圣人的言论，一定要经常拿来用眼睛看一看、用嘴说一说、用心想一想。

与其巧持〔巧持：逞巧卖能。〕**于末，不若拙**〔拙：愚拙。〕**戒于初。**

译文 与其在事情快要结束的时候才逞巧卖能，倒不如在事情刚刚开始的时候就用愚拙戒备。

君子有三惜：此生不学一可惜；此日闲过〔过：度过。〕**二可惜；此身一败三可惜。**

译文 君子有三件事值得可惜：一可惜此生不学无术；二可惜此日碌碌虚度；三可惜此身一败涂地。

昼观诸妻子〔妻子：妻子和儿女。〕，**夜卜诸梦寐**〔梦寐（mèi）：指梦。〕，**两者无愧，始可言学。**

译文 白天通过妻子和儿女的反应来观察，晚上通过对照梦中的言行来检点自己，两者都问心无愧的话，才能称得上修身学习。

士大夫三日不读书，则礼义不交，便觉面目可憎、语言无味〔无味：缺少生机。〕。

译文 士大夫要是三天不读书的话，就不能严守礼义和规范交往处世，便会觉得自己面目可憎、言语缺少生机。

与其密面〔密面：表面上亲热。〕**交，不若亲谅友**〔谅友：正直诚实的朋友。〕**；与其施新恩，不若还旧债。**

译文 与其亲密表面相交的人，不如亲近正直诚实的朋友；与其施与别人新的恩惠，不如偿还旧的债务。

士人所贵，节行〔节行：气节操守。〕**为大。轩冕**〔轩冕：指官位爵禄。〕**失之，有时而复来；节行失之，终身不可得矣。**

译文 士人最可贵的是气节操守。官位爵禄失去了，有时可以再得到；气节操守一旦失去了，一辈子不可能找回来。

势不可倚尽〔尽：完结。〕**，言不可道**〔道：说。〕**尽，福不可享尽，事不可处尽，意味偏长。**

译文 权势不可以依仗尽，言语不可以说尽，幸福不可以享尽，事情不可以做绝，这几句话真是意味深长、耐人寻味。

静坐然后知平日之气浮〔气浮：心气浮躁。〕**，守默**〔守默：这里指沉默。〕**然后知平日之言躁，省事然后知平日之费闲，闭户然后知平日之交滥，寡欲然后知平日之病**〔病：这里指毛病。〕**多，近情然后知平日之念刻。**

译文 安然静坐，然后才知道平日的心气浮躁；沉默不语，然后才知道平日的言语急躁；省事无事，然后才知道平日的费心费事；闭门谢客，然后才知道平日的交往过滥；清心寡欲，然后才知道平日的毛病太多；接近人情，然后才知道平日的念头刻薄。

喜时之言多失信〔信：信用。〕，**怒时之言多失体**〔体：得体。〕。

译文 在高兴的时候，人说的话大多数是不可信的；在生气的时候，人说的话大多是不得体的。

泛交则多费〔费：花费。〕，**多费则多营**〔营：经营。〕，**多营则多求，多求则多辱**〔辱：侮辱。〕。

译文 要是交朋友过于广泛的话，平时的花费就会很多；要是花费过多的话，就会多方经营；要是多方经营的话，就会多方追求；要是多方追求的话，就会受到屈辱。

正以处心，廉以律己，忠以事君，恭以事长〔长：长辈。〕，**信以接物，宽以待下，敬以治事**〔治事：从事政务。〕，**此居官之七要**〔要：要义。〕**也**。

译文 以公正居心，以廉洁律己，以忠诚侍奉君主，以恭敬侍奉长辈，以信义待人接物，以宽厚对待下属，以敬爱从事政务，这是做官的七条重要准则。

圣人〔圣人：圣明的人。〕**成大事业者，从战战兢兢之小心来**。

译文 圣明的人之所以能够成就伟大的事业，是因为他们一开始就兢兢业业、谨慎小心。

酒入舌出，舌出言〔言：所说的话。〕**失，言失身弃**〔弃：放弃。〕**。余以为弃身不如弃酒。**

译文 酒喝进口中，舌头就吐出来；舌头一吐出来，说话就不得体；说话一不得体，自身就为人所不屑了。所以，我认为与其抛弃自身，不如放弃饮酒。

青天白日，和风庆云，不特〔特：只，仅仅。〕**人多喜色，即乌鹊且有好音**〔好音：好的叫声。〕**；若暴风怒雨，疾雷幽电，鸟亦投林，人皆闭户。故君子以太和元气**〔太和元气：指冲和之气。〕**为主。**

译文 青天白日，风和云祥，不仅人多喜笑颜开，就连喜鹊也叫得格外好听；如果暴风怒雨，雷电交加，鸟也都躲进树林里，人们也都关门闭户。因此，君子应当以冲和之气为主。

胸中落〔落：失去。〕**“意气”两字，则交游定不得力；落“骚雅”二字，则读书定不得深心**〔深心：深入内心。〕**。**

译文 人的胸中如果失去“意气”两个字，那么在交游的时候一定不会得心应手；失去“骚雅”两个字，那么读书也一定不深入内心。

惟书不问贵贱、贫富、老少。观〔观：看。〕**书一卷，则有一卷之益；观书一日，则有一日之益。**

译文 只有读书这件事是不分贵贱、贫富、老少的，什么人都可以读，只要读书就有好处。读一卷书，就有一卷的收益；读一天书，就有一天的收益。

坦易〔坦易：坦荡简单。〕其心胸，率真其笑语，疏野〔疏野：使……变得淳朴自然。〕其礼数，简少其交游。

译文　修身处世就要使心胸坦荡简单，使笑语纯洁天真，使礼教淳朴自然，使交游简便稀少。

好丑不可太明，议论不可务〔务：一定。〕尽，情势不可殚竭〔殚竭：穷尽。〕，好恶不可骤〔骤：马上。〕施。

译文　对于美丑不可以太过分明，对于别人的议论不可以说得过于绝对，对于情势不可以竭尽无余，对于事物的好恶不可以马上就表现出来。

不风之波、开眼〔开眼：睁着眼。〕之梦皆能增进道心。

译文　没有风吹的波浪、白日睁眼的梦境都能够增进人的悟道之心。

开口讥诮人是轻薄第一件〔第一件：最大的事。〕，不惟〔惟：仅仅，只是。〕丧德，亦足丧身。

译文　张嘴讥笑讽刺别人是世上最轻薄的事，不仅会丧失道德，也足以导致家破人亡。

不能受言〔受言：接受别人的意见。〕者，不可轻与一言，此是善交法。

译文　对于那些不能接受别人意见的人，不可以轻易对他们劝告什么，这是一种好的交往方法。

君子于〔于：对待。〕人，当于有过中求无过，不当于无过中求有过。

译文 君子对待别人的态度，应该在犯错的人的身上找没有错误的地方，而不应该在没有犯错误的人的身上刻意地去找过错。

我能容人，人在我范围，报〔报：报答。〕之在我，不报在我；人若容我，我在人范围，不报不知，报之不知。自重者然后人重〔重：尊重。〕，人轻者由我自轻〔轻：轻视。〕。

译文 我能宽容别人，那么别人就在我的范围之内了，不管报答不报答他，完全在于我；要是别人宽容了我，那么我就在别人的范围之内了，不报答别人别人可能不知道，报答了别人别人可能也不知道。自己尊重自己的人，别人往往也会尊重他；别人轻视自己，往往是由于自己先轻视自己。

高明性多疏脱〔疏脱：性情疏朗、放荡不羁。〕，须学精严；狷介〔狷介：这里指孤傲耿直的人。〕常苦迂拘，当思圆转〔圆转：灵活变通。〕。

译文 见识高远的人大多性情疏朗、放荡不羁，这些人必须学会精细严谨的作风；孤傲耿直的人常常苦于迂腐拘泥，这样的人一定要想着灵活变通。

欲做精金美玉的人品，定从烈火锻来；思立揭地掀天〔揭地掀天：这里指惊天动地。〕的事功，须向薄冰履过。

译文 要想获得如精金美玉般的人品，必定要从炽热的烈火中锻造出来；要想建立惊天动地的事业和功绩，必须从如履薄冰般的艰险中走过来。

性〔性：性情。〕不可纵，怒不可留，语不可激，饮不可过〔过：过量。〕。

译文 性情不可以放纵，怒气不可以保留，言语不可以偏激，饮酒不可以过量。

市〔市：得到。〕私恩，不如扶〔扶：扶助。〕公议；结新知，不如敦〔敦：加深。〕旧好；立荣名，不如种隐德；尚奇节，不如谨庸行。

译文 取得个人的恩惠，不如扶助公众都赞同的事情；结交新的朋友，不如加深老朋友的友谊；树立空虚的名声，不如建立隐蔽的德行；崇尚卓立特行的气节，不如谨慎约束自己平时的行为。

不实心〔实心：真心实意。〕，不成事；不虚心，不知事。

译文 不真心实意，就不能干成事情；不虚心向别人请教，就不能明白事理。

老成人受病〔受病：被别人指责。〕，在作意步趋；少年人受病，在假意超脱。

译文 老年人受到诟病，往往是有意地亦步亦趋；少年人受到诟病，往往是假装超脱世俗。

为善〔为善：做好事。〕有表里始终之异，不过假好人；为恶无表里始终之异，倒是硬汉子。

译文 做好事如果不能表里如一、善始善终，不过是一个假好人；做坏事如果能表里如一、始终不变，倒是一条硬汉子。

入心处咫尺玄门〔玄门：精辟奥妙的境界。〕，得意时千古快事。

译文 进入内心深处，那么精辟奥妙的境界就近在咫尺；得意会心的时候，就是遇到了千古未有的快事。

世间会〔会：善于。〕讨便宜人，必是吃过亏者。

译文 世上善于占小便宜的人，必定是吃过亏的人。

书是同人，每读一篇，自觉寝食有味；佛为老友，但窥半偈，转思前境真空。

译文 书就和志同道合者一样，每读过一篇，就会觉得吃饭、睡觉都有滋有味；佛就像一位老朋友一样，只要看上半句偈语，就会想到前世的一切都是虚空。

天地俱不醒，落得昏沉醉梦；洪濛〔洪濛：指宇宙。〕率是客，枉〔枉：白白的，徒然的。〕寻寥廓主人。

译文 天地之间一片混沌不醒，落得一场昏昏沉沉的醉梦；宇宙内都是客人，没有必要再寻找宇宙的主人。

老成人必〔必：一定。〕典必则，半步可规〔规：规则。〕；气闷人不吐不茹〔不吐不茹：形容人正直不阿，不欺软怕硬。〕，一时难对。

译文 老成持重的人一定会遵守典章规则，做事情都会循规蹈矩；气闷难平的人刚正不阿，让人一时难以应付。

重〔重：看重，重视。〕友者交时极难，看得难，以故转重；轻友者交时极易，看得易，以故转轻。

译文 重视友情的人在结交朋友的时候非常难，因为他们把交朋友看得非常难，所以他们转而重视友情；轻视友情的人在结交朋友的时候非常容易，因为他们把交朋友看得非常容易，所以他们转而轻视友情。

掩户〔户：门。〕焚香，清福已具。如无福者，定生他想；更有福者，辅〔辅：辅助。〕以读书。

译文 把门关上，点起香来，清福已经具备了。如果是没有福分的人，肯定会产生其他的想法；想更有福分的人，除关上门、点上清香之外，还应该读书。

国家用人犹农家积粟〔粟：泛指粮食。〕。粟积于丰年，乃可济〔济：帮助。〕饥；才储于平时，乃可济用。

译文 国家储备和选用人才就像农家储积粮食一样。丰收之年储积粮食，才可以救济饥馑荒年；平时储备人才，才可以在需要的时候随时选用。

考人品要在五伦〔五伦：是指君臣、父子、兄弟、夫妇、朋友这五方面的伦理关系。〕上见。此处得〔得：恰当，得体。〕，则小过不足疵；此处失，则众长不足录。

译文 考察一个人的人品一定要从君臣、父子、兄弟、夫妇、朋友这五方面的伦理关系上入手。如果在五伦上礼仪得体，那么即使有一些小的过错，也算不上什么大毛病；如果在五伦上礼仪不恰当，那么即使这个人有很多的长处，也不足以录用。

以无累〔无累：没有牵累。〕之神合〔合：符合。〕有道之器，宫商〔宫商：古代五声的音阶，分别为宫、商、角、徵、羽。〕暂离，不可得已。

译文 把没有可以牵累的精神和具体事物中蕴含的抽象的道理结合，即使像乐器所发出来的音阶不准，也不能停下来。

精神清旺〔清旺：清醒旺盛。〕，境境都有会心；志气昏愚〔昏愚：昏沉愚钝。〕，处处俱成梦幻。

译文 精神清爽旺盛，随时随地都能有会于心；志气昏沉愚钝，到处都像做梦一样。

孟郊有句云："青山碾为尘，白日无闲人。"于邺〔于邺：字武陵，擅长写诗。〕云："白日若不落，红尘应更深。"又云："如逢幽隐处，似遇独醒人。"王维云："行到水穷处，坐看云起时。"又云："明月松间照，清泉石上流。"皎然〔皎然：字清昼，湖州人，是著名的僧人。〕云："少时不见山，便觉无奇趣。"每一吟讽，逸思翩翩。

译文 唐朝诗人孟郊有诗句说："青山碾为尘，白日无闲人。"于邺有诗句说："白日若不落，红尘应更深。"他又说："如逢幽隐处，似遇独醒人。"王维有诗句说："行到水穷处，坐看云起时。"他又说："明月松间照，清泉石上流。"皎然也有诗句说："少时不见山，便觉无奇趣。"现在，每次吟诵这些诗句，都会令我浮想联翩。

——卷十二　集倩——

倩〔倩：笑靥美好的样子。引申为妩媚、美妙。〕不可多得，美人有其韵，名花有其致，青山绿水有其丰标。外则山臞〔山臞：形容隐士萧疏清癯的样子。〕韵士，当情景相会之时，偶〔偶：偶尔。〕出一语，亦莫不尽其韵〔韵：风韵，神韵。〕、极其致、领略其丰标〔丰标：风姿，仪态。〕，可以启〔启：开启，绽开。〕名花之笑，可以佐美人之歌，可以发山水之清音，而又何可多得！集《倩》第十二。

译文 美妙的东西是不可以轻易得到的，美人有自己独特的韵致，名花有自己独特的情致，青山绿水有自己独特的仪态。除此之外，还有那些隐居在山林深处的情致高雅的隐士，每当情景交融的时候，偶尔说出一句名言，也没有不尽其风韵、极其情致、领略其仪态的，可以让名花绽开笑颜，可以伴着美人轻歌曼舞，可以使山水发出悦耳动听的美妙音乐，这些又怎么可能多得啊！因此，我编撰了第十二卷《倩》。

会心〔会心：心领神会。出自《世说新语·言语》：“会心处不必在远，翳然林水便自有濠濮间想也，觉鸟兽禽鱼自来亲人。”〕处自有濠濮〔濠濮：这里指天地人生。〕间想，然可亲人鱼鸟；偃卧〔偃卧：仰面闲卧。〕时便是羲皇〔羲皇：这里指上古时代。〕上人，何必秋月凉风。

译文 会心之处自然会生发对天地人生的玄想，然后就可以与鸟兽禽鱼亲近了；仰面闲卧之时便是上古时代恬静闲适之人，何必非要有皎洁的秋月与凉风习习呢？

一轩〔轩：窗。〕明月，花影参差〔参差（cēn cī）：长短不齐。〕，席地偏宜〔偏宜：适合，适宜。〕小酌；十里青山，鸟声断

续，寻春几度长吟。

译文 一窗皎洁的月亮，在花园里投下一院子参差的花影，席地而坐，非常适合对着月亮饮酒；十里青山郁郁葱葱，各种鸟儿欢唱，鸣叫声断断续续地传来，在这种情景下踏青寻春，几度长吟不绝。

入山采药，临水〔临水：在水边。〕**捕鱼，绿树阴中鸟道**〔鸟道：这里指狭窄的道路。〕**；扫石弹琴，卷帘**〔卷帘：卷起窗帘。〕**看鹤，白云深处人家。**

译文 到山中采药，到水边捕鱼，绿树环绕掩映的山路蜿蜒曲折，就像鸟道一般狭窄；打扫一块石头在上面抚琴而弹，卷起帘子看院子里养的白鹤，白云深处的人家的生活是如此幽雅闲适啊！

南涧科头〔科头：扎起头发，不戴帽子。〕**，可任半帘明月；北窗坦腹**〔坦腹：袒露着肚子。〕**，还须一榻清风。**

译文 在南涧中扎起头发，不戴帽子，也不用巾帻束着头发，可以任由半帘明月照着；在北窗下露着肚子睡大觉，还要有一榻清风吹拂着。

披帙〔披帙（zhì）：开卷读书。〕**横风榻，邀棋**〔邀棋：邀人下棋。〕**坐雨窗。**

译文 在风吹拂的床榻上横躺着开卷读书，邀请别人相对坐在雨中的窗前下棋。

洛阳每遇梨花时，人多携〔携：拿着。〕**酒树下，曰："为梨花洗妆。"**

译文 每到梨花盛开的时候，洛阳城的人大多带着酒来到梨花树下，说是“为梨花洗妆”。

绿染林皋〔皋：水边的高地。〕，**红销**〔销：染遍。〕**溪水。几声好鸟斜阳外，一簇**〔一簇：一股。〕**春风小院中。**

译文 春天的时候，浓浓的绿色把山林和水边的高地染遍了，落花把山间的溪水染成了红色。几声动人的鸟叫从远处传来，一股春风吹进山中的小院里。

有客到柴门〔柴门：篱笆门。这里借指寒舍。〕，**清尊**〔尊：酒樽。〕**开江上之月；无人剪蒿径**〔蒿径：荒芜的小路。〕，**孤榻对雨中之山。**

译文 有朋友来到我的寒舍做客，清酒倒进了酒樽里，映照着江上的月光；没有人来收拾荒芜的小路，夜晚我孤零零地躺在床榻上久久不能入睡，面对着远处雨中的山峰。

恨〔恨：怨恨。〕**留山鸟，啼百卉之春红；愁寄陇云**〔陇云：陇上的行云。〕，**锁四天之暮碧。**

译文 山鸟的心头凝聚着怨恨，其悲啼使百花在春天吐艳盛开；陇上的行云寄托着哀愁，把天空的暮色苍茫深深地锁住了。

涧口有泉常饮鹤，山头无地不栽花。

译文 涧口有泉水，常常有仙鹤来饮水，山头都栽满了美丽的花。

双杵茶烟，具载陆君之灶〔陆君之灶：“茶圣”陆羽的茶灶。这里指陆羽所创造的茶具二十四器。〕；**半床松月，且窥扬子之书**〔扬子之书：西汉文学家扬雄所著的书，有《太玄》《法言》。〕。

译文 一对杵臼茶烟笼罩，全部陈列着陆羽所创造的茶具二十四器；一大半床被松间明月映照着，姑且看看扬雄所著的玄妙之书。

寻雪后之梅，几忙骚客；访霜前之菊，颇惬幽人。

译文 寻访雪后的梅花，几乎忙坏了文人墨客；探访霜前的菊花，非常吻合隐士的情趣。

瘦竹如幽人，幽花如处女。

译文 消瘦的竹子就好像隐士一般，幽静的花朵就好像处女一样娴静、美丽。

晨起推窗，红雨乱飞，闲花笑也；绿树有声，闲鸟啼也；烟岚〔烟岚（lán）：山间升起的烟雾。〕**灭没，闲云度也；藻荇**〔藻荇（xìng）：水中生长的一种水草。〕**可数，闲池静也；风细帘青，林空月印，闲庭峭也。山扉昼扃，而剥啄每多闲侣；帖括困人，而几案每多闲编。绣佛长斋，禅心释谛**〔释谛：阐释道理。〕**，而念多闲想，语多闲词，闲中滋味洵**〔洵：差不多。〕**足乐也。**

译文 早晨起来，推开窗户，外面被花瓣映红的雨纷纷飞舞，花朵悠闲地随风微笑；翠绿的树丛传来声音，原来是悠闲的鸟儿在啼叫；山间升腾的烟雾散尽了，只有悠闲的云朵飘来荡去；漂荡在水上的水草寥寥无几，几乎能数过来，这是因为水池寂静；微风徐徐吹来，透过帘子能看到青翠的景致，树林空寂留下月亮的踪迹，空旷的院子显得更加严峻。山门白天就关上了，叩门拜访的人多是悠闲的同伴；科举应试文章令人困倦，而几案上摆着风雅的闲书。书斋中挂着佛的绣像，禅心在阐释着其中的道理，而心里的念头多是悠闲的想法，言语多是悠闲的词句，这悠闲中的滋味确实足以使人快乐。

水流云在，想子美〔子美：即唐代伟大的诗人杜甫，字子美，后人尊为“诗圣”。〕**千载高标；月到风来，忆尧夫**〔尧夫：指北宋理学家邵雍，字尧夫，曾据《易经》创设先天学，著作有《皇极经世书》《伊川击壤集》。〕**一时雅致。**

译文 水流静静地流淌着，天上的白云悠闲地飘荡着，让人不禁遥想“诗圣”杜甫为后人所树立的千古表率；月亮出来了，清风徐来，让人不禁追忆故去的邵雍先生一时的雅致。

何以消天下之清风朗月，酒盏诗筒；何以谢人间之覆雨翻云，闭门高卧。

译文 怎样才能享受人间的清风朗月，只有饮酒作诗；怎样才能谢绝人间的翻云覆雨的险境，只有关起门来躺着不问世事。

雨中连榻，花下飞觞〔飞觞：指酒杯交错畅饮。〕**，进艇长波，散发弄月。紫箫、玉笛飒**〔飒：忽然。〕**起中流，白露可餐，天河在袖。**

译文 在雨中摆下连榻或坐或卧，在花树下摆下酒席，大家纷纷举起酒杯欢快畅饮，驾起快艇逐开波浪在水上嬉戏，到了兴致高的时候索性披开头发，一边高吟着诗歌，一边赏着天上皎洁的月亮。从中流忽然传来紫箫、玉笛的优美的旋律，让人顿时感到心旷神怡、精神舒爽，内心有一种飘飘欲仙的感觉，就好像洁白的露珠可以直接取来喝，连远在天上悬挂着的银河也可以装进袖子里。

午夜箕踞〔箕踞：指盘腿闲坐。〕**松下，依依皎月时来亲人**〔亲人：这里指月亮和人亲近。〕，**亦复快然**〔快然：指欢乐畅快的样子。〕**自适。**

译文 在夜深人静的午夜盘着腿坐在高大的松树下面，多情的皎洁的明月不时地来和人亲近，这些事儿也足够使人感到快乐和无限惬意。

赏花有地有时，不得其时而漫然〔漫然：随意。〕**命客**〔命客：邀请客人。〕，**皆为唐突。寒花宜初雪，宜雨霁**〔霁：雨停了。〕，**宜新月，宜暖房；温花宜晴日，宜轻寒，宜华堂**〔华堂：陈设华丽的大厅。〕；**暑花宜雨后，宜快风，宜佳木浓阴，宜竹下，宜水阁；凉花宜爽月，宜夕阳，宜空阶，宜苔径，宜古藤巉石**〔巉（chán）石：形状怪异的石头。〕**边。若不论风日，不择佳地，神气散缓，了不相属，比于妓舍酒馆中花何异哉！**

译文 赏花一定要讲究时间和地点，要是不顾及时间随便邀请客人来观赏，那是很冒失的。寒冷季节开放的花，适合在瑞雪初降、雨后天晴、新月初上的时候以及在温室中观赏；温暖季节开放的花，适合在晴天丽日、气温略寒的时候以及在华丽的厅堂中观赏；暑天开放的花，适合在大雨过后、疾风吹拂的时候以及在绿树浓荫、翠林竹下、水中台阁上观赏；凉爽季节开放的花，适合在凉爽的月夜、夕阳余晖中以及在空旷的阶前、长满苔藓的小径上、古藤怪石旁边观赏。如果不顾时间和气候变化，不选择最佳的观赏地点，花的神色就会减少逊色，神韵全无，那么这些花和青楼、酒馆中摆放的花又有什么区别呢！

云霞争变〔争变：竞相变幻。〕，**风雨横天**〔横天：从高高的天上降落。〕，**终日静坐，清风洒然**〔洒然：洒脱，舒畅。〕。

译文 天空中的云霞竞相变幻，风雨交加从高高的天上降落。整天静静地坐着，澄心静虑，顿时觉得清风洒然、沁人心脾。

妙笛〔妙笛：这里指美妙的笛声。〕**至山水佳处，马上临风**〔临风：这里指在风中疾驰。〕，**快作数弄**〔数弄：几曲。〕。

译文 要想听美妙的笛声应该到山清水秀的地方去听，在马上迎风迅速地驰骋，趁着这股欢快的劲头吹上几曲美好的曲子。

心中事，眼中景，意中人。

译文 心中所想的快乐的事情，眼中所看到的美好的景象，藏在内心的美丽的佳人。

园花按时开放，因即其佳称〔佳称：美妙的名称。〕，**待之以客：梅花索笑客，桃花销恨客，杏花倚云客，水仙凌波客，牡丹酣酒客，芍药占春客，萱草忘忧客，莲花禅社客，葵花丹心客，海棠昌州客，桂花青云客，菊花招隐客，兰花幽谷客，酴醾清叙客，腊梅远寄客。须是身闲**〔身闲：身心闲适。〕，**方可称为主人。**

译文 园子里的花按照时节逐一开放，于是可以按照各种花卉的美好的名称邀请不同的客人来欣赏：梅花叫作“索笑客”，桃花叫作“销恨客”，杏花叫作“倚云客”，水仙叫作“凌波客”，牡丹叫作“酣酒客”，芍药叫作“占春客”，萱草叫作“忘忧客”，莲花叫作“禅社客”，葵花叫作“丹心客”，海棠叫作“昌州客”，桂花叫作“青云客”，菊花叫作“招隐客”，兰花叫作“幽谷客”，酴醾叫作“清叙客”，腊梅叫作“远寄客”。要想观赏这些花，一定要身心放松、心无杂念。只有这样，才能成为这些名花的主人。

马蹄入树鸟梦坠，月色满桥人影来。

译文　马蹄声传入林中树梢，惊落了鸟儿的一枕幽梦；月光洒满了小桥流水，惹得人影从远处走来。

无事当〔当：应该。〕**看韵书，有酒当邀韵友。**

译文　无事应该阅读风雅的诗书，有酒应该邀请高雅的诗友。

红蓼〔红蓼：一种水草，开淡红色的花。〕**滩头，青林古岸，西风扑面，风雪打头。披蓑顶笠，执**〔执：拿着。〕**竿烟水，俨然在米芾《寒江独钓图》中。**

译文　在盛开着淡红色蓼花的沙滩上，在青翠的树木遮掩下的古老岸边，西风呼啸而来，疾风暴雪劈头盖脸地打来。这时候，披起蓑衣，戴上斗笠，手里拿着一根鱼竿在烟波浩渺的寒江上垂钓，这样的境界简直就是宋代画家米芾所画的《寒江独钓图》中的意境。

冯惟一〔冯惟一：指冯吉，字惟一，官至太常正卿，擅长写文章，尤其擅长草隶和琵琶。当时的人把他的琵琶、诗、舞称为“三绝”。〕**以杯酒自娱，酒酣即弹琵琶，弹罢**〔罢：结束。〕**赋诗，诗成起舞，时人爱其俊逸。**

译文　冯惟一喜欢用喝酒的方式自我欢娱，喝酒喝得起劲的时候就弹琵琶，弹完了琵琶就赋诗，赋完诗就翩翩起舞，当时的人都非常欣赏他洒脱的风度。

风下松而合曲〔合曲：合乎音律。〕，**泉萦石而生文**〔文：这里指河水粼粼的波纹。〕。

译文　山风从松树上吹下，发出合乎音律的松涛声；清泉从石上流过，泛起粼粼的波纹。

秋风解缆，极目芦苇，白露横江，情景凄绝。孤雁惊飞，秋色远近〔远近：远处和近处的情景。〕。**泊**〔泊：停泊。〕**舟卧听，沽**〔沽：买。〕**酒呼卢**〔呼卢：古代的一种赌博的方式，用木头制成黑白子，类似于现在的五子棋。〕，**一切尘事都付秋水芦花。**

译文 天边吹来阵阵凉爽的秋风，解开拴船的缆绳，极目远眺，只看见芦花连成一片，绵延到天边，洁白的露珠洒落在江面上，情景十分凄凉。孤独的大雁受到了惊吓，扑棱着双翅高飞而去，远近呈现出一派秋天肃杀的情景。把船停泊在岸边，躺在船里听着江水发出的涛声，打来酒和客人一起喝，拿出呼卢玩起了博戏，一切身外的凡俗的事情都随着秋水奔流、芦花飘荡。

设禅榻二，一自适〔适：使用。〕，**一待朋。朋若未至，则悬之。敢曰：陈蕃之榻悬待孺子**〔孺子：指徐稚，字孺子。〕，**长史之榻专设休源**〔休源：指南朝的孔休源，曾为晋安王府长史。〕，**亦惟禅榻之侧不容着俗人膝耳，诗魔酒颠赖此榻祛醒。**

译文 在斋房里陈设两个禅榻，一个自己使用，另一个用来招待朋友。如果没有朋友来，那么就挂起来。可以说：陈蕃的床榻是专门悬挂起来等待徐稚的，长史的床榻是专门为孔休源设置的，而我床榻的旁边是不允许凡夫俗子坐卧的，只允许那些诗魔、酒颠倚靠这个床榻祛魔醒酒。

留连野水之烟〔烟：烟雾。〕，**淡荡寒山之月。**

译文 弥漫在原野和流水上面的烟雾令人流连忘返，笼罩在清寒山峰上面的月光非常柔和、皎洁。

春夏之交，散行〔散行：漫步。〕**麦野；秋冬之际，微醉稻场。欣看麦浪之翻银**〔翻银：翻滚的银浪。〕**，积翠直侵衣带；快睹稻香之覆**〔覆：笼罩。〕**地，新醅欲溢尊罍**〔尊罍（léi）：盛酒的器具。〕**。每来得趣于庄村，宁去置身于草野。**

译文 春夏之交，漫步在一望无际的麦田上；秋冬之际，陶醉于打谷场上。欣喜地看到微风吹过，麦田翻起一片银浪，积聚的青翠的气息直侵衣带；高兴地看到稻谷的芳香弥漫谷场，新酿造的浊酒的香气溢满了酒杯。每次来到乡下都能从此得到无限的乐趣，宁愿离开喧嚣的城市而置身于草莽山野。

羁客在云村〔云村：云雾缭绕的山村。〕**，蕉雨**〔蕉雨：雨打芭蕉。〕**点点，如奏笙、竽，声极可爱；山人读《易》《礼》，斗后**〔斗后：意思和“方外”差不多。〕**骑鹤以至，不减闻《韶》**〔《韶》：传说是舜作的乐曲。〕**也。**

译文 旅居在外的游客行走于云雾缭绕的山村，雨点打在芭蕉叶上发出有节奏的响声，就好像有人在吹奏笙、竽一样，声音极其动听可爱；山中的隐士读完《易经》《礼记》后，从方外骑着仙鹤飘然来到，这种境界比起听《韶》乐来也差不了多少。

阴〔阴：这里指乘凉。〕**茂树，濯**〔濯：洗浴。〕**寒泉，溯**〔溯：逆着。〕**冷风，宁不爽然洒然？**

译文 在茂密的树下乘凉，在寒泉中洗浴，逆着冷风前行，难道不令人感到心清气爽、潇洒卓然吗？

韵言一展卷间，恍〔恍：仿佛。〕**坐冰壶而观龙藏**〔龙藏：佛经，相传大乘经典藏在龙宫，所以说“龙藏”。〕。

译文 高雅的言论，展开一卷经书来阅读就可以看到，那种境界就好像坐在冰壶里面诵读经书一样让人惬意。

春来新笋，细〔细：细嫩。〕可供茶；雨后奇花，肥堪〔堪：可以。〕待客。

译文 初春生长的新笋非常细嫩，可以用来烹饮佐茶；雨后盛开的奇花肥嫩鲜妍，可以采来招待客人。

赏花须结豪〔豪：性情豪放。〕友，观妓须结淡友，登山须结逸〔逸：隐逸。〕友，泛舟须结旷友，对月须结冷友，待雪须结艳友，捉〔捉：拿着。〕酒须结韵友。

译文 观赏名花，应该和性格豪爽的友人一起观赏；观伎听曲，应该和性情淡泊的人一起去；登山游览，应该和隐逸的朋友一起前行；泛船江湖，应该和心胸旷达的朋友一起前行；吟风弄月，应该和为人冷峻的朋友一起；踏雪寻梅，应该和文辞华美的朋友一起；把酒畅饮，应该和性情高雅的朋友一起。

问客写药方，非关多病；闭门听野史，只为偷闲。

译文 询问客人开写药方，并不是因为多病；关上门听讲野史故事，只是为了偷闲。

岁行〔行：即将。〕尽矣，风雨凄然，纸窗竹屋，灯火青荧〔青荧：指灯火的颜色。〕，时于此间得小趣。

译文 一年马上要过完了，风雨交加，这番景象让人感觉凄凉，但是在纸窗竹屋里，在青荧的灯光下，在心头也不时涌起盎然的情趣。

山鸟每夜五更喧起五次，谓之“报更”，盖山间率真漏声〔漏声：自然天籁的报时声。〕**也。**

译文 山鸟每夜五个更次要鸣叫五次，称为“报更”，这真是山间自然天籁的报时声。

分韵题诗，花前酒后；闭门放鹤，主去客来。

译文 按照韵类依次题诗联句，适合在赏花的时候和饮酒之后进行；关起门来把仙鹤放出来，适合在主人将离开和客人快要来的时候做。

插花着〔着：放在。〕**瓶中，令俯仰、高下、斜正、疏密皆有意态**〔意态：韵味。〕**，得画家写生之趣方**〔方：才。〕**佳。**

译文 在花瓶中插花的方法是使花看起来高低抑扬、错落有致，斜正、疏密有一定的秩序，让每一枝花都各自呈现出优美的韵味，能够呈现出画家写生的意趣才是最佳的插花境界。

法饮宜舒〔舒：舒缓。〕**，放饮宜雅，病饮宜小**〔小：少量。〕**，愁饮宜醉；春饮宜郊，夏饮宜庭，秋饮宜舟，冬饮宜室，夜饮宜月。**

译文 正规的饮酒应该放松一些，豪放的饮酒应该优雅一点，病中的饮酒应该少而有度，忧愁的饮酒应该一醉方休；春天饮酒应该在郊外，夏天饮酒应该在庭中，秋天饮酒应该在船上，冬天饮酒应该在室内，夜间饮酒应该在月光下。

甘酒以待病客〔病客：这里指生病的客人。〕**，辣酒以待饮客**〔饮客：善于饮酒的人。〕**，苦酒以待豪客，淡酒以待清客**〔清客：性情高雅的人。〕**，浊酒以待俗客。**

译文 甘甜的酒是用来招待生病的客人的，辛辣的酒是用来招待善于饮酒的客人的，苦涩的酒是用来招待豪放的客人的，清淡的酒是用来招待性情高雅的客人的，浑浊的酒是用来招待世俗的客人的。

仙人好楼居，须岧峣轩敞，八面玲珑，舒目披襟，有物外之观，霞表之胜。宜对山，宜临水；宜待月，宜观霞；宜夕阳，宜雪月。宜岸帻观书，宜倚栏吹笛；宜焚香静坐，宜挥麈清谈。江干〔江干：江边。〕宜帆影，山郁〔郁：指树木浓郁。〕宜烟岚；院落宜杨柳，寺观宜松篁；溪边宜渔樵、宜鹭鸶，花前宜娉婷〔娉婷：女子美好的姿态。〕、宜鹦鹉。宜翠雾霏微〔霏微：云雾弥漫的样子。〕，宜银河清浅；宜万里无云，长空如洗；宜千林雨过，叠嶂如新。宜高插江天，宜斜连城郭；宜开窗眺海日，宜露顶卧天风。宜啸，宜咏，宜终日敲棋；宜酒，宜诗，宜清宵对榻。

译文 仙人喜欢住在高楼里，这样的高楼一定要高耸入云并且宽敞明亮，八面玲珑，放眼望去，视野开阔，让人胸襟开阔，眼里有世外的景观，有云外的胜迹。适宜门正对着青山，适宜临近溪流；适宜等待月亮从天边升起，适宜观看霞光映天；适宜观看夕阳西照，适宜观看雪夜和月色。适宜穿着随便、任意地看书，适宜斜倚着栏杆吹着笛子；适宜燃起香来打坐，适宜挥动着拂麈清谈。江面上适宜孤帆远影，山间适宜烟雾缭绕；院落适宜杨柳依依，寺院适宜松竹常青；溪边适宜打鱼砍柴、鹭鸶翩翩飞舞，花前适宜美女娉婷、鹦鹉学舌。适宜早晨有苍翠的浓雾布满山野，适宜夜间有闪闪的银河发出浅浅的青光；适宜万里无云，长空就像洗过一样；适宜千里林海大雨初晴，层峦叠嶂焕然一新。适宜高插江天，适宜斜连城郭；适宜打开窗户眺望海上日出，适宜脱帽露顶醉卧天风。适宜对天长啸，适宜低声吟咏，适宜终日下棋畅谈；适宜饮酒，适宜作诗，适宜在夜晚对榻清谈。

良夜风清，石床独坐，花香暗度〔度：到达。〕**，松影参差。黄鹤楼可以不登，张怀民**〔张怀民：字梦得，一字偓佺，北宋清河人。宋神宗元丰六年贬黄州，初时寓居承天寺。曾筑亭于住所之旁，以纵揽江山之胜概，苏轼名之为“快哉亭”。〕**可以不访，《满庭芳》可以不歌。**

译文　在美好的夜晚，月亮白净，风儿清新，独自一人坐在石榻上，阵阵花香暗暗袭来，高大的松树落下参差的松影，错落有致。这样美好的景致，即使是黄鹤楼那样的名胜也可以不去攀登，张怀民那样的朋友也可以不去拜访，《满庭芳》那样的名词也可以不去歌唱。

茅屋竹窗，一榻清风邀客；茶炉药灶，半帘明月窥人。

译文　茅草铺盖的小屋，竹子制作的窗户，摆下一张床榻，对着习习的凉风，仿佛邀请了客人来做客；烹煮茶水的炉子，炼丹的灶，半帘明月进入室内，好像要偷看屋中的人到底在干什么。

娟娟花露，晓湿芒鞋；瑟瑟松风，凉生枕簟。

译文　美丽的花丛间坠着晶莹的露珠，清晨打湿了悬挂的草鞋；瑟瑟的松树林中刮起阵阵凉风，凉爽之气浸透了石枕竹席。

绿叶斜披，桃叶渡〔桃叶渡：古代的渡口，在今南京秦淮河的边上，传说王献之曾在这里作歌送妾，后来泛指津渡。〕**头一片弄残秋月；青帘高挂，杏花村**〔杏花村：见于杜牧的《清明》一诗。〕**里几回典却春衣。**

译文 绿叶斜斜地挂在树梢上，桃叶渡口上一片残缺的秋月悬挂在天空上；青色的竹帘高高地挂在门楣上，杏花村里数次典当了春天的衣衫。

杨花飞入珠帘，帨巾洗砚；诗草吟成锦字，烧竹煎茶。良友〔良友：好朋友。〕相聚，或解衣盘礴〔盘礴：盘起腿来坐着。〕，或分韵角险，顷之貌出青山，吟成丽句，从旁品题之，大是开心事。

译文 飘舞的杨花飞入珠帘，用头巾擦拭砚台；囊中的锦字吟咏成诗篇，点上竹子烧水煮茶准备迎接客人。知心的朋友聚到一起，有的解开衣服盘起腿来坐着、随意地画着画，有的拆开韵脚、比赛作诗，不一会儿就画出了山水画，也作出了好的诗句，然后他们又在一旁品评题款，让人大为开心。

木枕傲〔傲：使……孤傲。〕，石枕冷，瓦枕〔瓦枕：陶制的枕头。〕粗，竹枕鸣，以藤为骨，以漆为肤，其背圆而滑，其额方而通，此蒙庄之蝶庵、华阳之睡几。

译文 木枕让人感到孤傲，石枕让人感到清凉，陶枕让人感到粗糙，竹枕让人感到耳鸣。要是能够以藤萝作为骨架，用漆作为外表，它的背面圆而光滑，它的两端方正而通透，这样的枕头简直就是蒙人庄周梦蝶的去处、华阳隐士陶弘景的睡榻。

小桥月上，仰盼星光，浮云往来，掩映于牛渚〔牛渚：山名，在今安徽。〕之间，别是一种晚眺。

译文 小桥流水，一轮新月刚刚从天边升起，抬头看满天星光闪烁，浮云往来飘荡，掩映在牛渚山和长江之间，别是一种月夜远眺的意境。

医俗病〔俗病：庸俗。〕莫如书，赠酒狂〔酒狂：嗜酒如命的酒鬼。〕莫如月。

译文　读书是医治庸俗的最好办法，月亮是赠给酒徒的最好礼物。

明窗净几，好香苦茗，有时与高衲〔高衲：道行很高的僧人。〕谈禅；豆棚菜圃〔菜圃：菜园。〕，暖日和风，无事听友人说鬼。

译文　明窗净几，好香苦茶，有空的话就和高僧谈论禅道；豆棚菜园，风和日丽，无事的时候就听好朋友说鬼怪的事情。

花事乍〔乍：忽然。〕开乍落，月色乍阴乍晴，兴未阑〔阑：尽。〕，踌躇搔首；诗篇半拙半工，酒态半醒半醉，身方健，潦倒放怀。

译文　花儿忽开忽落，月亮忽明忽暗，余兴未尽，让人抓头挠发；诗篇有的好，有的拙劣，喝过酒露出半醒半醉的神态，身体好的话就潦倒开怀。

湾月宜寒潭，宜绝壁，宜高阁，宜平台，宜窗纱，宜帘钩，宜苔阶，宜花砌，宜小酌，宜清谈，宜长啸，宜独往，宜搔首，宜促膝。春月宜尊罍〔尊罍：盛酒的器具。〕，夏月宜枕簟，秋月宜砧杵，冬月宜图书。楼月宜箫，江月宜笛，寺院月宜笙，书斋月宜琴。闺闱月宜纱橱，勾栏月宜弦索，关山月宜帆樯，沙场月宜刁斗。花月宜佳人，松月宜道者，萝月宜隐逸，桂月宜俊英，山月宜老衲，湖月宜良朋，风月宜杨柳，雪月宜梅花。片月宜花梢，宜楼头，宜浅水，宜杖藜，宜幽人，宜孤鸿。满月宜江边，宜苑内，宜绮筵〔绮筵：豪华的宴席。〕，宜华灯，宜醉客，宜妙妓。

译文 水湾的月亮适宜寒潭，适宜绝壁，适宜高阁，适宜平台，适宜窗纱，适宜帘钩，适宜长满苔藓的台阶，适宜鲜花满坛，适宜小酌，适宜清谈，适宜大声呼叫，适宜独来独往，适宜搔首弄姿，适宜促膝长谈。春天的月亮适宜摆下酒器对饮，夏天的月亮适宜石枕竹席，秋天的月亮适宜洗衣、捣杵臼，冬天的月亮适宜图画书籍。楼上的月亮适宜箫声，江上的月亮适宜笛声，寺院里的月亮适宜笙声，书斋里的月亮适宜琴声。闺阁中的月亮适宜纱帐，勾栏里的月亮适宜乐器，关山的月亮适宜船桨，沙场上的月亮适宜刁斗。花前的月亮适宜美人，松间投过来的月亮适宜道士，藤萝透出来的月亮适宜隐士，桂花树上洒下来的月亮适宜俊杰，山中的月亮适宜高僧，湖上的月亮适宜好友，风中的月亮适宜杨柳，雪中的月亮适宜梅花。弦月适宜花梢，适宜楼头，适宜浅水，适宜杖藜，适宜隐士，适宜孤雁。满月适宜江边，适宜园内，适宜豪华的宴席，适宜华灯初上，适宜醉酒的宾客，适宜美艳的歌伎。

佛经云："细烧沉水，毋〔毋：不要。〕令见火。"此烧香三昧〔三昧：事物的奥妙。〕语。

译文 佛经上说："用细火烧沉水香，不要见明火。"这句话深谙烧香的奥妙。

石上藤萝，墙头薜荔〔薜荔：木莲。〕，小窗幽致，绝胜深山，加以明月清风，物外之情，尽堪闲适。

译文 石上爬满藤萝，墙上爬满木莲，小窗外风景幽雅，这些景致绝对胜过深山，加上明月高照，清风阵阵吹来，一派世外的景致，尽可以悠闲安逸。

出世〔出世：摆脱世俗。出，离开。〕**之法无如**〔无如：不如。〕**闭关。计一园手掌大，草木蒙茸，禽鱼往来，矮屋临水，展书匡坐，几于避秦，与人世隔。**

译文　摆脱世俗的方法没有比闭门谢客更好的了。开辟一个小小的园圃，种上萧疏的草木，让飞鸟在院里飞来飞去，让鱼在池水里游来游去，让低矮的茅屋门正对着溪水，打开一卷书专心读着，像桃花源中为躲避秦朝战乱的人们一样，和外面的世界隔绝。

山上须泉，径中须竹。读史不可无酒，谈禅不可无美人。

译文　山上一定要有清泉，小路上必须栽上翠绿的竹子。读史书的时候不能没有酒伴随着，谈禅的时候不能没有美人在身边。

幽居虽非绝世，而一切使令、供具、交游、晤对〔晤对：会面。〕**之事似出世外。花为婢仆，鸟为笑谈，溪漱、涧流代酒肴烹炼，书史作师保**〔师保：导师。〕**，竹石质友朋，雨声云影、松风萝月为一时豪兴之歌舞，情景固浓，然亦清趣。**

译文　隐居虽然不是与世隔绝，但是所有的使令、用具、交游、会面等事情似乎和世俗不一样。把花看成奴婢，和飞鸟进行交谈，把溪水和山涧中的流水当作美好的酒菜，把史书作为导师，把竹石看作好朋友，把雨声、云影和松风、萝月当作一时豪兴的歌舞，情景固然浓郁，但是确实也增加了清雅的情趣。

蓬窗夜启，月白于霜；渔火沙汀〔沙汀：沙滩。〕**，寒星如聚。忘却客子作楚，但欣**〔欣：欣慰。〕**烟水留人。**

译文　夜晚把蓬门草舍的窗户打开，只见皎洁的月光比秋霜还要白；沙洲上升起点点渔火，就好像清寒的星光闪烁着参加一场聚会一样。

面对这样的情景，忘记了自己是客居楚地的游客，只为这个地方的月色烟水让人难以忘记而感到欣慰。

无欲者其言清〔清：清高。〕，**无累者其言达**〔达：达观。〕。**口耳巽入，灵窍**〔灵窍：智慧。〕**忽启。故曰“不为俗情所染，方能说法度人”**。

译文 没有欲望的人说的话往往清高，没有压力的人说的话往往达观。要是风神进入口耳中，智慧就会突然开启。所以说，人不为世俗的情感所束缚，才能够讲说佛法，超度世人。

临流晓坐〔坐：打坐。〕，**欸乃**〔欸（ǎi）乃：行船摇橹声。〕**忽闻，山川之情勃然**〔勃然：一下子。〕**不禁**。

译文 清晨面对江水打坐，忽然传来行船摇橹的声音，于是山水的情怀禁不住勃然生发了。

舞罢缠头〔缠头：用来酬谢舞女的东西。〕**何所赠，折得松钗；饮余酒债莫能偿，拾**〔拾：摘下。〕**来榆荚**。

译文 歌舞结束，不知道拿什么来作为相赠的缠头，只好从松树上折下一枝松枝当作钗来赠送；饮酒之余，没法偿还酒债，只好从榆树上摘下榆荚当作酒钱。

午夜无人知处，明月催诗〔催诗：催发诗兴。〕；**三春有客来时，香风散酒**〔散酒：散发着酒香。〕。

译文 半夜的时候去一个没人知道的地方，皎洁的明月催发了诗兴；春天有客人来拜访的时候，吹来阵阵和煦的风，空气里飘散着酒香。

如何清色界，一泓碧水含〔含：映照。〕空；那可断游踪，半砌青苔殢〔殢（tì）：停滞。〕雨。

译文　怎么才能使色界得到清静呢？一泓碧绿的江水映照着蔚蓝的天空；怎么样才能把游踪断绝呢？半坛那么大的雨后的青苔呈现出一派妩媚的神态。

村花路柳，游子衣上之尘；山雾江云，行李担头之色〔色：鲜艳的颜色。〕。

译文　山村盛开的花朵、路边飘舞的柳絮是游子衣服上的风尘，山间的雾霭、江上的云彩是游子行李担头的颜色。

何处得真情，买笑不如买愁；谁人效〔效：报效。〕死力，使功不如使〔使：任用。〕过。

译文　哪里才能得到真实的情感呢？与其买欢笑，不如买忧愁。什么人会以死相报呢？与其任用有功的人，不如任用有过错的人。

芒鞋甫〔甫：刚刚。〕挂，忽想翠微之色，两足复绕山云；兰棹方〔方：刚刚。〕停，忽闻新涨之波，一叶仍飘烟水〔烟水：烟波浩渺的水。〕。

译文　游玩回来，刚把草鞋挂在墙上，脑海里忽然想起苍翠的山色，于是匆匆穿上草鞋，穿行于山水缭绕、白云映照的山间；小船刚靠岸，忽然听到远处新涨的波涛声，一叶扁舟重新漂荡在烟波浩渺的水上。

旨愈浓而情愈淡者，霜林之红树；臭愈近而神愈远者，秋水之白苹。

译文 内心修养越来越好的人，性情会越来越寡淡，就好像被霜降打过的树林中的红树一样；只注重品味和享受，精神修养越来越远的人，就好比秋水里漂荡的白苹一样。

龙女濯冰绡〔冰绡：冰洁的手绢。〕，**一带水痕寒不耐**〔耐：忍耐，承受。〕；**姮娥携宝药，半囊月魄影犹香。**

译文 龙女在水中洗涤洁白的丝绢，带起来的水痕让人耐不住清寒；嫦娥带着升天的神药，半囊月光的影子还带着嫦娥身上的香气。

石洞寻真〔真：指仙人。〕，**绿玉**〔绿玉：这里指晶莹的露珠。〕**嵌乌藤之杖；苔矶**〔苔矶：长满苔藓的台阶。〕**垂钓，红翎间白鹭之蓑。**

译文 到石洞中寻找仙人的踪迹，乌藤手杖上挂满了晶莹的水珠；在长满青苔的江边石上垂钓，红翎的小鸟和白色的鹭鸶相间落在渔人的蓑衣上。

晚村人语，远归白社之烟；晓市花声，惊破红楼〔红楼：住在红楼里的美人。〕**之梦。**

译文 傍晚的山村里有人对语，踏着白社的烟尘回来；清晨的集市上传来了卖花姑娘的叫卖声，惊扰了红楼美人的绮情之梦。

案头峰石，四壁冷浸烟云，何与胸中丘壑；枕边溪涧，半榻寒生瀑布，争如舌底鸣泉。

译文 案头上有山峰和奇石，屋子的四壁一片清冷，被烟雾和云霞浸染着，这样的景象哪里比得上心里装着山水丘壑呢？枕边有山涧和溪水，寒冷的瀑布把睡榻的半边都浸湿了，这样的情景哪里能和舌底响着叮叮咚咚的泉水相争呢？

扁舟空载〔载：载重。〕，**赢却**〔赢却：胜过。〕**关津不税愁；孤杖深穿**〔穿：这里指穿越山林。〕，**揽得烟云闲入梦。**

译文　一叶小舟空着，不装上任何东西，经过关卡渡口的时候，可以省下纳税，没有纳税的忧愁；自己拄着一根拐杖，独自进入山林，探访烟云美景，揽着一份清闲进入梦乡。

幽堂昼密〔昼密：白天紧密关闭着。〕，**清风忽来好伴；虚窗夜朗，明月不减故人。**

译文　幽静的厅堂中白天门户紧闭，忽然吹过一阵清风，仿佛良伴来到身边；打开虚掩的窗子，看到夜色清朗、月光普照，就像老朋友一样，情意一点儿没有减少。

晓入梁王之苑〔梁王之苑：在今河南，为梁孝王而建。〕，**雪满群山；夜登庾亮之楼**〔庾亮之楼：即庾公之楼，在今湖北。〕，**月明千里。**

译文　早上来到梁王所建的囿苑中，看见群山被一场大雪全部覆盖住了；夜晚登上庾亮建造的楼宇，看见了明月照射千里的壮阔景色。

名妓翻经，老僧酿酒，书生借箸〔箸：这里指剑。〕**谈兵，介胄**〔介胄（zhòu）：铠甲。指武士。〕**登高作赋，美他雅致偏增；屠门食素，狙侩**〔狙侩：商贾之人。〕**论文，厮养**〔厮养：指仆役。〕**盛服领缘，方外束脩怀刺，令我风流顿减。**

译文　名伎翻阅经书，老僧酿造美酒，书生借剑谈论兵书，武士登高作赋，我羡慕他们身上增添了不少的雅致；屠户吃素餐，商人谈论文章，仆人穿上华丽的衣裳，隐士送礼拜见权贵，我感到他们身上的风流顿时减少了很多。

高卧酒楼，红日不催诗〔诗：这里指诗人。〕**梦醒；漫书花榭，白云恒**〔恒：常常。〕**带墨痕香。**

译文 在酒楼上高枕而卧，刚刚升起来的红日也不急于把诗人从睡梦中催醒；在花榭中漫步，想着题什么字，悠悠飘荡的白云时常带着墨香。

相〔相：观看。〕**美人如相花，贵清艳而有若远若近之思**〔思：意味。〕**；看高人如看竹，贵潇洒而有不密不疏之致**〔致：韵致。〕**。**

译文 欣赏美人就好比看名贵的花一样，她们的可贵之处在于淡雅艳丽而有一种或远或近的意味；观看品德高的人就好比看翠绿的竹子一样，他们的可贵之处在于潇洒飘逸而有一种不密不疏的韵致。

梅称清绝，多却罗浮一段妖魂〔罗浮一段妖魂：隋文帝开皇年间，赵师雄迁到罗浮，正好天色已晚，天气寒冷，又喝醉了酒，于是躺在松林酒店旁。后见到一个女子并与她一起进了酒家，相谈得很高兴。等到第二天醒来的时候，赵师雄发现自己在梅树下面。〕**；竹本萧疏，不耐**〔耐：忍耐。〕**湘妃数点愁泪。**

译文 梅花以清绝著称，因此才有了罗浮山那段关于妖魂的故事；竹子的生性就是萧疏孤傲的，所以才会有湘妃数点忧愁的眼泪。

穷秀才生活，整日荒年；老山人出游，一派熟路。

译文 穷酸秀才的生活，每天都过着饥荒的日子；老山人外出游历，对每个地方的路都很熟悉。

眉端扬未得〔未得：不能够。〕**，庶几**〔庶几：差不多。〕**在山月吐时；眼界放开来，只好向水云深处。**

译文 眉梢不能飞扬起来，大概要等到山间明月初升的时候；要想眼界开阔，只有到溪水的尽处、白云的深处。

刘伯伦携壶荷〔荷：扛着。〕**锸，“死便埋我”，真酒人哉！王武仲闭关**〔闭关：闭门。〕**护花，不许踏破，直**〔直：简直。〕**花奴耳！**

译文 每次外出，刘伯伦都会带上一壶酒，还叫人扛着锹一起前往，说“死了就随时随地埋掉”，真是嗜酒如命的人啊！王武仲闭门谢客，一心养花，还不让人随便践踏，简直就是花奴！

一声秋雨，一行秋雁，消不得一室清灯；一月春花，一池春草，绕乱〔绕乱：惊扰。〕**却一生春梦。**

译文 一场秋雨飘洒，一声秋雁哀鸣，消除不掉一室的清灯；一月春花烂漫，一池春草碧绿，惊扰了一枕的春梦。

一片秋色能疗〔疗：治疗。〕**客病，半声春鸟偏唤愁人**〔愁人：忧愁的人。〕。

译文 一片寂寥的秋色能够治疗生病的客人的愁思，半声春鸟的鸣叫偏偏唤起了忧愁的人的思绪。

云落寒潭，涤〔涤：洗刷。〕**尘容于水镜；月流深谷，拭淡黛**〔黛：眉黛。〕**于山妆。**

译文 云雾从清凉的潭水上散去后，平静的潭水澄澈得就像一面镜子，可以用来冲洗满是尘俗的脸；月色随着涧水流到幽深的山谷里，让山水看起来也好像披上了一层粉妆，可以把淡淡的眉黛擦拭掉。

寻芳者追〔追：追寻。〕深径之兰，识韵者穷〔穷：穷尽。〕深山之竹。

译文 找寻芳草踪迹的人追寻长在深山幽径旁边的兰花，真正懂得韵致的人却看遍深山穷谷中的翠竹。

花间雨过，蜂粘几片蔷薇；柳下童归，香散数茎檐卜〔檐卜：屋檐下的葡萄。〕。

译文 刚刚下完雨的花丛中，蜜蜂被粘在几片蔷薇花上；孩子从柳荫边回来，满身花香散落在屋檐下的几棵葡萄上面。

幽人到处烟霞冷，仙子来时云雨香。

译文 隐士所到之处，连烟霞也变得清冷了；仙女到来之时，连云雨也散发着芬芳的气味。

野筑郊居，绰〔绰：宽绰。〕有规制。茅亭草舍，棘垣〔垣(yuán)：墙。〕竹篱，构列无方〔方：规则。〕，淡宕如画。花间红白，树无行款，徜徉〔徜徉(cháng yáng)：无拘无束地散步。〕洒落，何异仙居！

译文 在野外建筑的别墅中居住，房间宽绰有一定的规则。用茅草搭建的亭子和用杂草搭盖的房舍，用荆棘筑成的院墙和用竹子编成的篱笆，可以随心所欲地规划排列，错落有致，淡雅如画。花圃里种的花红白相间，栽种的树木杂乱无章，漫步在树林中可以随心所欲、无拘无束，与神仙的居处有什么不一样呢！

墨池寒欲结〔结：结冰。〕，冰分笔上之花；炉篆〔炉篆：燃香

的香炉。〕气初浮，不散〔散：冲散。〕帘前之雾。

译文　墨池因为天冷了要结冰，冰凌把笔下生花的文字分开了；香炉上冒出缕缕烟雾，还是不能够把竹帘前的雾霭冲散。

青山在门，白云当〔当：正对着。〕户，明月到窗，凉风拂〔拂：吹拂。〕座，胜地皆仙，五城十二楼〔五城十二楼：传说中神仙居住的地方。〕转觉多设。

译文　青山就在门口，白云正对窗户，明月照进窗户里，凉风吹到坐榻前，凡是风景秀美的地方都可以让人得道成仙，五城十二楼的设置反让人觉得多余。

何为声色俱清〔清：清雅。〕？曰：松风水月未足比其清华。何为神情俱彻〔彻：透彻。〕？曰：仙露明珠讵〔讵：不。〕能方其朗润。

译文　什么是声色都清雅呢？回答是：松间清风、水上明月都不能和声色的清雅相媲美。什么是神情都透彻畅达呢？回答是：仙草雨露、夜明之珠都不能和神情的透彻畅达比明亮和润泽。

“逸”字是山林关目〔关目：最重要的特征。〕，用于情趣则清远多致，用于事务则散漫无功〔无功：不能成功。〕。

译文　“逸”字是隐逸山林最为重要的特征，用于情趣则清雅悠远而有韵致，用于事务则散漫自由而不能成功。

宇宙虽宽，世途眇〔眇（miǎo）：狭窄。〕于鸟道；征逐日甚，人情浮比鱼蛮〔鱼蛮：渔夫。〕。

译文 宇宙虽然很宽大，但是世俗的道路比鸟道还要狭窄；世俗的人争名逐利一天比一天厉害，人与人之间的感情就好像渔夫那样虚浮。

问人情何似，曰：野水多于地，春山半是云。问世事何似，曰：马上悬壶浆〔浆：这里指酒。〕，**刀头分顿**〔顿：切割。〕**肉。**

译文 要问人与人之间的感情到底是什么，可以这样回答：在田野里水比土地要多，春天的青山一半被云雾所遮掩。要问世事到底是什么，可以这样回答：在马上挂着酒壶，用刀把肉割开来吃。

尘情一破，便同鸡犬为仙；世法〔世法：世俗的规矩、法则。〕**相拘，何异鹤鹅作阵**〔作阵：拘束，做作。〕**！**

译文 世人一旦打破了尘世的情缘，就可以和鸡、犬一起升天成仙了；世人受到世俗罗网的束缚，和鹤、鹅列阵那样拘束、做作又有什么区别呢！

清〔清：清雅的志趣。〕**恐人知，奇足自赏。**

译文 清雅的志趣就害怕被别人知道，奇异的事物完全可以拿来供自己欣赏。

与客倒金樽，醉来一榻，岂独客去〔去：使……离开。〕**为佳！有人知玉律，回车三调**〔三调：多首曲子。〕，**何必相识乃再**〔再：结交。〕**！笑元亮**〔元亮：即陶渊明，字元亮，东晋著名的诗人。〕**之逐客何迂，羡子猷**〔子猷：东晋的王徽之，字子猷。〕**之高情可赏。**

译文 和客人推杯换盏，酒醉后大家躺在床榻上，哪里是只有客人喝醉了回去才是尽兴！有人精通音律，就掉转车头下车弹上几曲，何必要相识而后才算知音！因此，陶渊明在喝醉的时候把客人逐走是何等的迂腐而可笑，王徽之高雅的情操是多么值得赞赏而令人羡慕。

高士岂尽无染〔染：指世俗的污染。〕**，莲为君子，亦自出于淤泥；丈夫但**〔但：只，仅仅。〕**论操持，竹作正人，何妨犯**〔犯：冒犯。指顶风冒雪。〕**以霜雪。**

译文　高雅的世人难道都能脱离世俗吗？莲花是花中的君子，但也是从淤泥中长出来的。大丈夫只讲求情操，竹子被称为“直节正人”，即使凌霜傲雪又能怎样。

东郭先生之履，一贫从万古之清〔清：清贫。〕**；山阴道士之经，片字收千金之重。**

译文　东郭先生的草鞋可以作为万古清贫的象征，山阴道士的经书可以说字字如千金般贵重。

因〔因：借助。〕**花索句，胜他牍奏三千；为鹤谋**〔谋：筹借。〕**粮，赢**〔赢：超过。〕**我田耕二顷。**

译文　借助鲜花向别人索要诗句，要比烦琐的文案和三千书牍好得多；为养仙鹤筹借粮食，要比辛勤地耕种两顷土地还要好。

至奇无惊，至美无艳。

译文　最为奇异的东西并没有什么惊人之处，最为美丽的东西并没有什么艳丽之态。

瓶中插花，盆中养石，虽是寻常供具，实关〔关：关系到。〕

幽人性情。若非得趣个中〔个中：其中。〕，**布置何能生致**〔致：情趣。〕！

译文 在花瓶中插花，在花盆中养石头，虽然这些都是很平常的器具，其实却关系到隐士的性情。如果不明白其中的情趣，那又怎么能把花瓶和花盆布置得这么典雅、精致呢！

舌头无骨，得言语之总持〔总持：大权。〕；**眼里有筋，具**〔具：深得。〕**游戏之三昧。**

译文 舌头没有骨头，把持了说话的大权；眼睛里布满了经脉，深得世间游戏的三昧。

养花瓶亦须精良，譬如玉环、飞燕〔玉环、飞燕：中国古代著名的两个美貌的妃子。〕**不可置之茅茨**〔茅茨：指茅草屋子。〕，**嵇阮贺李**〔嵇阮贺李：指性格狂放不羁的嵇康、阮籍、贺知章、李白四人。〕**不可请之店中。**

译文 养花的瓶子一定要精致、上等，就好像美艳娇贵的杨玉环、赵飞燕是不可以住在茅草屋中的，又好比性格狂放不羁的嵇康、阮籍、贺知章、李白是不可以邀请到店里拘礼饮酒一样。

才〔才：仅仅，只有。〕**有力以胜蝶，本无心而引莺**〔莺：这里指八哥。〕；**半叶舒**〔舒：展开。〕**而岩暗，一花散而峰明。**

译文 身体虚弱到仅仅有力气扑落蝴蝶，本来就没有心思去引逗八哥；半个叶子舒展开来使得山岩变得暗淡，一瓣落花飘散使得整座山峦变得明朗。

急不急之辨，不如养默〔默：沉默。〕；**处不切**〔不切：指不切实际的事情。〕之事，不如养静；助不直之举，不如养正；恣〔恣（zì）：挥霍。〕不禁之费，不如养福；好不情之察，不如养度；走〔走：这里指散布、宣传。〕不实之名，不如养晦；近不祥之人，不如养愚。

译文 急于为一些不必要的事情辩解，还不如修养沉默；办理不切实际的事情，还不如修养清静；帮助不正当的行为，还不如修养正气；挥霍不必要的花费，还不如修养福祉；喜欢不合常理的调查，还不如修养度量；宣传、散布不符合实际的虚名，还不如韬光养晦；亲近不吉祥的人，还不如修养大智若愚。

诚实以启〔启：开启。〕人之信我，乐易以使人之亲我，虚己〔虚己：谦虚谨慎。〕以听人之教我，恭己〔恭己：这里指对别人恭敬。〕以取人之敬我，奋发以破〔破：打破常规的看法。〕人之量我，洞彻以备人之疑我，尽心以报人之托我，坚持以杜人之鄙我。

译文 待人以诚，从而让别人相信自己；平易近人，从而让别人亲近自己；谦虚谨慎，从而使别人教诲自己；待人恭敬，从而让别人尊重自己；奋发有为，从而让别人打破对自己的估量；洞察世事，从而防备别人对自己猜疑；尽心尽力，从而完成别人对自己的嘱托；坚持正义，从而杜绝别人对自己的鄙视。